AF550652

DIE TÄGLICHE MEDITATION

365 INSPIRIERENDE GEDANKEN FÜR JEDEN TAG

JAMES ALLEN

AUS DEM ENGLISCHEN VON ALFONS WINKELMANN

Bibliografische Information der Deutschen Nationalbibliothek
Die Deutsche Nationalbibliothek verzeichnet diese Publikation in der Deutschen Nationalbibliografie; detaillierte bibliografische Daten sind im Internet über http://d-nb.de abrufbar.

Für Fragen und Anregungen:
info@finanzbuchverlag.de

1. Auflage 2023

Türkenstraße 89
80799 München
Tel.: 089 651285-0
Fax: 089 652096

Wie in der Originalausgabe *James Allen's Book of Meditations for every Day in the Year* aus dem Jahr 1913 wurden auch in dieser Ausgabe die Tage 9. und 10. April nicht mit einem Text versehen.

Übersetzung: Alfons Winkelmann
Korrektorat: Anke Schenker
Umschlaggestaltung: Marc-Torben Fischer
Satz: Daniel Förster
Druck: GGP Media GmbH, Pößneck
Printed in Germany

ISBN Print 978-3-95972-686-3
ISBN E-Book (PDF) 978-3-98609-321-1
ISBN E-Book (EPUB, Mobi) 978-3-98609-322-8

INHALT

Wer den Weg
Zur Meditation nicht findet, kann
Emanzipation und Erleuchtung nicht erreichen.
Aber du wirst den Weg des heiligen Gedankens finden;
Wenn der Geist gelassen und standhaft gemacht ist, wirst du
Das Dauerhafte inmitten des Veränderlichen erkennen,
Die ewige Wahrheit in den Dingen, die sich ändern:
Du wirst das vollkommene Gesetz erschauen: Kosmos
Erhebt sich aus Chaos, wenn das besiegte Selbst
Unter dem Absatz des Menschen liegt: Liebe sei deine Stärke;
Sieh die Menge, von Leidenschaft gepeinigt,
Und habe Mitgefühl; du weißt von ihrem Schmerz,
Weil dein langes Leid endete. Du wirst den
Vollkommenen Frieden erreichen, und so wirst du Welt segnen,
Sie auf den hohen und heiligen Weg führen
Die Füße derjenigen, welche suchen. – Und jetzt gehe ich
Zu meiner Wohnstatt; gehe du an dein Werk.

VORWORT DER HERAUSGEBERIN

James Allen kann wahrlich der Prophet der Meditation genannt werden. In einem Zeitalter des Haders, der Eile, der religiösen Kontroversen, hitzigen Debatten, Rituale und Zeremonien trat er mit seiner Botschaft der Meditation auf, rief die Menschen weg vom Lärm und Streit der Zungen zu den friedlichen Pfaden der Stille innerhalb ihrer eigenen Seele, wo das »Licht, das jeden Menschen erleuchtet, der auf die Welt kommt« auf immer stetig und gewiss für alle diejenigen brennt, die ihren erschöpften Blick vom Streit *außen* auf die Stille *innen* lenken. Viele der Meditationen schrieb er nieder, wenn er am frühen Morgen von Cairn herabkam, wo er jene kostbaren Stunden allein mit Gott verbrachte, während die Welt schlief. Andere sind aus seinen vielen Schriften gesammelt, sowohl aus veröffentlichten als auch *unveröffentlichten,* und nach seiner Bitte und, wie wir glauben, unter seiner spirituellen Anleitung, für die tägliche Lektüre angeordnet worden. Das Buch muss stets eine Festung der spirituellen Wahrheit und ein Segen für alle sein, die es lesen, und insbesondere für jene, die es zur täglichen Meditation verwenden. Seine große Macht liegt darin, dass es das ureigenste Herz eines guten Mannes ist, *der jedes Wort lebte, das er niederschrieb.* Das wunderschöne Halbton-Porträt ist dem Autor sprechend ähnlich. Es wurde nur sechs Wochen vor seiner Entrückung aufgenommen und ist zuvor noch nicht veröffentlicht worden.

Wir sind den Herren von Putnam's Sons (London und New York) und den Herren von Wm. Rider and Son, Limited (London) Dank schuldig für ihren herzlichen Ausdruck der Freude, dass einige der Meditationen aus den Büchern entnommen werden sollten, die bei ihnen veröffentlicht wurden, nämlich *The Mastery of Destiny (Die*

Beherrschung des Schicksals) und *Above Life's Turmoil (Über den Wirren des Lebens)* (Putnam) und *From Passion to Peace (Von Leidenschaft zum Frieden)* und *Man: King of Mind, Body and Circumstance (Der Mensch: König des Geistes, des Leibes und der Umstände)* (Rider).

Lily L. Allen

Bryngoleu,

Ilfracombe, England

JANUAR

1. Januar

Der Weg von Leidenschaft zum Frieden ist die Überwindung des eigenen Selbst.

Bestreben ist das Verlangen nach himmlischen Dingen.

Der Mensch der Leidenschaft ist regelmäßig sehr eifrig dabei, andere zu korrigieren; aber der Mensch von Weisheit korrigiert sich selbst. Wenn jemand äußerst besorgt darum ist, die Welt zu reformieren, soll er damit anfangen, sich selbst zu reformieren. Die Reformation des Selbst endet nicht nur bei der Ausscheidung der sinnlichen Elemente, das ist erst der Anfang; sie endet nur, wenn jeder eitle Gedanke und jedes selbstsüchtige Ziel überwunden ist. Ohne vollkommene Reinheit und Weisheit gibt es nach wie vor eine Form von Selbstversklavung oder Dummheit, die besiegt werden muss.

Auf den Schwingen des Bestrebens erhebt sich der Mensch von der Erde zum Himmel, von der Unwissenheit zum Wissen, aus der Dunkelheit unten ins Licht oben. Ohne sie bleibt er ein kriechendes Tier, irdisch, sinnlich, unerleuchtet und uninspiriert.

2. Januar

Wo lässt sich der Friede finden? Wo ist das Versteck der Wahrheit?

Die Seele schreit nach ihrem verlorenen Erbe.

Das Wichtigste zuerst; Arbeit vor Spiel, Pflicht vor Vergnügen; und andere vor einem selbst: Dies ist eine ausgezeichnete Regel, die nicht in die Irre führt. Ein rechter Anfang ist der halbe Weg zum Sieg. Der Athlet, der einen schlechten Start hat, könnte verlieren; der Kaufmann, der einen falschen Start hat, könnte seinen Ruf verlieren; und der Wahrheitssucher, der einen falschen Start hat, könnte die Krone der Rechtschaffenheit verfehlen. Mit reinen Gedanken beginnen, eiserner Rechtschaffenheit, selbstloser Absicht, edlem Ziel und unbestechlichem Gewissen – so ist der rechte Beginn; so vollführt man das Wichtigste zuerst, sodass alle anderen Dinge in harmonischer Ordnung folgen, was das Leben einfach, schön, erfolgreich und friedlich macht.

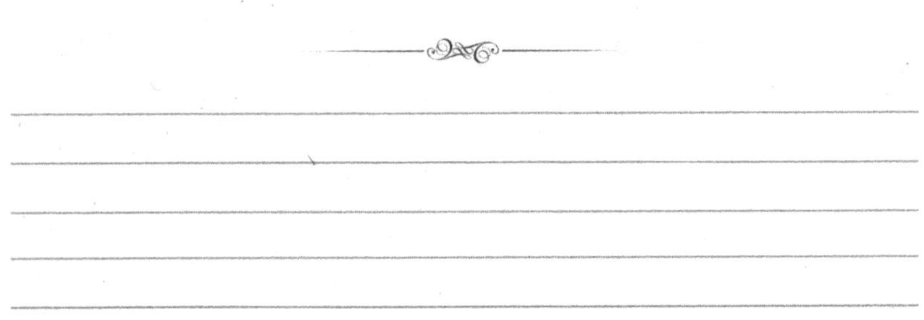

3. Januar

Wenn jemand Frieden finden will, so muss er aus den Leidenschaften heraus.

Das, was wahrgenommen wird, lässt sich erreichen.

Solange einem Menschen animalische Bedingungen süß schmecken, kann er nicht streben; er ist so weit zufrieden, aber wenn die Süße zu Bitterkeit wird, dann denkt er in seinem Leid an edlere Dinge. Wenn er losgelöst von irdischer Freude ist, strebt er nach der Freude, die himmlisch ist; erst wenn sich Unreinheit in Leiden verwandelt, wird die Reinheit gesucht. Wahres Streben erhebt sich, wie der Phönix, aus der toten Asche der Reue, aber auf seinen mächtigen Schwingen kann der Mensch den Himmel der Himmel erreichen.

Der strebende Mensch hat den Weg betreten, der zum Frieden führt; und er wird dieses Ziel gewiss erreichen, wenn er nicht innehält oder umkehrt. Wenn er ständig seinen Geist mit Blicken auf die himmlische Vision erneuert, wird er den himmlischen Zustand erreichen.

4. Januar

Unser Leben ist das, was wir durch unsere eigenen Gedanken und Taten daraus machen.

Es gibt ein Leben des Sieges über die Sünde und eines Triumphes über das Böse.

Der Mensch erreicht in dem Ausmaß etwas, wie er strebt. Sein Verlangen zu sein ist das Maß dessen, was er sein kann. Den Geist fest auf etwas zu richten bedeutet, das Erreichte vorwegzunehmen. Wie der Mensch alle niedrigen Dinge erfahren und kennen kann, so kann er alle hohen Dinge erfahren und kennen. Wie er menschlich geworden ist, so kann er göttlich werden. Die Wendung des Geistes zu hohen und göttlichen Richtungen ist die eine und nötige Aufgabe.

Was ist Unreinheit anderes als die unreinen Gedanken des Denkenden? Was ist Reinheit anderes als die reinen Gedanken des Denkenden? Ein Mensch übernimmt nicht das Denken eines anderen. Jeder Mensch ist allein aus sich selbst rein oder unrein. Der Mensch, welcher strebt, sieht den Weg zu den himmlischen Höhen vor sich, und sein Herz spürt bereits einen Vorgeschmack des endgültigen Friedens.

5. Januar

Wenn ein Mensch es wünscht und will,
kann er das Gute und das Wahre finden.

Jeder Augenblick ist die Zeit der Wahl;
jede Stunde ist Schicksal.

Die Tore des Himmels stehen immer offen, und niemand wird durch irgendjemandes Willen oder Macht am Eintritt gehindert, außer dem oder der eigenen; aber niemand kann das Königreich des Himmels betreten, solange er in die Verlockungen der Hölle verliebt ist und sie wählt, solange er sich Sünde und Leid fügt.

Es gibt ein größeres, höheres, edleres, göttlicheres Leben als das des Sündigens und Leidens, das so verbreitet ist – in das tatsächlich fast alle eingetaucht sind –, ein Leben des Sieges über die Sünde und des Triumphes über das Böse; ein Leben, weise und glücklich, liebevoll und ruhig, tugendhaft und friedlich. Dieses Leben lässt sich jetzt finden und führen, und derjenige, der es führt, ist standhaft inmitten der Veränderung; ruhig inmitten der Unruhigen; friedlich, obwohl von Streit umgeben.

6. Januar

Der Liebhaber des reinen Lebens erneuert seinen Geist täglich.

Vertiefe dich täglich in heilige Meditation über die Wahrheit und ihre Verwirklichung.

Wie sich der energische Geschäftsmann nicht von Schwierigkeiten entmutigen lässt, sondern genau überlegt, wie er sie überwinden kann, so wird der Mensch des unablässigen Strebens von Versuchungen nicht zur Aufgabe gebracht, sondern meditiert darüber, wie er seinen Geist befestigen kann; denn der Versucher ist wie ein Feigling, er schleicht sich nur an schwachen und unbewachten Stellen ein. Der Versuchte sollte aufmerksam die Natur und die Bedeutung der Versuchung studieren, denn erst wenn er sie kennt, kann er sie überwinden. Ein weiser General studiert die Taktik seines Feindes, bevor er die gegnerischen Kräfte angreift; so muss derjenige, welcher die Versuchung überwinden will, verstehen, wie sie in seiner eigenen Dunkelheit und seinem eigenen Irren heraufkommt, und er muss durch Introspektion und Meditation studieren, wie er die Dunkelheit und den Irrtum, die an die Stelle der Wahrheit treten, zerstreuen kann.

Ein Mensch muss sich selbst kennen, wenn er die Wahrheit kennen will. Selbsterkenntnis ist die Magd der Selbstüberwindung.

7. Januar

Wenn sich Irrtümer und Unreinheiten zeigen, lösche sie aus.

Nimm mit Inbrunst Ziel auf das Erringen eines vollkommenen Lebens.

Jeder Schritt aufwärts bedeutet, etwas hinter sich und unter sich zurückzulassen. Das Hohe lässt sich nur durch das Opfern des Niedrigen erreichen. Das Gute wird nur dadurch gesichert, dass man das Böse aufgibt. Wissen wird nur durch die Vernichtung des Unwissens erlangt. Jede Errungenschaft hat ihren Preis, der »bis auf den letzten Heller« zu bezahlen ist. Jedes Tier, jedes kriechende Ding, verfügt über eine Gabe, eine Macht, die der Mensch auf seinem Marsch nach oben abgelegt hat, die er für eine höhere Gabe, oder eine Macht, eingetauscht hat. Welch großes Gute verwirkt der Mensch, klammert er sich an alte, selbstsüchtige Gewohnheiten! Hinter jedem bescheidenen Opfer wartet ein geflügelter Engel darauf, uns zu den Höhen von Wissen und Weisheit zu tragen.

Derjenige, welcher etwas erreicht hat, soll sich davor hüten zurückzufallen. Er soll sorgfältig in kleinen Dingen sein, dann ist er gefestigt gegen das Eindringen der Sünde.

8. Januar

Der Streit in der Welt, in all seinen Formen, hat seinen Ursprung in einer gemeinsamen Ursache, nämlich der individuellen Selbstsucht.

Jeder Mensch unterliegt dem Gesetz seines eigenen Wesens, niemals dem Gesetz eines anderen.

Sämtliche verschiedenen Aktivitäten menschlichen Lebens wurzeln in einem gemeinsamen Ursprung, aus dem sie ihre Lebenskraft ziehen – im *menschlichen Herzen*. Der Ursprung allen Leidens und allen Glücks wohnt nicht in den äußeren Aktivitäten des menschlichen Lebens, sondern in den inneren Aktivitäten des Herzens und Geistes; und jede äußere Handlung wird durch das Leben aufrechterhalten, das sie aus menschlichem Verhalten ableitet.

Der Mensch, welcher nicht erträgt, dass seine Irrtümer und Mängel an die Oberfläche kommen und bekannt werden, sondern versucht, sie zu verbergen, ist untauglich, die Straße der Wahrheit zu gehen. Er ist nicht angemessen dazu ausgerüstet, die Schlacht mit der Versuchung zu schlagen und sie zu überwinden. Derjenige, welcher nicht furchtlos seiner niederen Natur ins Gesicht sehen kann, kann die zerklüfteten Höhen der Entsagung nicht ersteigen.

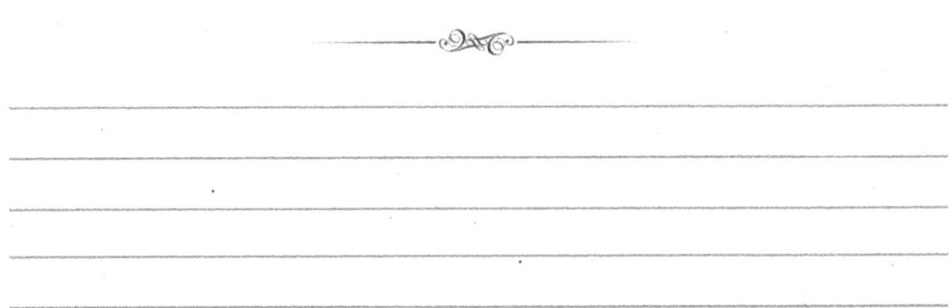

9. Januar

Wenn die Seele am meisten versucht wird, ist ihr Bedürfnis am grössten.

Wo die Versuchung mächtig ist, dort wird der Sieg grösser und dauerhafter sein.

Verzweifle nicht, weil du einmal versagt hast. Aus deinem speziellen Versagen lässt sich eine spezielle Größe, eine bestimmte Weisheit gewinnen, und kein anderer Lehrer kann dich zu dieser Größe, dieser Weisheit mit größerer Sicherheit und Schnelligkeit führen als deine Erfahrung des Versagens. In jedem Fehler, den du begehst, in jedem Fall, der dir widerfährt, liegt eine Lektion von lebenswichtiger Bedeutung, wenn du sie nur suchst; und derjenige, welcher sich niederbeugt, um das Gute in dem zu entdecken, was scheinbar katastrophal ist, wird sich über jedes Ereignis erheben und seine Fehlschläge als geflügelte Rösser nehmen, die ihn zu einem endgültigen und höchsten Erfolg tragen werden.

Törichte Menschen geben einander wegen ihrer Schwächen und Sünden die Schuld; der Wahrheitsliebende soll jedoch nur sich selbst die Schuld geben.

10. Januar

Das grosse Bedürfnis der Seele ist das Bedürfnis nach jenem dauerhaften Prinzip, das Rechtschaffenheit genannt wird.

Ein tugendhaftes Leben ist edel und ausgezeichnet.

Das Alte muss weichen, bevor das Neue erscheinen kann. Das alte Haus muss abgebrochen werden, bevor das neue an seiner Stelle erscheinen kann. Der alte Irrtum muss zerstört werden, bevor die neue Wahrheit kommen kann … Das alte Selbst muss aufgegeben werden, bevor der neue Mensch geboren werden kann. Wenn das alte Selbst der Launenhaftigkeit, Ungeduld, des Neides, des Stolzes und der Unreinheit vergangen ist, dann wird an dessen Stelle der neue Mensch der Liebenswürdigkeit, Geduld, des guten Willens, der Bescheidenheit und Reinheit erscheinen. Lass das alte Leben der Sünde und des Leids vergehen; lass das neue Leben der Rechtschaffenheit und Freude eintreten … Dann wird alles, was alt und hässlich war, neu und wunderschön werden.

In der Verwirklichung dieses Prinzips liegt das Königreich des Himmels, die ewige Wohnstatt der Seele, und dies ist der Ursprung und die Vorratskammer jedes dauerhaften Segens.

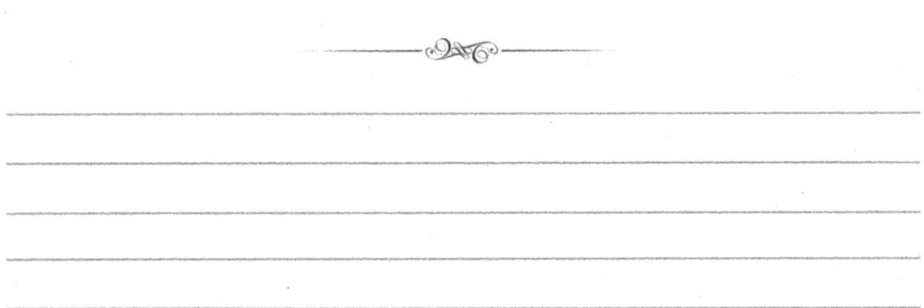

11. Januar

Nur wenig zählt, was aussen ist, denn es ist alles ein Spiegelbild deines eigenen Bewusstseins.

Es zählt alles, was du im Innern bist, denn alles Äussere wird entsprechend gespiegelt und getönt.

Das jämmerliche Versagen vieler äußerer und isolierter Reformen lässt sich auf die Tatsache zurückführen, dass ihre Jünger sie als ein Ende in sich selbst erstreben und nicht erkennen, dass sie bloß Stufen zur letztlichen individuellen Vollkommenheit sind.

Alle echten Reformen *müssen von innen heraus erfolgen,* in einem veränderten Herzen und Geist. Gewisse Nahrungsmittel und Getränke nicht mehr zu sich zu nehmen und gewisse äußere Gewohnheiten aufzugeben ist ein guter und notwendiger Anfang; aber es ist bloß ein Anfang, und hört man hier auf, so erreicht man ein wahres spirituelles Leben nicht. Daher ist es gut, das Herz zu reinigen, den Geist zu korrigieren und das Verständnis zu entwickeln, denn wir wissen, dass das eine, was nötig ist, ein erneuertes Herz ist.

12. Januar

Erneuere deine Entschlossenheit täglich und weiche in der Stunde der Versuchung nicht vom rechten Pfad ab.

Du kannst die Wahrheit allein durch das Ausüben der Wahrheit erlangen.

Die Tage werden länger. An jedem Tag steigt die Sonne jetzt ein wenig höher am Himmel empor, und das Licht verweilt ein wenig länger. Also können wir jeden Tag unseren Charakter stärken; jeden Tag können wir unser Herz ein wenig mehr dem Licht der Wahrheit öffnen und der Sonne der Rechtschaffenheit erlauben, höher in unseren Geist zu scheinen. Die Sonne nimmt nicht an Volumen oder Intensität zu, aber die Erde wendet sich ihr zu und erhält mehr, während sie sich dreht. Alles, was an Wahrheit und Güte jetzt vorhanden ist, ist jetzt. Sie wächst oder schrumpft nicht, aber während wir uns ihr zuwenden, erhalten wir mehr von ihrer Strahlung und Wohltätigkeit in stets zunehmender Fülle und Macht.

Wie der Handwerker sein Geschick in der Herstellung der Artikel seines Handwerks dadurch erlangt, dass er täglich und eifrig mit seinem Werkzeug umgeht, so erwirbst du Geschick in der Herstellung guter Taten dadurch, dass du täglich und eifrig die Wahrheit ausübst.

13. Januar

Die Weisen reinigen ihre Gedanken.

Sei aufrecht, liebenswürdig und reinen Herzens.

Jeder Tag ist eine neue Geburt in der Zeit, die neue Anfänge bereithält, neue Möglichkeiten, neue Errungenschaften. Die Zeiten haben die Sterne auf ihrem Orbit beobachtet, aber diesen Tag hat kein Zeitalter beobachtet. Er ist ein neuer Auftritt, eine neue Wirklichkeit. Er verkündet ein neues Leben – ja, eine neue Ordnung, eine neue Gesellschaft, ein neues Zeitalter. Für alle Menschen hält er neue Hoffnungen, neue Gelegenheiten bereit. In ihm kannst du ein neuer Mann werden, eine neue Frau. Denn es kann der Tag der Regenerierung sein, der Erneuerung, der Wiedergeburt. Aus der alten Vergangenheit mit ihren Fehlern, Fehlschlägen und Kümmernissen kannst du zu einem neuen Wesen aufsteigen, ausgestattet mit Macht und Zielstrebigkeit und strahlend in der Inspiration durch ein neues Ideal.

Sei tugendhaft an Geist und Leib. Lass sinnliche Vergnügungen zurück. Reinige den Geist von Selbstsucht und lebe ein Leben erhabener Reinheit.

14. Januar

Übe dich unablässig in der Verminderung des Bösen und der Ansammlung des Guten.

Richte deinen Geist auf die Ausübung der Tugend und das Verständnis und die Anwendung fester und edler Prinzipien.

Siegen aller Art geht eine Zeit der Vorbereitung voraus. Ein Sieg kann ebenso wenig spontan und unberechenbar auftauchen wie eine Blume oder ein Berg. Wie bei diesen ist der Höhepunkt ein Vorgang des Wachstums in einer Reihe von Ursachen und Auswirkungen. Kein bloßes Wunschdenken, kein Zauberwort wird weltlichen Erfolg hervorrufen; er muss durch eine ordnungsmäßige Abfolge gut gelenkter Bemühungen erreicht werden. Kein spiritueller Sieg lässt sich von jemandem erreichen, der sich einbildet, dass er erst beginnt, wenn die Stunde der Versuchung da ist. Alle spirituellen Triumphe werden durch die schweigende Stunde der Meditation und durch eine Reihe von Erfolgen bei geringeren Versuchungen erreicht. Die Zeit der großen Versuchung ist der Höhepunkt eines Sieges, den lange Vorbereitung sicher und vollständig gemacht hat.

15. Januar

Die nie endende Freude erwartet deine Heimkehr.

Wo das Selbst endet, da vergeht der Kummer.

Wie der fallende Regen die Erde auf das zukünftige Getreide und die zukünftigen Früchte vorbereitet, so bereiten die Regen vieler Leiden, die auf das Herz fallen, dieses auf das Kommen jener Weisheit vor und lassen es reifen, die den Geist vervollkommnet und das Herz froh macht. Wie die Wolken die Erde abdunkeln, jedoch um sie zu kühlen und zu befruchten, so werfen die Wolken des Leids einen Schatten über das Herz, um es auf edlere Dinge vorzubereiten. Die Stunde des Leids ist die Stunde der Andacht. Sie setzt dem seichten Hohn ein Ende, dem derben Scherz, der grausamen Verleumdung; sie besänftigt das Herz mit Mitgefühl und bereichert den Geist mit Nachdenklichkeit. Weisheit ist hauptsächlich eine Erinnerung an alles, was durch Leid erlernt wurde.

Glaube nicht, dass dein Leid bleibt; es wird wie eine Wolke vorüberziehen.

16. Januar

Lebe liebenswürdig und glücklich, wie es der Würde wahrer Mannhaftigkeit und Weiblichkeit zukommt.

Reines Glücksempfinden ist der rechtmässige und glückliche Zustand der Seele.

Es gibt kein größeres Glück als die Beschäftigung mit dem Guten, seien es gute Gedanken, gute Taten oder eine gute Stelle; denn jede gute Sache ist voller Segen, und das Böse kann nicht ins Herz oder Haus eintreten, das von allem bewohnt ist, was gut ist. Der Geist, dessen Tore vom Guten bewacht werden, schließt alles Unglück ebenso aus, wie die gut bewachte Garnison den Feind ausschließt. Das Unglück kann nur durch unbewachte Tore hereinkommen, und selbst dann ist seine Macht über die Bewohner nur vollständig, wenn es ihn mit dem Bösen beschäftigt vorfindet. Keine bösen Gedanken unterhalten; keine bösen Taten begehen; sich nicht mit einer wertlosen oder fragwürdigen Stelle abgeben, sondern in allen Dingen beim Guten Zuflucht nehmen – dies ist der Ursprung höchsten Glücks.

17. Januar

Alle Dinge sind geordnet und treten in einer bestimmten Reihenfolge auf, werden vom Gesetz der Kausalität beherrscht.

Wahrlich regiert das Gesetz, und es regiert auf immer, und Gerechtigkeit und Liebe sind seine ewigen Minister.

Mach dir keine Sorgen um Ergebnisse oder sei nicht besorgt um die Zukunft; mach dir jedoch Sorgen um persönliche Fehler und sei besorgt darum, sie zu entfernen; denn wisse um diese einfache Wahrheit – das Falsche ist kein Ergebnis des Rechten, und eine gute Gegenwart kann einer schlechten Zukunft nicht zur Geburt verhelfen. Du bist der Hüter deiner Taten, jedoch nicht der Ergebnisse, die daraus resultieren. Die Taten von heute bringen Glück oder Leid von morgen. Sei daher darum besorgt, was du denkst und tust, statt darum, was auf dich zukommt oder nicht; denn derjenige, dessen Taten gut sind, braucht sich keine Sorgen wegen der Ergebnisse zu machen und ist frei von der Furcht um Schlimmes in der Zukunft.

18. Januar

Sprich nur Worte, die wahrhaft und ehrlich sind.

Derjenige, welcher Böse über einen anderen spricht, kann den Weg zum Frieden nicht finden.

Draußen mag der Sturm toben, aber er kann uns nicht berühren, wenn im Innern Friede herrscht. Wie es am Kamin sicher vor dem heftigsten Sturm ist, so wohnt das Herz, das standhaft im Wissen um die Wahrheit ist, in Frieden, trotz allen Streits und aller Unruhen rings umher. Die bittere Opposition der Menschen und die Unrast der Welt können uns nur bitter und rastlos machen, wenn wir in beides eintreten und mit beiden zusammenarbeiten. Wenn wir stattdessen Frieden in unserem Herzen haben, wird die äußere Unruhe unseren Frieden nur noch tiefer werden, fester Wurzeln schlagen lassen und weitere Fülle an Taten des Friedens zeigen, um das menschliche Herz zu besänftigen und den menschlichen Geist zu erleuchten.

Gesegnet ist derjenige, der sich an keine falschen Taten zu erinnern braucht, der keine Verletzungen vergessen muss, in dessen reinem Herzen kein hasserfüllter Gedanke gegen andere Wurzeln schlagen und blühen kann.

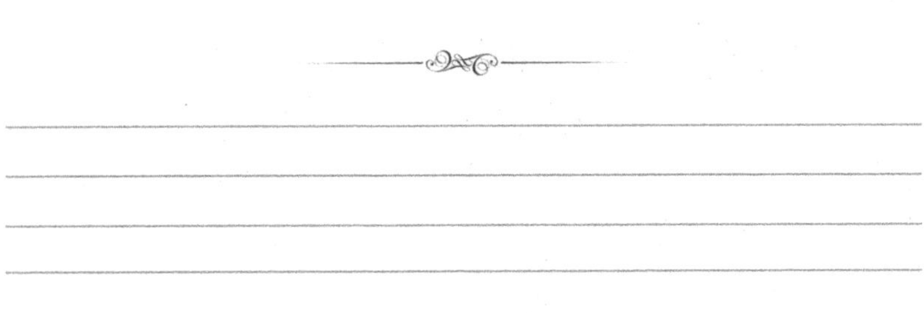

19. Januar

Reinigung ist notwendigerweise schwer.
Alles Werden ist schmerzhaft.

Lass einen jeden deiner Gedanken, ein jedes deiner Worte und eine jede deiner Taten lieblich und rein werden.

Wenn ein Sturm nachgelassen hat und alles wieder ruhig ist, sieh einmal hin, wie die ganze Natur anscheinend in einem sich erneuernden Schweigen innehält. Eine ruhevolle Stille durchdringt alle Dinge, sodass selbst unbelebte Objekte an der erholungsfördernden Rast teilzuhaben scheinen. Wenn sich also ein zu heftiger Eifer oder ein jäher Ausbruch der Leidenschaft erschöpft hat, folgt eine Zeit des Überlegens, eine Zeit der Ruhe, in welcher der Geist wiederhergestellt wird und Dinge in ihren wahren Umrissen und rechten Proportionen gesehen werden. Es ist weise, diese stille Zeit zu nutzen, dadurch ein wahreres Wissen um sich selbst zu erlangen und ein freundlicheres Urteil über andere auszubilden. Die Stunde der Ruhe ist die Stunde der Wiederherstellung.

Freude kommt und erfüllt das vom Selbst geleerte Herz; sie weilt bei den Friedfertigen; ihr Reich ist bei den Reinen.

20. Januar

In den dunklen Zeiten des Kummers kommen die Menschen der Wahrheit sehr nahe.

Das Ende des Kummers ist Freude und Friede.

Wenn die Tränen fließen und das Herz wehtut, dann denke an das Leid der Welt. Wenn der Kummer dich überwältigt hat, dann denke daran, dass er alle überwältigt; dass ihm niemand entkommen kann; dass er die große Tatsache im menschlichen Leben ist, welche Religion zur Notwendigkeit macht. Glaube nicht, dass nur du allein Schmerz spürst und dass er dir unrechtmäßig auferlegt wurde. Er ist lediglich ein Teil des großen Schmerzes der Welt. Er ist die gemeinsame Erfahrung aller. Wenn du dies erkennst, dann lass dich vom Schmerz sanft in eine tiefere Religion, ein umfassenderes Mitgefühl, eine zartere Betrachtung aller Menschen und aller Kreaturen führen. Lass dich von ihm zu größerer Liebe und tieferem Frieden führen.

Behalte gut im Sinn, dass dich nichts überwinden kann, was nicht zu dir gehört und nicht zu deinem ewigen Guten dient.

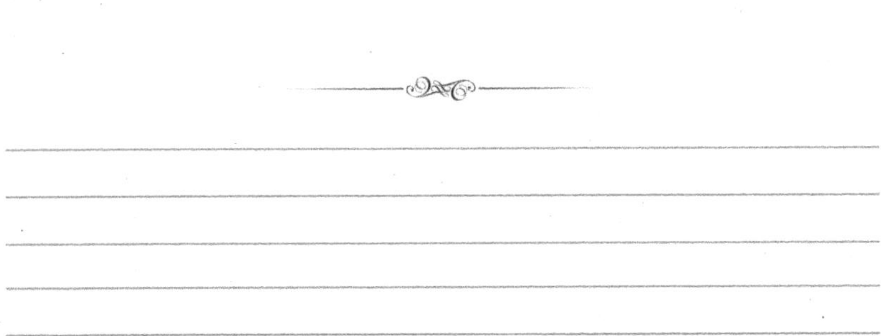

21. Januar

Der Zustand ohne Kummer wird durch den Kummer erreicht.

Derjenige, dessen Schatz die Wahrheit ist, der sein Leben in Übereinstimmung mit Weisheit anlegt, wird die Freude finden, die nicht vergeht; nachdem er den weiten Ozean der Illusionen überquert hat, wird er die Küste ohne Kummer erreichen.

Wie Licht die Dunkelheit vertreibt und Ruhe auf den Sturm folgt, so vertreibt Freude das Leid, und Friede folgt dem Schmerz. Die tiefere Weisheit, die aus der Bekanntschaft mit dem Kummer fließt, bringt eine heiligere und reichlichere Freude mit sich als jene schale Aufregung, die dem Kummer vorausgeht. Zwischen den geringeren Freuden der Sinne und der größeren Freude des Geistes liegt das dunkle Tal des Kummers, das alle irdischen Pilger durchschreiten, und nachdem sie es durchschritten haben, ist von nun an die himmlische Freude, die reichliche Freude unser Gefährte. Jene, welche von der irdischen zur himmlischen Pilgerreise gegangen sind, haben den dunklen Schleier des Kummers vor dem strahlenden Antlitz der Wahrheit gelüftet.

22. Januar

Aller äusserer Druck ist lediglich der Schatten und die Auswirkung des echten Drucks im Innern.

Das Selbst und die Leidenschaft ablegen und das Selbst in rechten Taten etablieren, dies ist höchste Weisheit.

In Glück und Unglück, in Freude und Leid, in Erfolg und Fehlschlag, in Sieg und Niederlage; in der Religion, im Geschäft, in den Umständen; in all diesen Lebensbereichen ist der Charakter der bestimmende Faktor. In der Mentalität der Einzelnen liegt die verborgene Ursache all dessen, was ihr äußeres Leben betrifft. Charakter ist sowohl Ursache als auch Auswirkung. Er ist der Begeher von Taten und der Empfänger von Ergebnissen. Himmel, Hölle, Fegefeuer sind darin enthalten. Der Charakter, der unrein und bösartig ist, wird ein Leben zu erwarten haben, dem die Elemente von Glück und Schönheit fehlen, wo sie auch immer vorhanden sind; aber ein reiner und tugendhafter Charakter wird ein Leben führen, das glücklich und wunderschön ist. Wie du deinen Charakter ausbildest, so wirst du dein Leben gestalten.

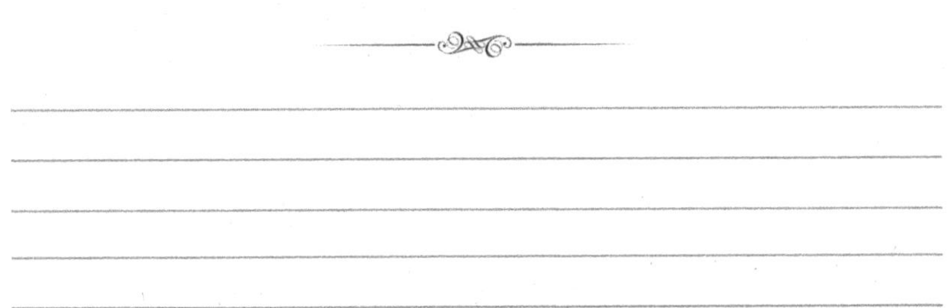

23. Januar

Nicht vom Pfad der Heiligkeit abweichen, sondern alle Schwierigkeiten überwinden und fortfahren bis zum Ende – wer dies auch immer tut, wird die Wahrheit verstehen.

Die Wahrheit durch Ausübung kennen und in eins mit der Wahrheit sein, und du wirst unbesiegbar, denn die Wahrheit kann nicht widerlegt noch umgestossen werden.

Wenn große Schwierigkeiten entstehen und Probleme dich heimsuchen, betrachte deine Verwirrung als einen Ruf zu tieferem Nachdenken und energischerem Handeln. Nichts wird dich angreifen, was du nicht überwinden könntest; kein Problem wird dich irritieren, das du nicht lösen könntest. Je größer deine Versuchung, desto größer ist deine Prüfung der Stärke und desto vollständiger und triumphaler dein Sieg. Wie kompliziert dein Labyrinth der Verwirrung sein mag, es gibt einen Weg hinaus, und das Auffinden dieses Weges wird deine Kräfte bis aufs Äußerste anstrengen, und es wird dein gesamtes verborgenes Geschick und deine Ressourcen hervorbringen. Wenn du das bemeistert hast, was drohte, dich zu bemeistern, wirst du dich einer neu entdeckten Stärke erfreuen.

24. Januar

Suche nicht außerhalb deiner selbst oder hinter dir nach dem Licht und der Glückseligkeit der Wahrheit, sondern schaue in dich.

Du wirst die Wahrheit innerhalb der schmalen Sphäre deiner Pflicht finden, sogar in den bescheidenen und verborgenen Opfern deines eigenen Herzens.

Wir schreiten durch eine Reihe von Bemühungen voran. Wir sammeln Stärke, sowohl geistige als auch leibliche, durch eine Reihe von Anstrengungen in gegebenen Richtungen. Übung, oftmals wiederholt, führt zu Macht. Weil er dieses Gesetz beachtet, trainiert der Athlet sich so weit, dass er wunderbare Meisterleistungen an Geschwindigkeit oder Ausdauer vollbringt.

Wenn die Betätigung in intellektuelle Richtung verläuft, führt sie zu ungewöhnlichem Talent oder zum Genie; und wenn sie in spirituelle Kanäle gelenkt wird, führt sie zu Weisheit oder transzendenter Größe. Wir sollten nicht trauern, wenn uns die Umstände zu größeren Anstrengungen und ausdauernderer Anstrengung treibt. Ereignisse sind nur für den Geist von Übel, der sie dazu macht. Sie sind für denjenigen gut, der ihre Disziplin als heilsam erachtet.

25. Januar

Nirgendwo gibt es Glückseligkeit, bevor die Ungeduld geopfert wurde.

Wenn Ungeduld und Reizbarkeit abgelegt werden, verwirklicht und geniesst man die Glückseligkeit eines starken, ruhigen und friedlichen Geistes.

Niedergeschlagenheit, Angst, Sorge und Reizbarkeit können die Krankheit nicht heilen, gegen die sie gerichtet sind. Sie fügen den Problemen, die sie hervorrufen, nur weiteres Elend hinzu. Die Kultivierung eines standhaften und abgeklärten Geistes kann nicht unbeachtet bleiben, wenn das Leben irgendein Maß an Nützlichkeit und Glück hervorbringen soll. Der Zank und sogar größere Probleme, welche verärgern, würden sich bald in Luft auflösen und verschwinden, wenn sie auf ein Gemüt treffen würden, das sich nicht aufregen oder beunruhigen lassen will. Persönliche Ziele, Wünsche, Pläne und Vergnügungen treffen auf Hemmungen, Zurückweisungen und Hindernisse; und indem wir lernen, mit diesen Niederlagen in einem weisen und gelassenen Geist umzugehen, entdecken wir das wahre und beständige Glück in unserem Herzen.

26. Januar

Die grösste Glückseligkeit kommt zu demjenigen, welcher seinen Geist mit den reinsten und edelsten Gedanken anfüllt.

Dein ganzes Leben ist eine Reihe von Auswirkungen, die ihre Ursache im Gedanken haben – in deinen eigenen Gedanken.

Wir werden weise, wenn wir wissen und erkennen, dass Glück in gewissen Gewohnheiten des Geistes oder geistiger Charakteristika lebt und nicht in materiellen Besitztümern oder einer gewissen Kombination von äußeren Umständen. Die Illusion ist weitverbreitet, dass man glaubt, wenn man nur dieses oder jenes besäße – etwas mehr Geld, etwas mehr Freizeit, das Talent dieses Menschen oder die Gelegenheiten jenes Menschen; oder wenn man bessere Freunde hätte oder eine günstigere Umgebung –, dann wäre man vollkommen glücklich und selig. Wenn Glück nicht bereits im Innern gefunden wird, wird es außen niemals gefunden. Das Glück eines weisen Geistes überdauert sämtliche Unbeständigkeiten.

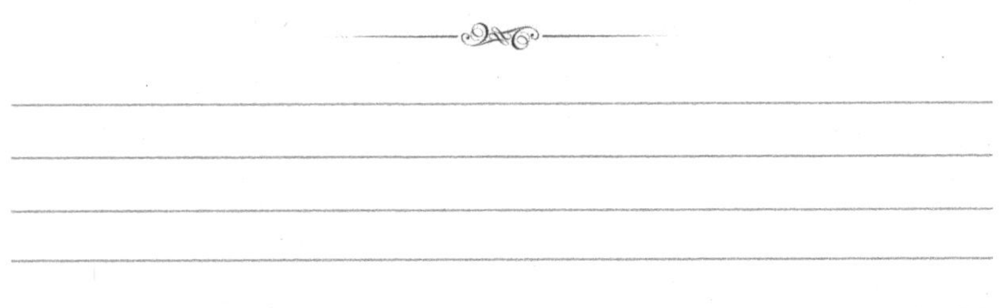

27. Januar

So errichte mit wohlgeordnetem Bestreben Dein Gebäude des Erfolgs.

Eine liebliche und glückliche Seele ist die gereifte Frucht der Erfahrung und der Weisheit.

Derjenige, welcher die Minuten mit nützlichen Dingen so erfüllt, wie sie kommen und gehen, wird alt an Ehre und Weisheit, und Wohlstand verweilt ewig bei ihm.

In der Natur liegt eine unendliche Geduld, über die es sich lohnt nachzudenken. Ein Komet benötigt vielleicht eintausend Jahre für seinen Orbit; das Meer benötigt vielleicht zehntausend Jahre, um das Land abzutragen; die völlige Evolution des Menschen benötigte vielleicht Millionen von Jahren. Deswegen sollten wir uns unserer Eile, Aufgeregtheit, Unzufriedenheit, Enttäuschung und lächerlicher Selbstgefälligkeit hinsichtlich nichtiger Dinge einer Stunde oder eines Tages schämen. Geduld ist der höchsten Größe der weitestreichenden Nützlichkeit und des tiefsten Friedens dienlich. Ohne sie würde das Leben viel von seiner Macht und seinem Einfluss verlieren, und seine Freude wäre größtenteils vernichtet.

28. Januar

Jeder reine Gedanke, jede selbstlose Tat führt immer zu glücklichen Ergebnissen, und jedes dieser Ergebnisse ist eine glückliche Vollendung.

Geh mit Liebe im Herzen an deine Aufgabe, und du wirst leichten Herzens und fröhlich darangehen.

Wenn es heute kalt und düster ist, ist dies eine Ursache für Verzweiflung? Wissen wir nicht, dass warme, helle Tage vor uns liegen? Die Vögel beginnen bereits zu singen, und der tremolierende Triller in ihren kleinen Kehlen prophezeit die nahende Liebe eines neuen Frühlings und die Fülle des Sommers, der im Augenblick nichts weiter ist als ein schlafender Keim im Leib dieses düsteren Tages, dessen Geburt jedoch gewiss und dessen volles Wachstum sicher ist. Keine Anstrengung ist vergebens. Der Frühling all deiner Bestrebungen ist nahe – sehr nahe; und der Sommer deiner selbstlosen Taten wird gewiss kommen.

Das Selbst soll weichen und statt seiner Wahrheit sein,
Die Unveränderliche, Unsichtbare, ohne Pein,
Soll ihren Wohnsitz in mir nehmen und dort oben
Soll säubern sie des unsichtbaren Herzens weiße Roben.

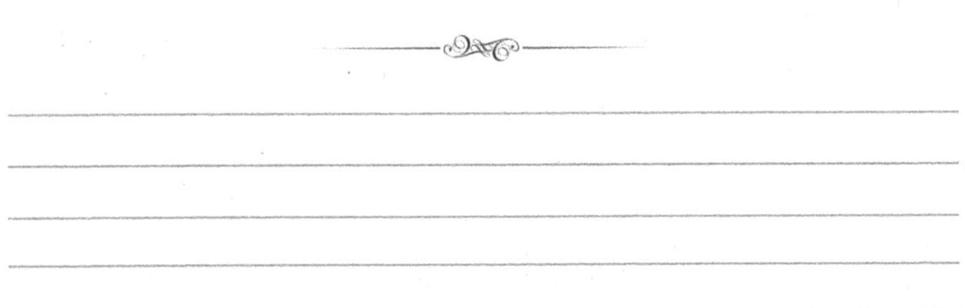

29. Januar

Alles Böse ist korrigierend und abhelfend, und es ist daher nicht dauerhaft.

Du musst aufhören, ein ungehorsames Kind in der Schule der Erfahrung zu sein, und anfangen, und zwar mit Bescheidenheit und Geduld, die Lektionen zu lernen, die für deine Erziehung und letztliche Vollendung vorbereitet sind.

Durch ernsthafte Selbsterkundung strebst du zu der Erkenntnis und hältst es nicht bloß für eine Theorie, dass das Böse eine vorübergehende Phase ist, ein selbst geschaffener Schatten, dass deine Schmerzen, all dein Kummer und Unglück dir durch einen Prozess des unausweichlichen und absoluten Gesetzes zugestoßen sind; dir zugestoßen sind, weil du das alles verdienst und gefordert hast, und dass du, indem du alles zunächst erleidest und dann verstehst, stärker, weiser, edler geworden bist. Wenn du diese Erkenntnis vollständig erlangt hast, wirst du in einer Lage sein, dir deine eigenen Bedingungen zu schmieden, alles Böse ins Gute zu überführen und das Tuch deines eigenen Schicksals mit Meisterhand zu weben.

30. Januar

Meditation, die sich auf die göttlichen Realitäten konzentriert, ist die echte Essenz und Seele des Gebets.

Meditation ist das Geheimnis allen Wachstums im spirituellen Leben und Wissen.

Sage mir, worüber du am häufigsten und intensivsten nachdenkst, wohin sich in deinen stillen Stunden deine Seele am natürlichsten wendet, und ich werde dir sagen, zu welchem Ort des Schmerzes oder Friedens du fährst und ob du in die Gleichheit mit dem Göttlichen oder dem Animalischen hineinwächst.

Es besteht eine unvermeidliche Neigung, buchstäblich die Verkörperung der Eigenschaft zu werden, an die man am beständigsten denkt. Lass daher das Ziel deiner Meditation oben und nicht unten sein, sodass du jedes Mal, wenn du in Gedanken zu ihm zurückkehrst, emporgehoben wirst; lass es rein und unvermischt mit selbstsüchtigen Elementen sein; so wird dein Herz gereinigt und näher zur Wahrheit gezogen werden und nicht beschmutzt und hoffnungsloser in den Irrtum.

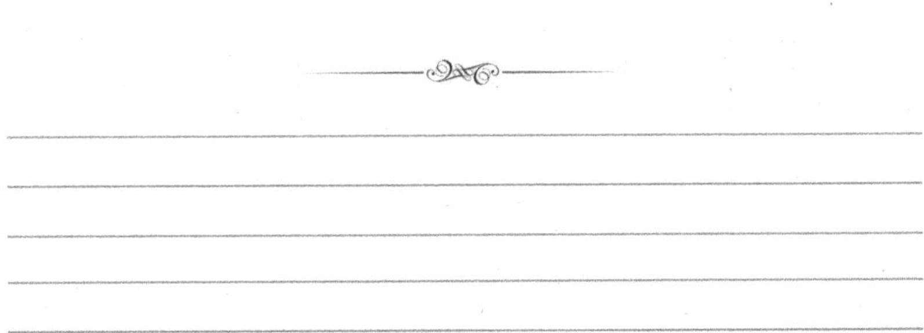

31. Januar

Wenn du unablässig daran denkst, was rein und selbstlos ist, wirst du gewiss rein und selbstlos werden.

Betritt den Pfad der Meditation und lass das oberste Ziel deiner Meditation die Wahrheit sein.

Wenn du täglich um Weisheit, um Frieden betest, um erhabenere Reinheit und vollere Erkenntnis der Wahrheit, und das, worum du betest, ist nach wie vor weit entfernt von dir, bedeutet dies, dass du für die eine Sache betest, während du in Gedanken und in der Tat eine andere auslebst. Wenn du von einem derartigen Eigensinn ablässt, deine Gedanken von jenen Dingen wegholst, vom selbstsüchtigen Klammern an das, was dich am Besitz der makellosen Wirklichkeiten hindert, um die du betest; wenn du Gott nicht länger darum bittest, dir das zu gewähren, was du nicht verdienst, oder dir jene Liebe und jenes Mitgefühl zuteilwerden zu lassen, die du anderen nicht zugestehst, aber weiterhin im Geist der Wahrheit handelst, wirst du einen jeden Tag in diese Wirklichkeiten hineinwachsen, sodass du am Ende eins mit ihnen wirst.

FEBRUAR

1. Februar

Unrast, Schmerz und Leid sind die Schatten des Lebens.

Die Menschen verbleiben im Bösen, weil sie nicht gewillt oder darauf vorbereitet sind, die Lektion zu lernen, die gekommen ist, sie zu lehren.

Gibt es dann keine Möglichkeit, Schmerz und Kummer zu entfliehen? Gibt es keine Mittel, durch welche die Bande des Bösen womöglich zerrissen werden können? Ist dauerhaftes Glück, sicherer Wohlstand und beständiger Friede ein törichter Traum? Nein, es gibt einen Weg, und ich spreche es mit Freuden aus, durch den das Böse auf immer vernichtet werden kann; es gibt einen Prozess, durch den Krankheit, Armut oder widrige Bedingungen oder Umstände beiseitegeschoben werden können, um nie wiederzukehren; es gibt eine Methode, durch die dauerhaftes Wohlergehen gesichert werden kann, frei von jeglicher Furcht vor der Rückkehr der widrigen Umstände, und es gibt eine Praxis, durch die man am ungebrochenen und nie endenden Frieden und Segen teilhaftig werden und beides erlangen kann. Und der Anfang dieses Wegs, der in diese glorreiche Verwirklichung führt, ist *die Aneignung eines richtigen Verständnisses der Natur des Bösen.*

2. Februar

Du musst aus dir heraus und anfangen, dich selbst zu untersuchen und zu verstehen.

Jede Seele zieht ihr Eigenes an, und nichts kann irgendwie zu ihr kommen, was nicht zu ihr gehört.

Das Böse, wenn richtig verstanden, wird nicht als unbegrenzte Macht oder unbegrenztes Prinzip des Universums befunden, sondern als vorübergehende Phase menschlicher Erfahrung, und es wird daher ein Lehrer für diejenigen sein, die zu lernen gewillt sind. Das Böse ist kein abstraktes Etwas außerhalb deiner selbst; es ist eine Erfahrung in deinem eigenen Herzen, und durch die geduldige Untersuchung und Reinigung deines Herzens wirst du nach und nach dazu geführt, den Ursprung und die Natur des Bösen zu entdecken, und dieser Entdeckung wird unausweichlich seine völlige Auslöschung folgen.

Es gibt kein Böses im Universum, das nicht Ergebnis von Unkenntnis ist und das uns nicht, wenn wir bereit und willens sind, seine Lektion zu lernen, zu höherer Weisheit führt und daraufhin verschwindet.

3. Februar

Was du bist, so ist deine Welt.

Jede Seele ist eine komplexe Kombination aus gesammelten Erfahrungen und Gedanken, und der Leib ist lediglich ein improvisiertes Vehikel zu ihrer Manifestation.

Alles, was du eindeutig weißt, ist in deiner eigenen Erfahrung enthalten; alles, was du jemals wissen wirst, muss durch das Tor der Erfahrung gehen und so zum Teil deiner selbst werden.

Deine eigenen Gedanken, Wünsche und Bestrebungen umfassen deine Welt, und für dich ist alles, was da im Universum an Schönem, Freudvollem und Gesegnetem ist, oder an Hässlichem, an Kummer und Schmerz, in dir selbst enthalten. Durch deine eigenen Gedanken machst oder verdirbst du dir dein Leben, deine Welt, dein Universum. Wie du dich durch die Kraft der Gedanken innerlich aufbaust, so werden sich dein äußeres Leben und deine äußeren Umstände entsprechend formen. Was du in der allerinnersten Kammer deines Herzens auch birgst, es wird sich früher oder später durch das unausweichliche Gesetz der Reaktion in deinem äußeren Leben ausbilden.

4. Februar

Für diejenigen, welche das höchste Gute suchen, sind alle Dinge zu den weisesten Zwecken dienlich.

Aller Ruhm und alles Gute erwarten die Ankunft gehorsamer Füsse.

Derjenige, der sich an das Selbst klammert, ist sein eigener Feind, und er ist umgeben von Feinden. Derjenige, der sich von seinem Selbst löst, ist sein eigener Erlöser, und er ist umgeben von Freunden wie ein Schutzgürtel. Vor der göttlichen Ausstrahlung eines reinen Herzens verschwindet alle Dunkelheit, und alle Wolken lösen sich auf, und derjenige, der sein Selbst erobert hat, hat das Universum erobert. Komm dann aus deiner Armut; komm aus deinem Schmerz; komm aus deinen Problemen und Seufzern und Klagen und Herzschmerzen und deiner Einsamkeit, *indem du aus dir selbst herauskommst.* Lass das alte zerrissene Gewand deiner unbedeutenden Selbstsucht von dir abfallen und lege das neue Gewand der universellen Liebe um. Dann wirst du den inneren Himmel erkennen, und er wird sich in deinem ganzen äußeren Leben widerspiegeln.

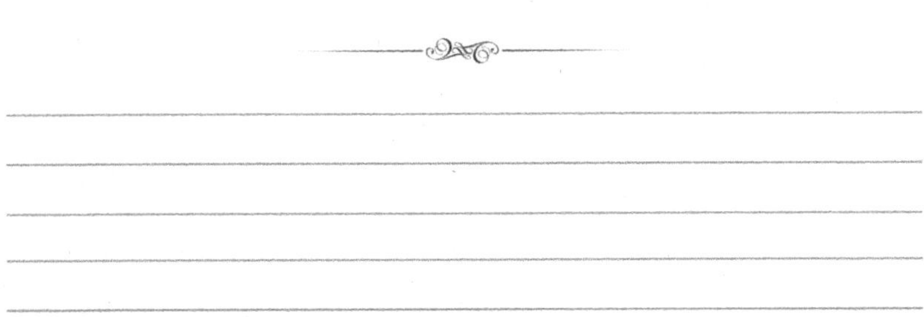

5. Februar

Alle Errungenschaften des Menschen wurden zunächst in Gedanken ausgearbeitet und dann verdinglicht.

Es sind die lautlosen und erobernden Kräfte der Gedanken, die alle Dinge verwirklichen.

Werden die Gedankenkräfte im Einklang mit dem herrschenden Gesetz gelenkt, sind sie aufbauend und bewahrend, werden sie jedoch abgelenkt, sind sie auflösend und selbstzerstörerisch.

Alle deine Gedanken an einen perfekten und unerschütterlichen Glauben an die Allmacht und Überlegenheit des Guten anzupassen bedeutet, dass du mit diesem Guten zusammenarbeitest und in dir selbst die Loslösung von allem Bösen und dessen Zerstörung verwirklichst. *Glaube, und du sollst leben.* Und hier haben wir die wahre Bedeutung der Erlösung: Erlösung von der Dunkelheit und der Leugnung des Bösen durch den Eintritt in das lebendige Licht des ewigen Guten und dessen Verwirklichung.

6. Februar

Es gibt nichts, was ein starker Glaube und eine entschlossene Absicht nicht erreichen könnte.

Denke gute Gedanken, und sie werden rasch in deinem äusseren Leben in Gestalt guter Bedingungen verwirklicht werden.

Es gibt keine Schwierigkeit, wie groß sie auch sein mag, die nicht vor einer gelassenen und zielgerichteten Konzentration der Gedanken aufgibt, und kein legitimes Ziel, das sich nicht rasch durch intelligente Nutzung und Lenkung der eigenen Seelenkräfte verwirklichen ließe.

Erst wenn du tief und suchend in deine innere Natur eingedrungen bist und viele Feinde überwunden hast, die dort lauern, kannst du eine annähernde Vorstellung von der untergründigen Macht des Gedankens haben, ihrer untrennbaren Beziehung zu den äußeren und materiellen Dingen oder von ihrer magischen Kraft, ist sie richtig ausbalanciert und darauf gerichtet, die Lebensbedingungen neu zu justieren und zu verändern. Jeder Gedanke, den du denkst, ist eine ausgeschickte Kraft, und entsprechend seiner Natur und Intensität wird er hinausgehen und sich in den Gedanken jener festsetzen, die dafür empfänglich sind, und er wird auf dich selbst zum Guten oder Bösen reagieren.

7. Februar

Nur der ist dazu fähig, zu befehlen und zu beherrschen, der erfolgreich dabei war, sich selbst zu befehlen und zu beherrschen.

Habe ein einziges Ziel; habe ein legitimes und nützliches Ziel und widme dich ihm uneingeschränkt.

Wenn du überwältigende Macht erwerben willst, musst du Gelassenheit und Passivität kultivieren. Du musst eigenständig sein können. Sämtliche Macht ist mit Unbeweglichkeit verbunden. Die Berge, die massiven Felsen, die sturmerprobte Eiche sprechen alle zu uns von Macht wegen ihrer vereinten einzigartigen Größe und ihres trotzigen Verharrens; während der gleitende Sand, der nachgiebige Zweig und der wabernde Getreidehalm zu uns von Schwäche sprechen, weil sie beweglich und nicht widerstandsfähig sind, und sie sind völlig nutzlos, wenn sie von ihren Genossen losgelöst werden. Derjenige ist ein Mensch von Macht, der, wenn sämtliche seiner Genossen durch irgendein Gefühl oder eine Leidenschaft ins Wanken geraten, ruhig und unbeweglich bleibt. Der Hysterische, der Furchtsame, der Gedankenlose, der Leichtfertige soll ruhig Gesellschaft suchen, sonst wird er mangels Unterstützung fallen; aber der Ruhige, der Furchtlose, der Nachdenkliche und Ernsthafte, der soll die Einsamkeit des Waldes suchen, der Wüste und des Berggipfels, und zu seiner Macht wird weitere Macht hinzugefügt.

8. Februar

Selbstsucht ist Selbstzerstörung.

Unter allen Umständen tue das, was du für richtig hältst, und vertraue auf das Gesetz; vertraue auf die göttliche Macht, und du wirst immer beschützt sein.

Wenn du wahren Wohlstand verwirklichen willst, so verfalle nicht, wie es so viele getan haben, in den Glauben, dass alles falsch läuft, wenn du richtig handelst. Lass nicht zu, dass das Wort »Wettbewerb« deinen Glauben an die Überlegenheit der Rechtschaffenheit erschüttert. Mir ist es gleichgültig, was Menschen über die »Gesetze des Wettbewerbs« sagen, denn kenne ich nicht das unveränderliche Gesetz, das sie eines Tages alle besiegen wird und das sie schon jetzt im Herzen und Leben des rechtschaffenen Menschen besiegt? Und in Kenntnis dieses Gesetzes kann ich mit ungetrübter Ruhe über alle Unehrlichkeit sinnen, denn ich weiß, dass sichere Vernichtung sie erwartet. Jene, die von der Straße der Rechtschaffenheit abgewichen sind, müssen sich vor dem Wettbewerb hüten; jene, die immer das Rechte verfolgen, brauchen sich keine Sorgen um eine solche Verteidigung zu machen.

9. Februar

Vollkommene Liebe ist vollkommene Macht.

Vollkommene Liebe ist vollkommene Weisheit.

Das weise, liebende Herz befiehlt, ohne irgendeine Autorität auszuüben. Alle Dinge und alle Menschen gehorchen ihm, der dem Höchsten gehorcht. Er denkt, und siehe da: Er hat bereits vollbracht! Er spricht, und siehe da: Eine Welt hängt an seinen einfachen Äußerungen! Er hat seine Gedanken mit den unzerstörbaren und unüberwindlichen Kräften in Einklang gebracht, und für ihn gibt es keine Schwäche und Unsicherheit mehr. Jeder seiner Gedanken ist ein Zweck; jede einzelne seiner Handlungen ein Vollbringen; er bewegt sich mit dem großen Gesetz, stellt seine unbedeutende Persönlichkeit nicht ihm entgegen, und solchermaßen wird er zu einem Kanal, durch den die göttliche Macht in ungehindertem und wohlwollendem Ausdruck fließen kann. Er ist selbst diese Macht geworden.

10. Februar

Wenn du wirklich Wahrheit suchst, wirst du willens sein, die nötige Anstrengung zu unternehmen, sie zu erlangen.

Lass das oberste Ziel deiner Meditation die Wahrheit sein.

Am Anfang muss Meditation von müßiger Träumerei unterschieden sein. An ihr ist nichts Träumerisches und Unpraktisches. Sie bedeutet einen Prozess des Suchens und des rücksichtslosen Gedankens, der nichts außer der schlichten und nackten Wahrheit zulässt. Wenn du solchermaßen meditierst, wirst du nicht länger danach streben, dich in deinen Vorurteilen aufzubauen, sondern du wirst dich, indem du das Selbst vergisst, nur daran erinnern, dass du die Wahrheit suchst. Und so werden einer nach dem anderen die Irrtümer entfernt, die du in der Vergangenheit um dich errichtet hast, und du wirst geduldig auf die Offenbarung der Wahrheit warten, die zu dir kommt, wenn deine Irrtümer erfolgreich entfernt wurden.

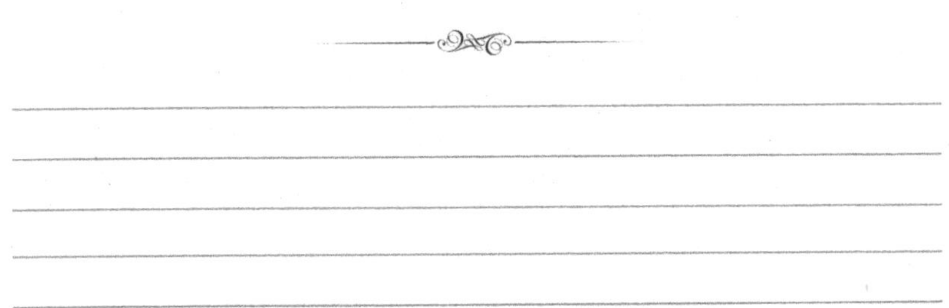

11. Februar

Wie die Blume ihren Kelch öffnet, um das Morgenlicht zu empfangen, so öffne deine Seele immer mehr dem ruhmreichen Licht der Wahrheit.

Erhebe dich auf den Schwingen des Strebens; sei furchtlos und glaube an die höchsten Möglichkeiten.

Spirituelle Meditation und Selbstdisziplin sind untrennbar; daher wirst du damit beginnen, über dich selbst zu meditieren und zu versuchen, dich selbst zu verstehen; denn denke daran, das große Ziel, das du vor Augen hast, wird die vollständige Entfernung sämtlicher deiner Irrtümer sein, damit du die Wahrheit erkennst. Du wirst anfangen, deine Motive infrage zu stellen, deine Gedanken und Handlungen, sie mit deinem Ideal vergleichen und dich mühen, sie mit einem ruhigen und wertfreien Auge zu betrachten. Auf diese Weise wirst du beständig mehr jenes mentalen und geistigen Gleichgewichts erringen, ohne welches der Mensch bloß hilflos auf dem Ozean des Lebens treibt.

12. Februar

Ein Anfang ist eine Ursache, und insofern muss er eine Auswirkung zur Folge haben.

Die Auswirkung wird von derselben Natur sein wie die Ursache.

Die Natur eines Anfangsimpulses bestimmt den Leib seines Ergebnisses. Ein Anfang setzt auch ein Ende voraus, eine Vollendung, etwas, das erreicht wird, oder ein Ziel. Ein Tor führt zu einem Pfad und der Pfad zu einem bestimmten Zielort; daher führt ein Anfang zu Ergebnissen, und Ergebnisse führen zu einer Vollendung.

Es gibt richtige Anfänge, und es gibt falsche Anfänge, mit Auswirkungen einer ähnlichen Natur. Du kannst durch sorgfältiges Nachdenken falsche Anfänge vermeiden und richtige Anfänge machen und so den bösen Ergebnissen entgehen und dich guter Ergebnisse erfreuen. Beim Streben nach einem Leben in Glückseligkeit ist einer der einfachsten Anfänge, den man in Betracht ziehen sollte, derjenige, den wir alle jeden Tag machen – nämlich, der Beginn des täglichen Lebens.

13. Februar

Weisheit wohnt den gewöhnlichen Details der alltäglichen Existenz inne.

Wenn die Teile vollkommen erledigt werden, wird das Ganze ohne Makel sein.

Alles im Universum besteht aus kleinen Dingen, und die Vollkommenheit des Großen basiert auf der Vollkommenheit des Kleinen. Wenn irgendein Detail des Universums unvollkommen wäre, dann wäre das Ganze unvollkommen. Wenn irgendein Teil fehlte, dann würde die Gesamtheit aufhören zu sein. Ohne ein Staubkorn könnte es keine Welt geben, und die Welt ist vollkommen, weil das Staubkorn vollkommen ist. Vernachlässigung im Kleinen bedeutet Durcheinander im Großen. Die Schneeflocke ist ebenso vollkommen wie der Stern; der Tautropfen ist ebenso symmetrisch wie der Planet; wird alles vollkommen bearbeitet und ausgestattet, so steht der Tempel am Schluss in all seiner architektonischen Schönheit da.

14. Februar

Kleine Aufgaben zu vernachlässigen oder sie auf oberflächliche oder schlampige Weise zu erledigen ist ein Zeichen von Schwäche und Dummheit.

Es gibt keinen Weg zu Stärke und Weisheit ausser dem, im gegenwärtigen Augenblick stark und weise zu handeln.

Der große Mensch kennt den großen Wert, der in Augenblicken, Worten, Begrüßungen, Mahlzeiten, Kleidung, Korrespondenz, Ruhe, Arbeit, unvoreingenommenen Mühen, flüchtigen Verpflichtungen, in den unzähligen kleinen Dingen liegt, die seine Aufmerksamkeit erfordern – kurz, in den gewöhnlichen Details des Lebens. Er sieht alles als göttlich zugemessen und muss seinerseits nur leidenschaftslose Gedanken und Taten einsetzen, um das Leben segensreich und vollkommen zu machen. Er übersieht nichts, hat keine Eile; sucht lediglich Irrtum und Dummheit zu entgehen; widmet sich jeder Pflicht, wie sie sich ihm präsentiert, und schiebt sie nicht hinaus oder bedauert sie. Indem er sich selbst uneingeschränkt seiner nächsten Pflicht widmet, gleichermaßen Vergnügen und Schmerz vergisst, erlangt er jene vereinte kindliche Einfachheit und unbewusste Macht, welche die Größe darstellt.

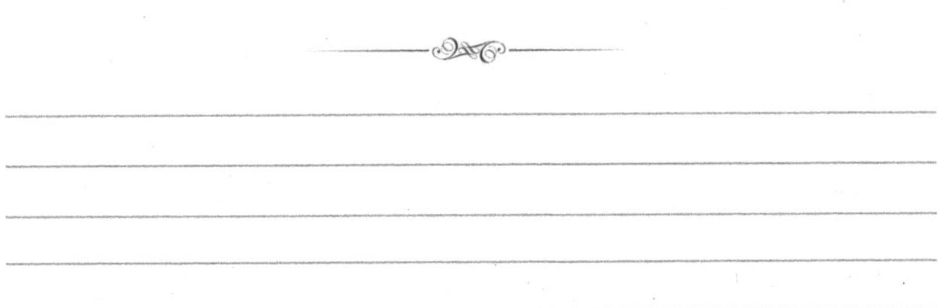

15. Februar

Derjenige, welcher das Kleine beherrscht, wird zum rechtmässigen Besitzer des Grossen.

Derjenige, welcher seine kleinsten Vergehen als von schwerster Natur erachtet, wird zum Heiligen.

Der Törichte glaubt, dass kleine Fehler, kleine Nachlässigkeiten, kleine Sünden keine Folgen haben, er ist davon überzeugt, dass er, solange er keine offenkundigen unmoralischen Handlungen begeht, tugendhaft ist und sogar heilig; aber er ist dadurch der Tugend und Heiligkeit verlustig gegangen, und die Welt kennt ihn entsprechend; sie verehrt, bewundert und liebt ihn nicht; sie geht an ihm vorüber; er ist von keinem Wert; sein Einfluss ist dahin. Die Mühen, die ein solcher Mensch auf sich nimmt, um die Welt tugendhaft zu machen, die Ermahnungen seiner Mitmenschen, große Laster zu meiden, sind ohne Substanz und fruchtlos. Die Bedeutungslosigkeit, die er seinen kleinen Lastern beimisst, durchdringt seinen ganzen Charakter und ist der Maßstab seines Menschseins.

16. Februar

Die Wahrheit ist in unendlich kleine Details verpackt.

Gründlichkeit ist Genialität.

Wie das Jahr aus einer gegebenen Anzahl aufeinanderfolgender Momente besteht, so bestehen der Charakter und das Leben eines Menschen aus einer gegebenen Anzahl aufeinanderfolgender Gedanken und Taten, und das vollendete Ganze wird den Eindruck der Teile tragen. Ein wenig Freundlichkeit, Großzügigkeit und ein paar Opfer bilden einen freundlichen und großzügigen Charakter. Ein wenig Verzicht, Ausdauer und ein paar Siege über sich selbst bilden einen starken und edlen Charakter. Der wahrhaft Ehrliche ist ehrlich hinsichtlich der kleinsten Details seines Lebens. Der Edle ist edel in jeder kleinen Sache, die er sagt und tut. Du kannst jedes Fragment edel leben, wenn du es so willst, und in diesem Fall kann es kein Teilchen an Niedertracht im vollendeten Ganzen geben.

17. Februar

Die Wahrheit ist von Natur aus unbeschreibbar und kann nur gelebt werden.

Derjenige mit der grössten Nächstenliebe hat das meiste der Wahrheit.

Die Wahrheit ist die eine Wirklichkeit im Universum, die innere Harmonie, die vollkommene Gerechtigkeit, die ewige Liebe. Nichts kann ihr hinzugefügt werden, nichts kann ihr weggenommen werden. Sie hängt von keinem Menschen ab, aber alle Menschen hängen von ihr ab. Du kannst die Schönheit der Wahrheit nicht wahrnehmen, während du durch die Augen des Selbst nach ihr Ausschau hältst. Wenn du eitel bist, wirst du alles mit deinen eigenen Eitelkeiten färben. Wenn du lustvoll bist, werden dein Herz und dein Geist so umwölkt vom Rauch und von den Flammen der Leidenschaft sein, dass alles dadurch verzerrt erscheint. Bist du stolz und meinungsbehaftet, wirst du nichts im ganzen Universum erkennen, außer der Größe und Wichtigkeit deiner eigenen Meinungen. Der bescheidene Liebhaber der Wahrheit hat gelernt, zwischen Meinung und Wahrheit zu unterscheiden.

18. Februar

Es gibt nur eine Religion, die Religion der Wahrheit.

Die Zeichen, an denen sich der Wahrheitsliebende erkennen lässt, sind unverkennbar.

Du kannst leicht erkennen, ob du ein Kind der Wahrheit oder ein Anbeter des Selbst bist, wenn du in aller Stille deinen Geist, dein Herz und deine Lebensführung untersuchst. Hegst du Gedanken des Argwohns, der Feindschaft, des Neids, der Lust, des Stolzes, oder bemühst du dich, dagegen anzukämpfen? Ist Ersteres der Fall, bist du ans Selbst gekettet, gleich, welcher Religion du angehörst; wenn Letzteres der Fall ist, bist du ein Kandidat für die Wahrheit, obwohl du äußerlich gesehen keiner Religion angehörst. Bist du leidenschaftlich, eigenwillig und suchst, deinen eigenen Vorteil zu erringen, bist du hemmungslos und ego-zentriert; oder bist du sanftmütig, milde, selbstlos, frei von jeder Hemmungslosigkeit und stets bereit, dein eigenes Selbst aufzugeben? Ist Ersteres der Fall, ist das Selbst dein Herr; ist es Letzteres, so ist die Wahrheit Objekt deiner Zuneigung.

19. Februar

Versuchung appelliert an unbesiegte Begierde und erregt sie.

Das Streben kann einen Menschen in den Himmel tragen.

Versuchung überfällt den strebsamen Menschen, bis er die Region des göttlichen Bewusstseins berührt; und über diese Grenze hinaus kann ihm Versuchung nicht folgen. Erst wenn ein Mensch anfängt, sich zu sehen, fängt er an, versucht zu werden. Sehnsucht erweckt all das latente Gute und Böse, damit der Mensch sich völlig zeigt, denn ein Mensch kann sich erst überwinden, wenn er sich völlig selbst kennt. Vom bloß animalischen Menschen lässt sich kaum sagen, dass er versucht wird, denn allein die Gegenwart von Versuchung bedeutet, dass ein Streben nach einem reineren Zustand vorhanden ist. Animalische Begierde und Erfüllung ist der normale Zustand des Menschen, der noch nicht zum Streben aufgestiegen ist; ihn verlangt es nach nichts weiter, nach nichts Besserem als seinem sinnlichen Vergnügen, und er ist für den Moment damit befriedigt. Ein solcher Mensch kann nicht in Versuchung geraten, sodass er fällt, denn er hat sich noch nicht erhoben.

20. Februar

Ein Mensch muss sich selbst kennen,
wenn er die Wahrheit kennen will.

Derjenige, welcher nicht furchtlos seiner niederen Natur ins Gesicht sehen kann, kann die zerklüfteten Höhen der Entsagung nicht ersteigen.

Der Versuchte sollte dies wissen – dass er selbst sowohl Versucher als auch Versuchter ist; dass alle seine Feinde im Innern liegen; dass die Schmeichler, die verführen, die Spötter, die sticheln, und die Flammen, die verbrennen, alle jener inneren Region der Unwissenheit und des Irrtums entspringen, in der er bisher gelebt hat – und wenn er dies weiß, soll er seines vollständigen Sieges über das Böse versichert sein. Wenn er ernsthaft in Versuchung gerät, soll er darüber nicht trauern, sondern er soll darüber frohlocken, dass seine Stärke versucht wird und sich seine Schwäche zeigt. Denn derjenige, welcher seine Schwäche wahrhaft kennt und bescheiden zugibt, wird nicht müde werden, Stärke zu erringen.

21. Februar

Suche gewissenhaft den Pfad der Heiligkeit.

Die Entsagung vom Selbst ist der Weg zur Wahrheit.

Das Aufgeben des Selbst ist nicht bloß die Abkehr von äußeren Dingen. Es besteht aus der Aufgabe der inneren Sünde, des inneren Irrtums. Nicht durch die Aufgabe eitler Kleidung, nicht durch den Verzicht auf Reichtümer, nicht durch die Abstinenz von bestimmten Nahrungsmitteln, nicht durch das Äußern glatter Worte; nicht durch das bloße Tun dieser Dinge lässt die Wahrheit sich finden, sondern durch die Aufgabe des Geistes der Eitelkeit, durch den Verzicht auf das Verlangen nach Reichtümern, durch die Enthaltsamkeit von der Lust an Schwelgerei, durch die Aufgabe allen Hasses, Streits, Verdammens und aller Selbstsucht und dadurch, dass du im Herzen sanft und rein wirst; indem du dies tust, findest du die Wahrheit.

22. Februar

Derjenige, welcher aufhört, Sklave der Leidenschaft zu sein, wird zum Baumeister im Tempel des Schicksals.

Nur das Werk überdauert, das auf einem unzerstörbaren Prinzip erbaut ist.

Ein Mensch entwickelt Macht, wenn er, nach Prüfung seiner Impulse und selbstsüchtigen Neigungen, zurück auf das höhere und ruhigere Bewusstsein in sich fällt und sich allmählich an einem Prinzip festigt.

Die unveränderlichen Prinzipien im Bewusstsein zu verwirklichen, dies ist zugleich die Quelle und das Geheimnis der höchsten Macht.

Wenn nach vieler Suche, vielem Leid und vielen Opfern der Seele das Licht eines ewigen Prinzips dämmert, folgt eine göttliche Ruhe, und unsägliche Freude erfüllt das Herz.

Derjenige, welcher ein solches Prinzip verwirklicht hat, hört auf umherzuwandern und bleibt selbstsicher und selbstbeherrscht.

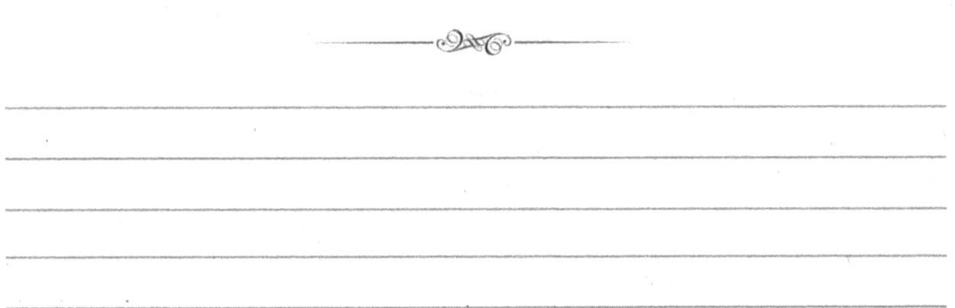

23. Februar

Männer und Frauen mit echter Macht
und echtem Einfluss sind wenige.

Es gibt keinen Weg zum Erwerb spiritueller Macht
ausser über jene innere Erleuchtung und Aufklärung.

Es fällt einem Menschen leicht, solange er sich weiter seines Besitzes erfreuen kann, sich einzureden, dass er an das Prinzip des Friedens, der Brüderlichkeit und universellen Liebe glaubt und ihm gehorcht; aber wenn er, sind seine Freuden bedroht oder bildet er sich ein, dass sie bedroht sind, laut nach dem Krieg schreit, zeigt er, dass er nicht an Frieden, Brüderlichkeit und Liebe glaubt, sondern an Hader, Selbstsucht und Hass.

Derjenige, der seine Prinzipien nicht im Stich lässt, wenn er vom Verlust aller irdischen Güter bedroht ist, sogar vom Verlust seines Rufs und Lebens, ist der Mensch von Macht; es ist der Mensch, dessen sämtliche Worte und Werke überdauern; es ist der Mensch, den die Nachwelt ehrt und dem sie huldigt.

24. Februar

Aller Schmerz und Kummer ist spirituelles Verhungern, und Streben ist der Schrei nach Nahrung.

Nur in Einsamkeit kann sich ein Mensch wahrlich sich selbst gegenüber öffnen.

Das wesentliche Sein des Menschen liegt im Innern, ist unsichtbar, spirituell und zieht als solches sein Leben, seine Kraft aus dem Innern, nicht von außen. Äußere Dinge sind Kanäle, durch die seine Energie ausgegeben wird, aber zur Erneuerung muss es ins innere Schweigen zurückfallen.

In dem Maße, wie der Mensch bemüht ist, dieses Schweigen in den lärmenden Vergnügungen der Sinne zu ertränken und in den Konflikten der äußeren Dinge zu leben, in dem Maße erntet er auch die Erfahrungen von Schmerz und Leid, die ihn, da sie am Ende unerträglich werden, vor die Füße des inneren Trösters zurücktreiben, zum Schrein der friedvollen inneren Einsamkeit.

25. Februar

Innere Harmonie ist spirituelle Macht.

Halte nicht inne, habe keinen Ruheort, bis das innerste Gewand deiner Seele von jedem Flecken gereinigt ist.

Nimm das Prinzip der göttlichen Liebe und meditiere ruhig und gewissenhaft darüber mit dem Ziel, schließlich zu einem gründlichen Verständnis dieser Liebe zu gelangen. Sorge dafür, dass ihr suchendes Licht auf deine sämtlichen Gewohnheiten scheint, deine Handlungen, deine Rede und deine Beziehungen zu anderen, auf jeden deiner geheimen Gedanken und Wünsche. Wenn du diesen Kurs beibehältst, wird dir die göttliche Liebe immer vollkommener eröffnet, und deine eigenen Unzulänglichkeiten werden in immer größerem Kontrast hervorstechen und dich zu erneuten Anstrengungen anspornen; und sobald du einmal einen Blick auf die unvergleichliche Majestät jenes unvergänglichen Prinzips erhascht hast, wirst du nie wieder in deiner Schwäche, deiner Selbstsucht, deiner Unvollkommenheit ausruhen, sondern du wirst diese Liebe verfolgen, bis du jedes unharmonische Element abgelegt und dich in vollkommene Harmonie mit ihr gebracht hast.

26. Februar

In Einsamkeit sammelt der Mensch Kraft, um den Schwierigkeiten und Versuchungen des Lebens zu begegnen.

Derjenige, welcher die Wahrheit liebt, der nach Weisheit verlangt und sie sucht, wird viel allein sein.

Ebenso wie der Leib Ruhe für die Auffrischung seiner Kräfte fordert, so fordert der Geist Einsamkeit für die Erneuerung seiner Energien. Einsamkeit ist für das spirituelle Wohlergehen des Menschen ebenso nötig wie Schlaf für sein körperliches Wohlergehen; und reines Denken, oder Meditation, das in Einsamkeit heraufbeschworen wird, ist dem Geist, was Tätigkeit dem Leib ist. Wie der Leib zusammenbricht, wenn ihm die nötige Ruhe und der nötige Schlaf entzogen werden, so bricht der Geist des Menschen zusammen, wenn ihm das nötige Schweigen und die Einsamkeit entzogen werden. Der Mensch als spirituelles Wesen kann Kraft, Aufrichtigkeit und Frieden nur aufrechterhalten, wenn er sich regelmäßig von der äußeren Welt der flüchtigen Dinge zurückzieht und im Innern nach den unvergänglichen und ewigen Wirklichkeiten greift.

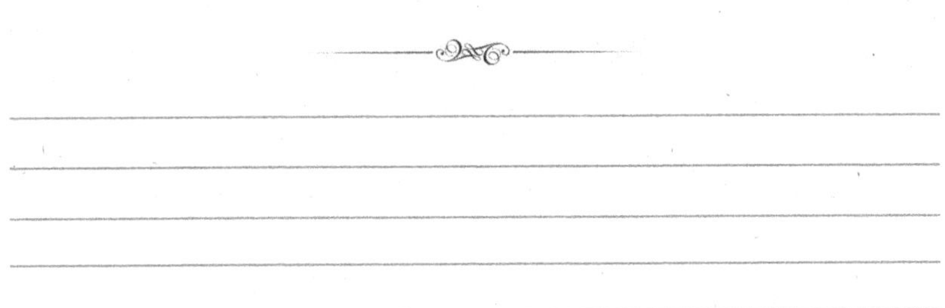

27. Februar

Menschliche Liebe ist eine Widerspiegelung der göttlichen Liebe.

Göttliche Liebe kennt weder Leid noch Veränderung.

Menschen, die sich ans Selbst und die trostlosen Schatten des Bösen klammern, haben die Angewohnheit, sich göttliche Liebe als etwas zu denken, das zu einem Gott gehört, der außer Reichweite ist; als etwas außerhalb ihrer selbst und als etwas, das auf immer draußen bleiben muss. Wahrlich, die Liebe Gottes ist außer der Reichweite des Selbst, aber wenn Herz und Geist vom Selbst geleert sind, dann wird die selbstlose Liebe, die höchste Liebe, die Liebe, die von Gott oder dem Guten ist, eine innere und überreichliche Wirklichkeit.

Und diese innere Verwirklichung der heiligen Liebe ist nichts anderes als die Liebe Christi, von der so viel die Rede ist und die so wenig verstanden wird. Die Liebe, die nicht bloß die Seele von der Sünde erretten, sondern sie gleichfalls über die Macht der Versuchung erheben kann.

28. Februar

Ein Mensch sollte lernen, allein zu stehen.

Sei reich in dir selbst, sei vollständig in dir selbst.

Wenn ein Mensch keinen Frieden in sich selbst finden kann, wo soll er ihn dann finden? Wenn er sich davor fürchtet, mit sich allein zu sein, welche Standfestigkeit soll er in Gesellschaft finden? Wenn er keine Freude an der Gemeinschaft mit seinen eigenen Gedanken hat, wie soll er bei seinem Kontakt mit anderen dem Elend entkommen? Der Mensch, der bisher nichts in sich selbst gefunden hat, auf dem er stehen kann, wird nirgendwo einen Ort beständiger Ruhe finden. Außen ist Veränderung, Verfall und Unsicherheit, Innen ist absolute Sicherheit und Glückseligkeit. Die Seele genügt sich selbst. Wo der Bedarf ist, da ist reichliche Versorgung. Dein ewiger Wohnort ist im Innern.

29. Februar

Finde dein Zentrum des Gleichgewichts und stehe erfolgreich auf eigenen Füssen.

Finde die Freude, die aus wohlverdienter Freiheit kommt, den Frieden, der aus weiser Selbstbeherrschung stammt, die Glückseligkeit, die in echter Stärke liegt.

Bis du auf eigenen Füßen stehen kannst, weder bei Geistern noch Sterblichen, Göttern oder Menschen nach Führung suchst, sondern dich selbst durch das Licht der Wahrheit in dir führst, bist du nicht uneingeschränkt und frei, nicht völlig gesegnet. Aber verwechsele Stolz nicht mit Selbstvertrauen. Versuchst du, auf dem bröckeligen Fundament des Stolzes zu stehen, bist du bereits gefallen. Kein Mensch hängt mehr von anderen ab als der stolze Mensch. Er trinkt ihren Beifall und verübelt ihnen ihre Kritik. Er verwechselt Schmeichelei mit gesundem Urteil und ist sehr leicht durch die Meinungen anderer verletzt oder von ihnen erfreut. Sein Glück liegt völlig in Händen anderer. Aber der Mensch mit Selbstvertrauen steht fest, nicht auf persönlichem Stolz, sondern auf einem ewigen Gesetz, Prinzip, Ideal, ewiger Wirklichkeit, in sich selbst. Darauf verharrt er und weigert sich, entweder durch die Wogen der Leidenschaft im Innern oder die Stürme der Meinungen von außen von seinem festen Standpunkt hinweggefegt zu werden.

MÄRZ

1. März

Wie die Fontäne aus der verborgenen Quelle, so entspringt das Leben des Menschen den geheimen Schlupfwinkeln seines Herzens.

Der Geist kleidet sich in Gewänder, die er selbst gefertigt hat.

Wie das Herz, so das Leben. Das Innen wird unablässig das Außen. Nichts bleibt unentdeckt. Das, was verborgen ist, bleibt es nur für eine gewisse Zeit; es reift und kommt schließlich ans Licht. Samen, Baum, Blüte und Frucht sind die vierfache Ordnung des Universums. Aus dem Zustand des menschlichen Herzens gehen die Bedingungen seines Lebens hervor; seine Gedanken erblühen zu Taten, und seine Taten tragen die Früchte des Charakters und Schicksals.

Das Leben entfaltet sich immer von innen und zeigt sich dem Licht, und die Gedanken, die ihren Ursprung im Herzen haben, zeigen sich schließlich in Worten, Taten und vollbrachten Dingen.

2. März

Es gibt kein edleres Werk oder höheres Wissen als das der Selbstvervollkommnung.

Derjenige, dessen Ziel es ist, einen ruhigen, weisen und weitsichtigen Geist zu besitzen, begibt sich an die erhabenste Aufgabe, die ein Mensch sich vornehmen kann.

Lass einen Menschen begreifen, dass das Leben insgesamt aus dem Geist hervorgeht, und siehe da!, der Weg zur Glückseligkeit steht ihm offen! Denn er wird dann entdecken, dass er die Macht besitzt, seinen Geist zu beherrschen und ihn entsprechend seines Ideals zu bilden. Daher wird er diese Wege der Gedanken und Taten, die völlig großartig sind, kräftigen Schritts und unerschütterlich gehen; für ihn wird das Leben schön und heilig werden; und früher oder später wird er alles Übel, alle Verwirrung und alles Leid in die Flucht jagen; denn für einen Menschen, der die Tore seines Herzens mit unermüdlicher Sorgfalt bewacht, ist es unmöglich, Freiheit, Erleuchtung und Frieden nicht zu erreichen.

3. März

Ein beständig wiederholter Gedanke wird letztlich zu einer festen Gewohnheit.

Wenn das Herz rein ist, dann sind alle äusseren Dinge rein.

Es liegt in der Natur des Geistes, Wissen durch Wiederholung seiner Erfahrungen zu erwerben. Ein Gedanke, der zunächst sehr schwierig zu fassen ist, ebenso, wie es schwierig ist, sich länger mit ihm zu beschäftigen, wird schließlich, indem er länger im Geist festgehalten wird, ein natürlicher und gewohnheitsmäßiger Zustand. Ebenso wie bei einem Jungen, der anfängt, ein Handwerk zu erlernen, und der nicht einmal seine Werkzeuge richtig handhaben, geschweige denn sie auch noch korrekt anwenden kann, der sie jedoch nach langer Wiederholung und Übung mit vollkommener Leichtigkeit und vollendetem Geschick einsetzt, ist es mit einem bestimmten Zustand des Geistes, dessen Umsetzung anfangs unmöglich erscheint, der jedoch durch Beharrlichkeit und Übung schließlich erworben und in den Charakter als ein natürlicher und spontaner Zustand eingebaut wird.

In dieser Macht des Geistes seine Angewohnheiten, seine Zustände, auszubilden und neu zu formen ist die Grundlage zur Erlösung des Menschen ebenso enthalten wie die offene Tür zur vollkommenen Freiheit durch die Beherrschung des Selbst.

4. März

Jede Sünde lässt sich überwinden.

Das höhere Leben ist ein höheres Leben in Gedanken, Wort und Tat.

Das Leben eines Menschen geht in seiner Gesamtheit aus seinem Geist hervor, und der Geist ist eine Kombination aus Gewohnheiten, die er durch geduldiges Bemühen in jedem Ausmaß verändern und über die er auf diese Weise völlige Vorherrschaft und Kontrolle gewinnen kann, und er hat sogleich den Schlüssel in Besitz genommen, der ihm die Tür zu seiner vollständigen Emanzipation öffnen wird.

Aber die Emanzipation von den Krankheiten des Lebens (welche die Krankheiten des eigenen Geistes sind) ist eine Sache stetigen Wachstums von innen heraus und keine jähe Aneignung von außen. Stündlich und täglich muss der Geist darin geübt werden, makellose Gedanken zu denken und die richtige und leidenschaftslose Haltung unter jenen Umständen einzunehmen, bis er ihm das Ideal seiner heiligsten Träume entrungen hat.

5. März

Ohne die rechte Ausübung der Pflicht lassen sich die höheren Tugenden nicht kennen.

Der tugendhafte Mensch konzentriert seinen Geist auf die vollkommene Erfüllung seiner eigenen Pflicht.

Alle Pflichten sollten als heilig, ihre getreuliche und selbstlose Erledigung als eine der führenden Regeln der Lebensweise gelten. Alle persönlichen und selbstsüchtigen Betrachtungen sollten aus der Erfüllung der Pflicht herausgenommen und abgelegt werden, und anschließend hört die Pflicht auf, lästig zu sein, und wird eine fröhliche. Pflicht ist nur demjenigen lästig, den es nach selbstsüchtigem Vergnügen oder Wohltaten für sich selbst verlangt. Lass den Menschen, der sich unter der Last seiner Pflicht aufreibt, sich selbst betrachten, und er wird entdecken, dass seine Erschöpfung nicht aus der Pflicht als solcher herrührt, sondern aus seinem eigennützigen Verlangen, ihr zu entkommen. Derjenige, welcher die Pflicht vernachlässigt, sei sie groß oder klein, sei sie einer öffentlichen oder privaten Natur, vernachlässigt die Tugend; derjenige, der im Herzen gegen die Pflicht rebelliert, rebelliert gegen die Tugend.

6. März

Der Mensch ist der Ausführende seiner eigenen Taten; als solcher ist er der Macher seines eigenen Charakters.

Charakter ist Schicksal.

Jene Dinge, die einem Menschen widerfahren, sind die Spiegelungen seiner selbst; jenes Schicksal, das ihm zustößt, dem er, machtlos, nicht durch Anstrengung entkommen oder das er nicht durch Gebete abwenden konnte, war der gnadenlose Ghul seiner eigenen falschen Handlungen, der Entschädigung verlangte und durchsetzte; jene Segnungen und Flüche, die ungebeten auf ihn kamen, sind die hallenden Echos der Geräusche, die er selbst ausgesandt hatte.

Der Mensch findet sich in den Abfolgen von Kausalitäten verstrickt. Sein Leben besteht aus Ursachen und Auswirkungen. Es ist sowohl ein Säen als auch ein Ernten. Jede seiner Handlungen ist eine Ursache, die von ihren Auswirkungen ausgeglichen werden muss. Er wählt die Ursache (dies ist freier Wille), er kann die Auswirkungen nicht auswählen, verändern oder vermeiden (dies ist Schicksal); solchermaßen steht der freie Wille für die Macht, Ursachen auszulösen, und Schicksal ist die Verstrickung in ihre Auswirkungen.

7. März

Jede Form des Unglücksgefühls entspringt einem falschen Zustand des Geistes.

Glück ist geistige Harmonie.

Alle Sünde ist Unwissenheit. Es ist ein Zustand der Dunkelheit und Unterentwicklung. Der Falsch-Denkende und Falsch-Handelnde ist in derselben Position in der Schule des Lebens wie der unwissende Schüler in der Schule des Lernens. Er muss noch lernen, wie er korrekt denkt und handelt, nämlich in Übereinstimmung mit dem Gesetz. Der lernende Schüler ist so lange nicht glücklich, wie er seine Lektionen falsch erledigt, und einem Unglücksgefühl lässt sich erst entkommen, wenn die Sünde besiegt ist.

Das Leben besteht aus einer Reihe von Lektionen. Einige Menschen sind tüchtig darin, sie zu lernen, und sie werden rein, weise und völlig glücklich. Andere sind unachtsam, passen sich nicht an, und sie bleiben unrein, töricht und unglücklich.

8. März

Wenn jemand Frieden finden will, so muss er aus den Leidenschaften heraus.

Der aufsteigende Weg ist stets in Reichweite. Es ist der Weg der Selbstüberwindung.

Selbstsucht, oder Leidenschaft, besteht nicht nur in der krassen Gestalt von Gier und grellen, unbeherrschten Zuständen des Geistes, sie beseelt auch jeden verborgenen Gedanken, der untergründig mit der Arroganz und Verherrlichung des Selbst verbunden ist; und sie ist besonders täuschend und untergründig, wenn sie einen dazu drängt, bei der Selbstsucht anderer zu verweilen, sie der Selbstsucht zu beschuldigen und davon zu sprechen. Der Mensch, der beständig bei der Selbstsucht der anderen verweilt, wird solchermaßen nicht seine eigene Selbstsucht überwinden. Nicht durch Beschuldigung anderer entkommen wir der Selbstsucht, sondern durch die Reinigung unserer selbst. Der Weg aus der Leidenschaft hin zum Frieden besteht nicht darin, schmerzliche Anklagen auf andere zu schleudern, sondern durch die Überwindung des eigenen Selbst. Durch das eifrige Bestreben, die Selbstsucht anderer zu unterwerfen, bleiben wir der Leidenschaft verbunden; indem wir geduldig unsere eigene Selbstsucht überwinden, steigen wir zur Freiheit auf.

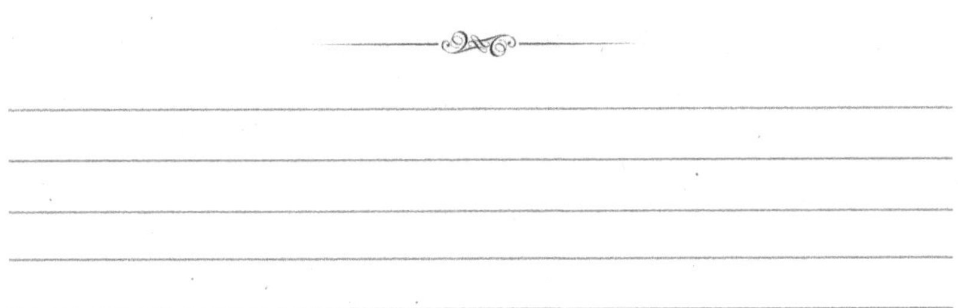

9. März

Streben – die Verzückung der Heiligen.

Streben macht alles möglich.

Auf den Schwingen des Strebens erhebt sich der Mensch von der Erde zum Himmel, von der Unwissenheit zum Wissen, aus der Dunkelheit unten ins Licht oben. Ohne sie bleibt er ein kriechendes Tier, irdisch, sinnlich, unerleuchtet und uninspiriert.

Bestreben ist das Verlangen nach himmlischen Dingen: nach Rechtschaffenheit, Mitgefühl, Reinheit, Liebe, wie es sich unterscheidet von Begierde, die das Verlangen nach irdischen Dingen ist; nach selbstsüchtigem Besitz, persönlicher Herrschaft, niederen Vergnügungen und sinnlicher Erfüllung. Für jemanden, der anfängt zu streben, bedeutet dies, dass er unzufrieden mit seinem niedrigen Zustand ist und nach höheren Bedingungen zielt. Streben ist ein sicheres Anzeichen dafür, dass er aus seinem animalischen lethargischen Schlaf erweckt wurde und sich edlerer Errungenschaften und eines erfüllteren Lebens bewusst wird.

10. März

DER MENSCH, WELCHER STREBT, SIEHT DEN WEG ZU DEN HIMMLISCHEN HÖHEN VOR SICH.

DER LIEBHABER DES REINEN LEBENS ERNEUERT SEINEN GEIST TÄGLICH MIT DEM BELEBENDEN GEIST DES STREBENS.

Wenn das Entzücken des Bestrebens den Geist berührt, verfeinert es ihn sogleich, und die Schlacke seiner Unreinheiten fällt allmählich ab; ja, während das Bestreben den Geist festhält, kann ihn keine Unreinheit betreten, denn das Unreine und das Reine können den Gedanken nicht zugleich beschäftigen. Aber das Bemühen des Strebens geschieht anfangs schubweise und ist kurzlebig. Der Geist fällt in seinen üblichen Irrtum zurück, und das Bemühen muss beständig neu erfolgen.

Der Durst nach Rechtschaffenheit, der Hunger nach dem reinen Leben, in heiliger Verzückung auf den Schwingen englischen Bestrebens aufzusteigen – dies ist die rechte Straße zur Weisheit; dies ist das rechte Streben nach Frieden; dies ist der rechte Beginn des göttlichen Wegs.

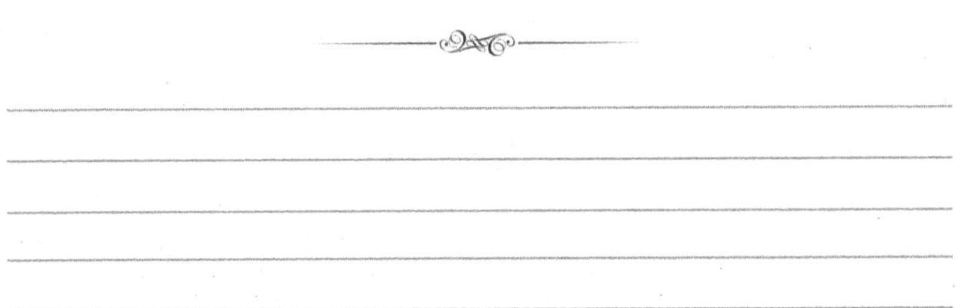

11. März

Der Irrtum wird ausgesiebt. Das Gold der Wahrheit verbleibt.

Die klaren und wolkenlosen Höhen der spirituellen Erleuchtung.

Spirituelle Umwandlung besteht aus einer völligen Umkehrung der gewöhnlichen selbstsüchtigen Haltung des Geistes Menschen und Dingen gegenüber, und diese Umkehrung bringt eine gänzlich neue Reihe von Erfahrungen mit sich. Solchermaßen ist die Begierde nach einem gewissen Vergnügen aufgehoben, an ihrem Ursprung abgeschnitten, und es ist ihr nicht erlaubt, irgendeinen Platz im Geist einzunehmen. Aber die geistige Kraft, welche jene Begierde darstellte, ist nicht vernichtet; sie ist in eine höhere Region des Denkens überführt worden, umgewandelt in eine reinere Form von Energie. Das Gesetz von der Erhaltung der Energie herrscht universell sowohl im Geist als auch in der Materie, und die Kraft, welcher der Weg in untere Richtungen abgeschnitten ist, wird freigesetzt für höhere Sphären spiritueller Aktivität.

12. März

Das frühe Stadium der Umwandlung ist schmerzhaft, jedoch kurz, denn der Schmerz wird bald in reine spirituelle Freude umgewandelt.

Der Weise begegnet Leidenschaft mit Frieden, Hass mit Liebe und vergilt Böses mit Gutem.

Entlang des heiligen Wegs zum göttlichen Leben ist die mittlere Region der Umwandlung das Land der Opfer, es ist die Ebene der Entsagung. Alte Leidenschaften, alte Begierden, alter Ehrgeiz und alte Gedanken werden abgeworfen und aufgegeben, jedoch nur, um in schönerer, dauerhafterer, ewigerer zufriedenstellender Gestalt zurückzukehren. So, wie wertvolle Schmuckstücke, lange bewacht und gehegt, unter Tränen in den Schmelztiegel geworfen werden, jedoch wieder zu neuen und vollkommeneren Schmuckstücken geformt werden, so gibt der spirituelle Alchemist, der anfangs sich nur unwillig von seinen lange gehätschelten Gedanken und Angewohnheiten trennt, sie am Ende auf und entdeckt etwas später, zu seiner Freude, dass sie in Gestalt neuer Fähigkeiten, außerordentlicher Macht und reineren Freunden zu ihm zurückgekehrt sind – spirituelle Schmuckstücke, frisch poliert, wunderschön und glänzend.

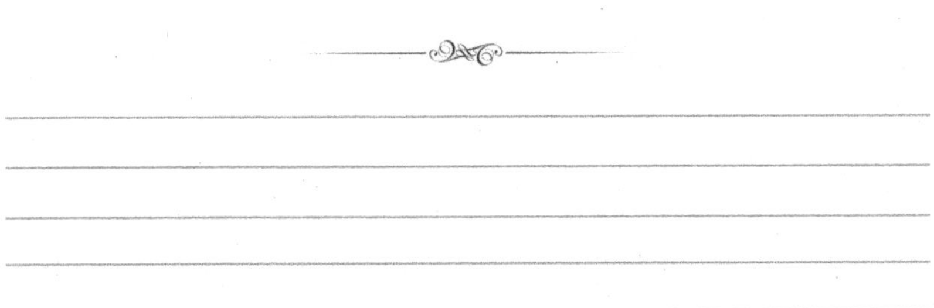

13. März

Die Gegenwart ist die Synthese der gesamten Vergangenheit; das Nettoergebnis all dessen, was ein Mensch je gedacht und getan hat, ist in ihr enthalten.

Charakteristika sind feststehende Angewohnheiten des Geistes, die Ergebnisse von Handlungen.

Es ist dieses Wissen um das vollkommene Gesetz, das durch alle Dinge und über ihnen wirkt; um die vollkommene Gerechtigkeit, die in allen menschlichen Dingen handelt und diese richtet, das es dem guten Menschen ermöglicht, seine Feinde zu lieben und sich über allen Hass, Groll und alle Klage zu erheben; denn er weiß, dass ihm nur sein Eigenes widerfahren kann und dass, obwohl er von Verfolgern umgeben ist, seine Feinde lediglich die blinden Instrumente einer makellosen Vergeltung sind; und daher gibt er nicht ihnen die Schuld, sondern nimmt ruhig seine Rechnungen entgegen und zahlt geduldig seine moralischen Schulden.

Aber dies ist nicht alles; er zahlt nicht bloß seine Schulden, sondern achtet auch darauf, keine weiteren Schulden zu machen. Er beobachtet sich und lässt seine Taten makellos werden.

14. März

Himmel und Hölle sind in dieser Welt.

Das Leben ist eine grossartige Schule für die Entwicklung.

Nichts kommt ungebeten; wo Schatten ist, da ist auch die Substanz. Das, was zum Individuum kommt, ist das Ergebnis seiner eigenen Handlungen. Ein fröhlicher Fleiß führt zu größerem Fleiß und wachsendem Wohlstand, und Arbeit, vor der man sich scheut oder die man unzufrieden erledigt, führt zu einem geringeren Grad von Arbeit und schwindendem Wohlstand, und so ist es mit den verschiedenen Zuständen des Lebens, wie wir sie sehen – *sie sind die Auswirkungen von Handlungen,* Schicksale, herbeigeführt von den Gedanken und Handlungen jedes einzelnen Individuums. So ist es auch mit der großen Spannbreite von Charakteren – sie sind gereift und die gereifte Frucht der Aussaat von Handlungen, eine Saat, die nicht allein auf dieses sichtbare Leben beschränkt ist, sondern zurück durch jetzt unendliche Leben führt, das die Portale zahlloser Geburten und Tode durchquert und das sich ebenso in die grenzenlose Zukunft erstreckt, seine eigenen Früchte erntet und die süßen und bitteren Früchte der eigenen Handlungen verzehrt.

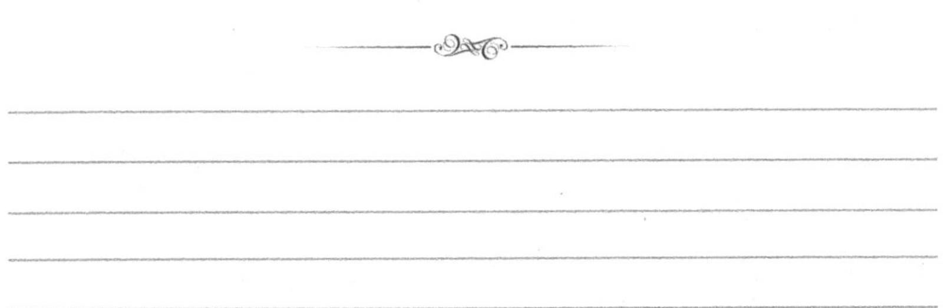

15. März

Reinigung des Herzens durch wiederholtes Denken an reine Dinge.

Erwerb göttlichen Wissens durch Verkörperung solcher Reinheit im praktischen Leben.

Der Mensch ist ein *denkendes Wesen*, und sein Leben und sein Charakter werden durch die Gedanken bestimmt, in denen er gewöhnlich verweilt. Durch Übung, Assoziation und Gewohnheit neigen Gedanken dazu, sich mit immer größerer Leichtigkeit und Regelmäßigkeit zu wiederholen und so den Charakter in einer bestimmten Richtung dadurch zu »festigen«, dass er jene automatische Handlung erzeugt, die »Gewohnheit« genannt wird. Durch das tägliche Verweilen in reinen Gedanken bildet der meditierende Mensch die Gewohnheit reinen und erleuchteten Denkens aus, die zu reinen und erleuchteten Handlungen und gut ausgeführten Pflichten führt. Durch die unablässige Wiederholung reiner Gedanken wird er schließlich eins mit diesen Gedanken und ist ein gereinigtes Wesen, das seine Verwirklichung in reinen Handlungen, in einem heiteren und weisen Leben manifestiert.

16. März

Derjenige, welcher sich selbst beherrscht,
wird all seinem Leiden ein Ende setzen.

Derjenige, welcher sich selbst leugnet, wird den heiligen Ort finden, wo die Gelassenheit wohnt.

Gesegnet ist jener Tag, und er soll nicht vergessen werden, an dem ein Mensch entdeckt, dass er selbst sein eigener Entbinder und sein eigener Erlöser ist. Dass in ihm selbst die Ursache all seines Leidens und seines Mangels an Wissen liegt und dass in ihm auch die Quelle allen Friedens, aller Erleuchtung und Göttlichkeit liegt. Selbstsüchtige Gedanken, unreine Begierden und Taten, die nicht von der Wahrheit geformt sind, sind die giftigen Samen, aus denen alles Leiden sprießt; während selbstlose Gedanken, reines Streben und die lieblichen Taten der Wahrheit die Samen sind, aus denen alle Glückseligkeit erwächst.

17. März

Derjenige, welcher sich selbst reinigt, wird all sein Unwissen vernichten.

Ein Leben des vollkommenen Friedens und der vollkommenen Glückseligkeit durch das Mittel der Selbstbeherrschung und der Selbst-Erleuchtung.

Derjenige, welcher seine Zunge beherrscht, ist größer als ein erfolgreicher Disputant in der Arena des Intellektualismus; derjenige, welcher seinen Geist gut beherrscht, ist mächtiger als der König vieler Nationen; und derjenige, welcher sich in völliger Unterwerfung hält, ist mehr als Götter und Engel. Wenn ein Mensch, versklavt vom Selbst, begreift, dass er seine eigene Erlösung bewerkstelligen muss, wird er in diesem Augenblick zur Würde seiner göttlichen Mannhaftigkeit aufsteigen und sagen: »Von nun an werde ich ein Herr in Israel sein und kein Sklave im Hause der Fesseln« (vgl. Johannes 3,10).

Erst wenn ein Mensch dies begreift und damit anfängt, sein inneres Leben zu reinigen, kann er den Weg finden, der zum dauerhaften Frieden führt.

18. März

Ungeduld ist eine Magd des Impulses und hat niemals einem Menschen geholfen.

Arbeite weiter daran zu werden, und während du immer vollkommener wirst, wirst du weniger Fehler begehen und weniger leiden.

Dir wird sehr geholfen, wenn du zumindest *eine Stunde* jeden Tages stiller Meditation über hohe moralische Themen und ihre Anwendung auf das Alltagsleben widmest. Auf diese Weise wirst du eine gelassene, stille Stärke kultivieren und die rechte Wahrnehmung und das richtige Urteil entwickeln. Sei nicht besorgt, die Sache zu beschleunigen. Erledige deine Pflicht bis ins Kleinste; führe ein diszipliniertes und selbstverleugnendes Leben; besiege Impulse und lenke deine Taten anhand moralischer und spiritueller Prinzipien, die sich von deinen *Gefühlen* unterscheiden, und glaube fest daran, dass dein Ziel zur rechten Zeit vollkommen erreicht werden wird.

19. März

Das Diadem des Königs der Wahrheit ist ein rechtschaffenes Leben, sein Szepter ist das Szepter des Friedens, und sein Thron steht in den Herzen der Menschheit.

Macht residiert in der Makellosigkeit des Herzens. Alle irdischen Dinge sind Symbole.

In jedem Herzen gibt es zwei Könige, aber einer davon ist ein Usurpator und ein Tyrann; sein Name ist »Selbst«, und seine Gedanken und Taten sind jene der Lust, des Hasses, der Leidenschaft und des Streits; der andere, der rechtmäßige Monarch, heißt Wahrheit, und seine Gedanken und Taten sind jene der Reinheit und Liebe, Demut und des Friedens. Bruder, Schwester, vor welchem Monarchen verneigst du dich? Welchen König hast du in deinem Herzen gekrönt? Gut steht es mit deiner Seele, wenn du sagen kannst: »Ich neige mich vor dem Monarchen der Wahrheit; in meinem innersten Herzen habe ich den König des Friedens gekrönt.« In der Tat gesegnet und unsterblich soll derjenige sein, der an den inneren und himmlischen Orten den König der Rechtschaffenheit findet und den Kopf vor ihm neigt.

20. März

Allein durch die Auslöschung der inneren Irrtümer und Unreinheiten kann ein Wissen von Wahrheit errungen werden. Es gibt keinen anderen Weg zu Weisheit und Frieden.

Solange ein Mensch seine Gelüste liebt, kann er die Weisheit nicht lieben.

»Der Friede, der alles Verstehen übersteigt« (vgl. Philipper 4,7) ist ein Friede, den kein Ereignis oder Zustand erschüttern oder beflecken kann, weil er nicht bloß eine vorübergehende Ruhe zwischen zwei Stürmen ist, sondern ein ewiger Friede, der aus Wissen geboren ist. Die Menschen haben diesen Frieden nicht, weil sie nicht verstehen, weil sie nicht *wissen,* und sie verstehen und wissen nicht, weil sie von ihren eigenen Irrtümern und Unreinheiten geblendet und unwissend gemacht wurden; und solange sie nicht willens sind, diese aufzugeben, können sie nur völlig unwissend hinsichtlich der unpersönlichen Prinzipien bleiben.

21. März

Auch wenn wir nur zum Teil durch andere leiden könnten, wäre unser Leiden ungerecht.

Der Mensch ist nicht das Ergebnis äußerer Bedingungen; äußere Bedingungen sind das Ergebnis des Menschen.

Sind unsere Leiden und Probleme völlig das Ergebnis unserer eigenen Unwissenheit und Übeltaten, oder werden sie zum Teil oder gänzlich von anderen und von äußeren Bedingungen herbeigeführt?

Unsere Leiden *sind* gerecht und gänzlich das Ergebnis unseres eigenen Unwissens und unserer Übeltaten.

»Du leidest durch dich selbst, nichts nötigt dich dazu« (Sir Edwin Arnold, *The Light of Asia*). Wenn dies nicht so wäre, wenn ein Mensch eine böse Tat begehen und entkommen könnte und die Konsequenzen dieser Tat einen Unschuldigen heimsuchen würden, dann gäbe es kein Gesetz der Gerechtigkeit, und ohne ein solches Gesetz könnte das Universum nicht einmal für einen einzigen Augenblick existieren. Alles wäre Chaos. Oberflächlich betrachtet *scheinen* Menschen durch andere zu leiden, aber es ist nur der Anschein – ein Anschein, den ein tieferes Wissen zerstreut.

22. März

Im Wissen um die Wahrheit liegt die Freiheit.

Kein äusserer Unterdrücker kann das rechtschaffene Herz beschweren.

Die Menschen leiden, weil sie das Selbst lieben, und sie lieben nicht Rechtschaffenheit, und sie lieben das Selbst, weil sie ihre Illusionen lieben, und durch diese sind sie gebunden. Es gibt eine höchste Freiheit, die einem Menschen niemand rauben kann, außer er sich selbst – *die Freiheit zu lieben und Rechtschaffenheit auszuüben*. Dies schließt alle anderen Freiheiten mit ein. Sie gehört dem ausgepeitschten und in Ketten liegenden Sklaven ebenso wie dem König, und derjenige, der in diese Freiheit eintritt, wird jede Kette von sich abwerfen. Hierdurch wird der Sklave aus der Gegenwart seines Unterdrückers hinausgehen, der machtlos sein wird, ihn daran zu hindern. Hierdurch wird der König damit aufhören, von seinem Luxus rings um sich her beschmutzt zu werden, und wird in der Tat ein König sein.

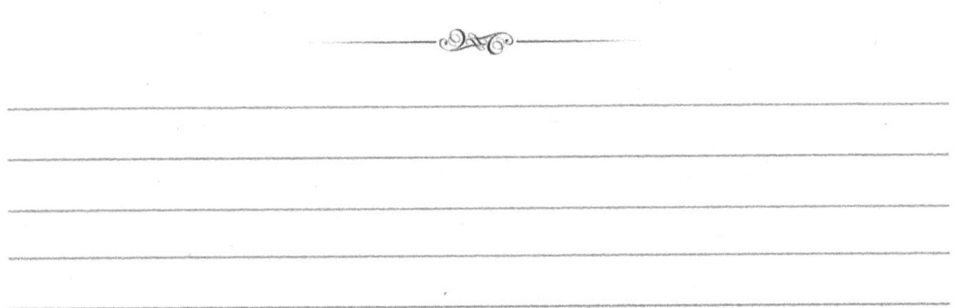

23. März

Freude den Sündenlosen!

Friede den Reinen.

Der Weise ist wissend. Für ihn gibt es keine Angst, Furcht, Enttäuschung und Unrast mehr, und seine Gelassenheit wird nicht erschüttert, gleich, unter welche Umstände und Bedingungen er geraten mag, und er wird sich mit Können und Weisheit allem beugen und sich auf alles einrichten. Nichts wird ihm Kummer bereiten. Wenn Freunde den fleischlichen Leib verlassen, dann weiß er, dass sie nach wie vor *da* sind, und trauert nicht über der Hülle, die sie abgeworfen haben. Niemand kann ihn verletzen, denn er hat sich eins gemacht mit dem, was von Veränderung nicht berührt wird.

Das Wissen, welches ihm dann Frieden bringt, ist das Wissen der unveränderlichen Prinzipien, das er durch die Ausübung reiner Güte, Rechtschaffenheit und durch das Eins-Werden mit etwas erreicht hat, durch das ein Mensch unsterblich, unveränderlich, unzerstörbar wird.

24. März

Liebe, Demut, Lieblichkeit, Selbstanklage, Versöhnlichkeit, Geduld, Mitgefühl, Rüge – dies sind die Werke des Geistes.

Hass, Stolz, Härte, Anschuldigung anderer, Rache, Wut, Grausamkeit und Schmeichelei – dies sind die Werke des Fleisches.

Das Fleisch schmeichelt; der Geist rügt.
Das Fleisch befriedigt blindlings; der Geist zügelt weise.
Das Fleisch liebt das Geheimnis; der Geist ist offen und klar.
Das Fleisch vergisst die Verletzung durch einen Freund nicht; der Geist vergibt dem erbittertsten Feind.
Das Fleisch ist lärmend und grob; der Geist ist schweigsam und anmutig.
Das Fleisch ist Stimmungen unterworfen; der Geist ist stets gelassen.
Das Fleisch animiert zu Ungeduld und Ärger; der Geist beherrscht mit Geduld und Abgeklärtheit.
Das Fleisch ist gedankenlos; der Geist ist gedankenvoll.

25. März

Du kannst anderen nur insofern helfen, als du dich selbst erhoben und gereinigt hast.

Wenn Liebe vervollkommnet und im Herzen offenbart ist, dann ist Christus bekannt.

Eine Wahrheit wird zuerst erkannt und anschließend verwirklicht. Die Erkenntnis kann augenblicklich erfolgen, die Verwirklichung ist fast unausweichlich ein Vorgang einer allmählichen Entfaltung. Du wirst *lernen* müssen zu lieben, weil du dich als Kind betrachtest; und während du im Lernen Fortschritte machst, wird sich das Göttliche in dir entfalten. Du kannst nur dadurch lernen zu lieben, dass du beständig über die Liebe als göttlichem Prinzip meditierst und Tag um Tag alle deine Gedanken, Worte und Taten an sie angleichst. Gib genau auf dich acht, und wenn du etwas denkst oder sagst, was nicht aus reiner, selbstloser Liebe geboren ist, entschließe dich dazu, dass du von nun an in dieser Richtung auf dich achten wirst. Dadurch wirst du einen jeden Tag reiner, zärtlicher, heiliger werden, und bald wird es dir leicht fallen zu lieben, und du wirst das Göttliche in dir verwirklichen.

26. März

Folge vertrauensvoll dorthin, wohin dich dein inneres Licht führt.

Lege dein ganzes Herz in die Gegenwart, lebe sie, eine jede Minute, Stunde und einen jeden Tag, selbstbeherrscht und rein.

Es ist gut, sich deiner eigenen Mängel bewusst zu werden, denn wenn du sie begriffen hast und die Notwendigkeit spürst, sie zu überwinden, wirst du früher oder später dich über sie erheben in die reine Atmosphäre der Pflicht und der selbstlosen Liebe. Du solltest dir keine dunklen Dinge in der Zukunft vorstellen, sondern sie dir, denkst du überhaupt an die Zukunft, als strahlend denken. Vor allem erledige täglich deine Pflicht, und erledige sie fröhlich und selbstlos, und dann wird ein jeder Tag sein eigenes Maß an Freude und Frieden mit sich bringen, und die Zukunft wird viel Glück für dich bereithalten. Die beste Methode, deine eigenen Fehler zu überwinden, ist die, alle deine Pflichten getreulich zu erfüllen, ohne an einen Gewinn für dich zu denken, und alles zu tun, was du kannst, um andere glücklich zu machen; freundlich mit allen reden, freundliche Dinge zu tun, wenn du es kannst, und nicht zurückschlagen, wenn andere unfreundliche Dinge tun oder sagen.

27. März

Der rechtschaffene Mensch ist unbesiegbar. Kein Feind kann ihn überwältigen.

Der kann nicht von Erschöpfung und Unrast geplagt werden, dessen Herz mit allem in Frieden ist.

Der rechtschaffene Mensch, der nichts zu verbergen hat, begeht keine Handlungen, die Heimlichkeit erfordern, und hegt keine Gedanken und Begierden, von denen er die anderen nichts wissen lassen will, er ist furchtlos und schämt sich nicht. Sein Schritt ist fest, seine Gestalt aufrecht und seine Rede direkt und ohne Zweideutigkeit. Er sieht jedem ins Gesicht. Wie kann der jemanden fürchten, der niemandem Unrecht tut? Wie kann der sich vor jemandem schämen, der niemanden täuscht? Und da er keinerlei Unrecht begeht, kann auch an ihm niemand Unrecht begehen; da er niemanden täuscht, kann er niemals getäuscht werden. Das Böse kann unmöglich das Gute überwinden, also kann der redliche Mensch niemals vom unredlichen besiegt werden.

28. März

Es ist besser zu lieben, als anzuklagen
und zu denunzieren.

Wenn wir das göttliche Mitgefühl in seiner
Fülle und Schönheit wahrnehmen, dann üben
Entrüstung und alle Formen von Leidenschaft
keinerlei Einfluss auf uns mehr aus.

Es gibt jenen Ausbruch von Leidenschaft, der als »rechtschaffene Entrüstung« bezeichnet wird, und er erscheint rechtschaffen; von einer höheren Warte aus gesehen erscheint er jedoch *nicht* rechtschaffen. Der Entrüstung über etwas Falsches oder Ungerechtes ist ein gewisser Adel aufgeprägt, und sie steht gewiss weitaus höher und edler als *Gleichgültigkeit,* aber es gibt einen noch höheren Adel, anhand dessen zu erkennen ist, dass Entrüstung niemals nötig ist, und wo Liebe und Liebenswürdigkeit deren Stelle einnehmen, überwinden sie das Falsche wesentlich effektiver. Ein Mensch, dem offensichtlich etwas Falsches angetan wird, verdient unser Erbarmen, aber derjenige, der das Falsche begangen hat, verdient weitaus mehr unser Mitgefühl, denn er legt sich unwissend selbst einen Vorrat an Leiden an; *er muss das Falsche ernten, das er gesät hat.*

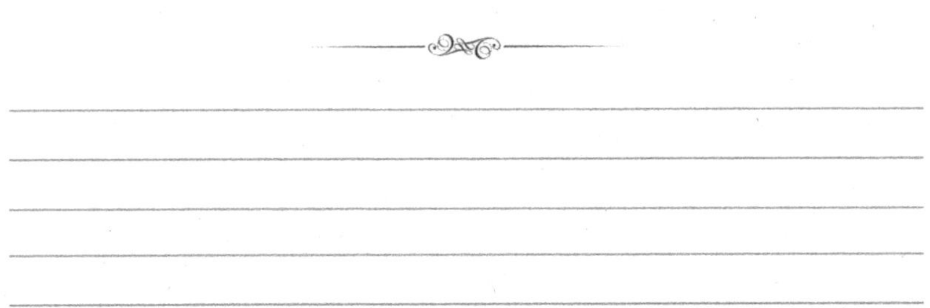

29. März

Wenn ein Mensch etwas Edles tun möchte und es nicht tut, wird er dadurch nicht erhöht, sondern erniedrigt.

Ein erhöhtes Wesen abseits eines erhöhten Lebens ist undenkbar und kann nicht sein.

Der Ausdruck *Güte* bedeutet keine krankhafte Rührseligkeit, sondern *innere Tugend,* deren unmittelbares Ergebnis Stärke und Macht ist; daher ist der gute Mensch nicht schwach, der schwache Mensch ist nicht gut.

Wir sollten die Seelen anderer nicht im Geiste der Verdammung verurteilen; aber wir können unser eigenes Leben und unsere eigene Lebensführung anhand der *Ergebnisse* beurteilen. Nichts zeugt von größerer Gewissheit als dieses, und derjenige, welcher Böses tut, *beweist* rasch, dass sein Böses Elend hervorruft; der Gute *demonstriert,* dass seine Güte zu Glück führt.

Es ist eine Tatsache, dass man sich »breit und grün machen kann wie eine Zeder« (vgl. Psalm 37,35) und dennoch unredlich sein kann, aber wir sollten auch daran denken, dass die Zeder letztlich vergeht oder abgehauen wird, und genauso ist das Schicksal des Unredlichen.

30. März

Wir kennen nichts Höheres als die Güte.

Das höchste Ziel aller Religionen ist es, den Menschen zu lehren, wie er leben soll.

Der Lehrer der Menschheit sind nur wenige. Tausend Jahre können verstreichen ohne die Ankunft eines solchen; aber wenn der wahre Lehrer tatsächlich erscheint, ist das Merkmal, das ihn unterscheidet und anhand dessen er erkannt wird, *sein Leben*. Seine *Lebensführung* unterscheidet sich von derjenigen anderer Menschen, und seine Lehre leitet sich niemals von einem anderen Menschen oder Buch ab, sondern aus seinem eigenen Leben. Der Lehrer *lebt zuerst* und lehrt dann andere, wie sie ähnlich leben können. Beweis und Zeugnis seiner Lehre liegen in ihm selbst, in seinem Leben. Von Millionen von Predigern wird einer schließlich von der Menschheit als der wahre Lehrer akzeptiert, und derjenige, welcher solchermaßen akzeptiert und erhoben wird, ist *derjenige, welcher lebt*.

31. März

Liebe geht weit über alle selbstsüchtigen Debatten hinaus und kann nur gelebt werden.

Die Menschen wissen überall, im Innersten ihres Herzens, dass Güte göttlich ist.

Jesus gab der Welt gewisse spirituelle Regeln, durch deren Beachtung alle Menschen Kinder Gottes werden, das vollkommene Leben führen können. Diese Regeln oder Gebote sind so einfach, direkt und unverkennbar, dass sie unmöglich missverstanden werden können. So schlicht und unzweideutig sind sie, dass selbst ein analphabetisches Kind ihre Bedeutung ohne Schwierigkeit erfassen könnte. Sie alle haben einen direkten Bezug zur menschlichen Lebensführung und können nur vom Einzelnen in seinem eigenen Leben angewendet werden. Die Ausführung des Geistes dieser Regeln im eigenen Alltag bildet die ganze Pflicht des Lebens und hebt den Einzelnen ins volle Bewusstsein seines göttlichen Ursprungs und seiner göttlichen Natur, seines Einsseins mit Gott, dem höchsten Gott.

APRIL

1. April

Ein Mensch hat keinen Charakter, keine Seele, kein Leben abgesehen von seinen Gedanken und Taten.

Es gibt ein grösseres, höheres, edleres, göttlicheres Leben als das des Sündigens und Leidens.

Jeder Mensch ist verantwortlich für die Gedanken, die er denkt, und die Taten, die er begeht, für den Zustand seines Geistes und das Leben, das er führt. Keine Macht, kein Ereignis, kein Umstand kann einen Mensch ins Böse und ins Unglück treiben. Er selbst ist sein eigener Nötiger. Er denkt und handelt aus eigenem freien Willen. Kein Wesen, wie weise und groß es sein mag – nicht einmal das Allerhöchste –, kann ihn gut und glücklich machen. Er selbst muss das Gute wählen und dadurch das Glück finden.

Dieses Leben des Triumphs ist nicht für jene, die mit irgendeinem niedrigeren Zustand zufrieden sind, es ist für jene, die es danach dürstet und die gewillt sind, es zu erlangen; die ebenso begierig nach Rechtschaffenheit sind, wie es den Elenden nach Gold gelüstet. Es ist stets vorhanden, und es bietet sich allen dar, und gesegnet sind diejenigen, die es annehmen und in die Arme schließen; sie werden in die Welt der Wahrheit eintreten; sie werden den vollkommenen Frieden finden.

2. April

Der Mensch ist; und wie er denkt, so ist er.

Zu leben bedeutet, zu denken und zu handeln, und zu denken und zu handeln bedeutet, sich zu verändern.

Das Leben des Menschen ist wirklich; seine Gedanken sind wirklich; seine Taten sind wirklich. Uns mit der Untersuchung von Dingen zu beschäftigen, die sind, ist der Weg zur Weisheit. Der Mensch als über, jenseits und getrennt vom Geist und Gedanken, ist spekulativ und nicht wirklich, und uns mit dem Studium von Dingen zu beschäftigen, die nicht sind, ist der Weg der Dummheit.

Der Mensch lässt sich nicht von seinem Geist trennen; sein Leben kann nicht von seinen Gedanken getrennt werden. Geist, Gedanke und Leben sind so untrennbar voneinander wie Licht, Strahlen und Farbe. Die Tatsachen sind völlig hinreichend und bergen in sich selbst die Grundlage allen Wissens, das sie betrifft.

3. April

Der Mensch ist als Geist der Veränderung unterworfen. Er ist nichts »Gemachtes« und endgültig Vollendetes, sondern hat in sich die Fähigkeit zum Voranschreiten.

Das Wesen des Menschen verändert sich mit jedem Gedanken, den er denkt. Jede Erfahrung berührt seinen Charakter.

Die Reinigung des Herzens, das Denken rechter Gedanken und das Tun guter Taten – was sind das anderes als Aufrufe zu einer höheren, edleren Form der Gedankenkräfte, die den Menschen dazu drängen, sich bei der Wahl der Gedanken Mühe zu geben, die sie in die Sphären größerer Macht, des größeren Guten und größeren Segens heben sollen?

Strebsamkeit, Meditation, Ergebenheit – dies sind die hauptsächlichen Mittel, die Menschen aller Zeiten dazu verwenden, um höhere Formen des Denkens, weitere Horizonte des Friedens, größere Reiche des Wissens zu erreichen, denn »wie er im Herzen denkt, so ist er«; er ist vor sich selbst gerettet – vor seiner eigenen Dummheit und seinem eigenen Leid –, wenn er im Inneren neue Denkgewohnheiten erschafft, wenn er ein neuer Denker wird, ein neuer Mensch.

4. April

Nur wenn man weise Gedanken wählt und, notwendigerweise, weise Taten begeht, führt dies zu Weisheit.

Der Gedanke bestimmt den Charakter, den Zustand, das Wissen.

Die Mehrheit, unaufgeklärt über ihre spirituelle Natur, ist Sklave des Denkens, aber der Weise ist der Herr des Denkens. Sie folgt blindlings; er wählt intelligent. Sie gehorcht dem Impuls des Augenblicks, denkt an ihr unmittelbar bevorstehendes Vergnügen und Glück; er beherrscht und unterjocht Impulse, ruht auf dem, was immerwährend rechtens ist. Sie zerstört, indem sie dem blinden Impuls gehorcht, das Gesetz der Rechtschaffenheit; er gehorcht, indem er Impulse besiegt, dem Gesetz der Rechtschaffenheit. Der Weise steht den Tatsachen des Lebens Auge in Auge gegenüber. Er kennt die Natur des Denkens. Er versteht und gehorcht dem Gesetz seines Wesens.

5. April

DAS GESETZ KANN NICHT PARTEIISCH SEIN. ES IST EINE UNVERÄNDERLICHE WEISE DES HANDELNS, UND WENN WIR UNGEHORSAM SIND, WERDEN WIR VERLETZT; WENN WIR GEHORSAM SIND, WERDEN WIR GLÜCKLICH GEMACHT.

JEDER SCHMERZ, DEN WIR ERLEIDEN, BRINGT UNS DEM WISSEN DER GÖTTLICHEN WEISHEIT NÄHER.

Es ist nicht weniger nett, dass wir die Strafen für unser falsches Handeln erleiden, als dass wir die Glückseligkeit unseres richtigen Handelns genießen sollen. Wenn wir den Auswirkungen unserer Unwissenheit und Sünde entrinnen könnten, wäre alle Gewissheit dahin, und es gäbe keine Zuflucht, denn wir könnten dann gleichermaßen am Ergebnis unserer Weisheit und Güte zweifeln. Ein solcher Plan wäre einer von Launenhaftigkeit und Grausamkeit, wohingegen das Gesetz eine Methode von Gerechtigkeit und Freundlichkeit ist.

In der Tat ist das oberste Gesetz das Prinzip ewiger Freundlichkeit, makellos in seinem Wirken und unendlich in seiner Anwendung. Es ist nichts anderes als dies:

Ewige Liebe, auf immer voll,
Auf immer frei strömend,

von dem die Christen singen, und das »grenzenlose Mitgefühl« der buddhistischen Gebote und Dichtkunst.

6. April

Seher des Kosmos trauern nicht um den Plan der Dinge.

Der Weise beugt seinen Willen und unterwirft seine Wünsche der göttlichen Ordnung.

Buddha hat immer vom moralischen Gesetz des Universums als dem guten Gesetz gesprochen, und es ist tatsächlich nicht richtig wahrgenommen, wenn von ihm anders gedacht wird als etwas Gutem; denn darin kann kein Gran Böses sein, kein Element der Unfreundlichkeit. Es ist kein kaltherziges Ungeheuer, welches die Schwachen zerschmettert und die Unwissenden vernichtet, sondern etwas beschwichtigend Liebevolles und sinnendes Mitfühlendes, welches die Zartesten vor Schaden bewahrt und die Stärksten vor einem allzu zerstörerischen Gebrauch ihrer Stärke schützt. Es vernichtet alles Böse, es beschützt alles Gute. Es nimmt das winzigste Samenkorn in seine Obhut, und es vernichtet das gewaltigste Falsche mit einem Atemhauch. Es wahrzunehmen ist die himmlische Vision; es zu kennen ist der himmlische Segen; und diejenigen, welche es wahrnehmen und kennen, leben in Frieden; sie sind fröhlich auf immer und ewig.

7. April

Erhebe dich über die Verlockungen der Sünde und tritt ins göttliche Bewusstsein, das transzendente Leben.

Wie Leidenschaft der Grundton des selbstbezogenen Lebens ist, so ist Abgeklärtheit der Grundton des transzendenten Lebens.

Es kommt eine Zeit im Vorgang der Umwandlung, wenn mit dem Dahinschwinden des Bösen und der Ansammlung des Guten im Geist eine neue Vision dämmert, ein neuer Geist, ein neuer Mensch; und wenn dieser Moment erreicht ist, wird aus dem Heiligen ein Weiser; er ist vom menschlichen Leben ins göttliche Leben übergegangen; er ist »wiedergeboren«, und dort beginnt für ihn eine neue Runde von Erfahrungen, er übt eine neue Macht aus; ein neues Universum öffnet sich vor seinem spirituellen Blick. Dies ist das Stadium der Transzendenz; dies nenne ich das transzendente Leben.

Wenn Transzendenz erworben wurde, dann ist die begrenzte Persönlichkeit ausgewachsen und das göttliche Leben ist bekannt; das Böse ist transzendiert, und das Gute ist all überall.

8. April

Wenn das vollkommene Gute verwirklicht wurde und gewusst ist, dann ist gelassene Sicht erworben.

Das universelle Gute ist zu sehen.

Das transzendente Leben wird nicht von Leidenschaften regiert, sondern von Prinzipien. Es ist nicht auf flüchtigen Impulsen gegründet, sondern auf ewigen Gesetzen. In seiner klaren Atmosphäre zeigt sich die geordnete Abfolge aller Dinge, sodass dort kein Platz für Leid, Angst oder Reue zu erkennen ist. Während die Menschen in die Leidenschaften des Selbst verstrickt sind, laden sie sich selbst Sorgen und Nöte wegen vieler Dinge auf; und mehr als alles andere sorgen sie sich um ihre eigene kleine beladene, schmerzgeplagte Persönlichkeit, sorgen sich um ihre flüchtigen Vergnügungen, um ihren Schutz und ihre Bewahrung und um ihre ewige Sicherheit und Fortdauer. Nun ist alles, was weise und gut in diesem Leben ist, transzendiert. Persönliche Interessen sind ersetzt durch universelle Ziele; und alle Sorgen, Nöte und Ängste um das Vergnügen und Schicksal der Persönlichkeit sind verflogen wie die Fieberträume einer Nacht.

11. April

Derjenige ist tapfer, der andere besiegt, aber derjenige, welcher sich selbst besiegt, ist überaus edel.

Derjenige, der siegreich über einen anderen ist, kann seinerseits besiegt werden, aber derjenige, welcher sich selbst überwindet, wird niemals überwältigt werden.

Durch Selbstüberwindung wird der vollkommene Friede erlangt. Der Mensch versteht ihn erst, erreicht ihn erst, wenn er die höchste Notwendigkeit erkennt, sich vom grimmigen Kampf der äußeren Dinge abzuwenden und in den edleren Kampf gegen das Böse im Innern einzutreten. Derjenige ist bereits auf dem geheiligten Weg, der begriffen hat, dass der Feind der Welt im Innern und nicht außen ist; dass seine eigenen unbeherrschten Gedanken der Ursprung von Verwirrung und Streit sind; dass seine eigenen ungezügelten Begierden die Verletzung seines Friedens und des Friedens der Welt darstellen.

Wenn ein Mensch Lust und Wut besiegt hat, Hass und Stolz, Selbstsucht und Gier, hat er die Welt besiegt; er hat die Feinde des Friedens erschlagen, und der Friede bleibt bei ihm.

12. April

Gewalt und Streit wirken auf die Leidenschaften und Ängste, aber Liebe und Frieden erreichen und reformieren das Herz.

Wenn göttlich Gutes ausgeübt wird, ist das Leben ein Segen. Segen ist der normale Zustand des guten Menschen.

Derjenige, der von Gewalt überwältigt wird, ist deswegen nicht im Herzen überwältigt worden; er könnte ein größerer Feind sein als zuvor; aber derjenige, welcher vom Geist des Friedens überwältigt wurde, ist dadurch im Herzen verändert. Derjenige, welcher ein Feind war, ist ein Freund geworden.

Derjenige mit reinem Herzen und der Weise, sie haben Frieden im Herzen; er durchdringt ihre Handlungen; sie wenden ihn auf ihr Leben an. Er ist mächtiger als Streit; er siegt dort, wo Gewalt versagen würde. Seine Schwingen beschirmen die Rechtschaffenen. Unter seinem Schirm werden die Harmlosen nicht verletzt. Er stellt einen sicheren Schutz vor der Hitze selbstsüchtigen Kampfes dar. Er ist eine Zuflucht für die Besiegten, ein Zelt für die Verlorenen und ein Tempel für die Reinen.

13. April

Du bist für dein Leiden verantwortlich, niemand sonst erzwingt es. Kein anderer hat das Recht, über dein Leben und deinen Tod zu bestimmen.

Für den göttlich Weisen sind Wissen und Liebe eins und untrennbar voneinander.

Und diese Liebe, diese Weisheit, dieser Friede, dieser ruhige Zustand des Bewusstseins und Herzens kann erreicht werden, kann von allen verwirklicht werden, die willens und bereit sind, das Selbst aufzugeben, und die darauf vorbereitet sind, bescheiden in ein Verständnis all dessen einzutreten, was mit der Aufgabe des Selbst verbunden ist. Es gibt keine willkürliche Macht im Universum, und die stärksten Ketten des Schicksals, durch welche die Menschen gefesselt sind, sind selbst geschmiedet. Die Menschen sind an das gekettet, was Leiden verursacht, weil sie es so wünschen, weil sie ihre Ketten lieben, weil sie glauben, ihr kleines dunkles Gefängnis des Selbst sei lieblich und wunderschön, und sie fürchten, dass sie, wenn sie dieses Gefängnis verlassen, alles verlieren, was wirklich und wert ist zu besitzen.

Derjenige, welcher begriffen hat, dass Liebe göttlich ist, ist ein neuer Mensch geworden.

14. April

DIE WELT VERSTEHT DIE LIEBE NICHT, DIE SELBSTLOS IST, WEIL SIE IN DER VERFOLGUNG IHRES EIGENEN VERGNÜGENS VERSTRICKT IST.

ES IST DIE VÖLLIGE VERWIRKLICHUNG DIESER GÖTTLICHEN LIEBE, AUF WELCHE DIE GANZE WELT SICH ZUBEWEGT.

Wie der Schatten der Gestalt folgt, und wie der Rauch nach dem Feuer kommt, so folgt die Auswirkung der Ursache, und Leid und Segen folgen den Gedanken und Taten des Menschen. Es gibt keine Auswirkung in der Welt um uns her, die nicht ihren verborgenen oder enthüllten Grund hat, und dieser Grund steht in Übereinstimmung mit absoluter Gerechtigkeit. Die Menschen bringen eine Ernte des Leidens ein, weil sie in der näheren oder ferneren Vergangenheit die Saat des Bösen gesät haben; sie bringen eine Ernte des Segens ein, die auch ein Ergebnis ihrer eigenen Aussaat des Guten ist. Lass einen Menschen darüber meditieren, lass ihn nach dem Verständnis streben, und dann wird er beginnen, nur Samen des Guten zu säen, und wird die Unkräuter verbrennen, die er zuvor im Garten seines Herzens gezüchtet hat.

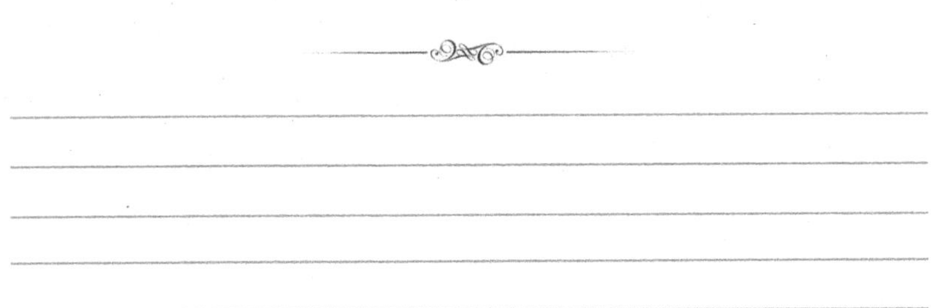

15. April

Derjenige, welcher sein eigenes Herz reinigt, ist der grösste Wohltäter der Welt.

Lass Männer und Frauen diesen Kurs nehmen, und siehe da!, das goldene Zeitalter steht bereit.

Die Welt ist von jenem goldenen Zeitalter ausgeschlossen, welches die Verwirklichung selbstloser Liebe darstellt, und sie wird es noch viele Jahre lang sein. Du, wenn du es willst, könntest jetzt darin eintreten; indem du dich über dein selbstsüchtiges Selbst erhebst; wenn du Vorurteil, Hass und Verdammung hinter dir lässt und zur sanften und verzeihenden Liebe weitergehst.

Wo Hass, Abscheu und Verdammung sind, dort wohnt die selbstlose Liebe nicht. Sie residiert nur in dem Herzen, das von aller Verdammung Abstand genommen hat.

Bei demjenigen, welcher weiß, dass Liebe das Herz aller Dinge ist und die allem genügende Macht dieser Liebe begriffen hat, ist kein Platz im Herzen für Verdammung.

16. April

Nur die Reinen im Herzen erkennen das Gute.

Tritt ein in die neue Geburt, und die Liebe, die nicht stirbt, wird in dir geweckt, und du wirst in Frieden sein.

Derjenige, dessen Herz in der höchsten Liebe zentriert ist, brandmarkt und klassifiziert Menschen nicht, sucht nicht, Menschen zu einer eigenen Ansicht zu bekehren, sie nicht von der Überlegenheit seiner Methoden zu überzeugen. Da er das Gesetz der Liebe kennt, lebt er sie und behält dieselbe ruhige Haltung des Geistes und die Lieblichkeit des Herzens allen gegenüber bei. Die Würdelosen und die Tugendhaften, die Törichten und die Weisen, die Gebildeten und die Ungebildeten, die Selbstsüchtigen und die Selbstlosen erhalten gleichermaßen den Segen seiner ruhigen Gedanken.

Du kannst dieses hohe Wissen, diese göttliche Liebe nur durch vorbehaltloses Bemühen in Selbstdisziplin erwerben und indem du Sieg nach Sieg über dich selbst erringst.

17. April

Wo es reines spirituelles Wissen gibt, kann Verurteilung nicht existieren, und nur im Herzen, das unfähig zur Verurteilung geworden ist, ist Liebe vervollkommnet und voll verwirklicht.

Dies ist die Verwirklichung selbstloser Liebe.

Übe deinen Geist in starken, unparteiischen und freundlichen Gedanken; übe dein Herz in Reinheit und Mitgefühl; übe deine Zunge in Schweigen und in wahrer und makelloser Rede; so wirst du den Weg zur Heiligkeit und zum Frieden betreten und letztlich die unsterbliche Liebe verwirklichen. Solchermaßen lebend, ohne versuchen zu bekehren, wirst du überzeugen; debattierend wirst du lehren; keinen Ehrgeiz hegend wird der Weise dich finden; und ohne danach zu streben, die Meinungen der Menschen zu erringen, wirst du ihre Herzen beschwichtigen. Denn die Liebe ist alles erobernd, allmächtig, und die Gedanken und Taten und Worte der Liebe können nie vergehen.

18. April

Frohlocket! Denn der Morgen dämmert: Die Wahrheit hat uns erweckt.

Wie schön ist die Wahrheit! Wie prächtig das Reich der Wirklichkeit! Wie unbeschreiblich ist der Segen der Heiligkeit!

Wir haben unsere Augen geöffnet, und die dunkle Nacht des Schreckens ist nicht mehr. Lange haben wir in Materie und Gefühl geschlafen; lange haben wir im schmerzhaften Albtraum des Bösen gekämpft; aber jetzt sind wir im Geist und in der Wahrheit erwacht: Wir haben das Gute gefunden, und der Kampf mit dem Bösen ist beendet.

Wir schliefen, doch wir wussten nicht, dass wir schliefen. Wir litten, doch wir wussten nicht, dass wir litten. Wir waren beunruhigt in unserem Traum, doch wir konnten uns nicht erwecken, denn alle träumten wie wir selbst. Doch da kam eine Pause in unserem Traum; unser Schlaf wurde aufgehalten. Die Wahrheit sprach zu uns, und wir hörten sie; und siehe da!, wir öffneten unsere Augen und sahen. Wir schlummerten und sahen nicht; wir schliefen und wussten nicht; aber jetzt sind wir wach und sehen. Ja, wir wissen, dass wir wach sind, weil wir Heiligkeit gesehen haben, und wir lieben die Sünde nicht mehr.

19. April

Verwirf den Irrtum für die Wahrheit und die Illusion für die Wirklichkeit.

Wahrheit ist das Licht des Universums, der Tag des Geistes.

Zu sündigen bedeutet zu träumen, und die Sünde zu lieben bedeutet, die Dunkelheit zu lieben. Diejenigen, welche die Dunkelheit lieben, sind in die Dunkelheit verwickelt; sie haben das Licht noch nicht gesehen. Derjenige, welcher das Licht gesehen hat, will nicht in Dunkelheit wandeln. Die Wahrheit zu sehen bedeutet, sie zu lieben, und im Vergleich zu ihr ist am Irrtum keine Schönheit. Der Träumer ist mal vergnügt, mal leidet er Schmerz; diese Stunde ist er voller Zuversicht, in der nächsten voller Furcht. Er ist ohne Stabilität, und er verfügt über keine dauerhafte Zuflucht. Wenn die Ungeheuer der Reue und Rache ihn verfolgen, wohin kann er fliehen? Es gibt keinen sicheren Ort, bevor er nicht erwacht. Lass den Träumer mit seinem Traum kämpfen; lass ihn danach streben, die illusionäre Natur aller seiner selbstsüchtigen Begierden zu erkennen, und siehe da!, er wird seine spirituellen Augen gegenüber der Welt des Lichtes und der Wahrheit öffnen. Er wird glücklich, heil und friedvoll sein und die Dinge so sehen, wie sie sind.

20. April

Das Wissen um die Wahrheit ist ein dauerhafter Trost.

Die Wahrheit entfernt den Stich des Schmerzes und zerstreut die Wolken der Sorgen.

Wenn alles andere versagt, versagt die Wahrheit nicht. Wenn das Herz verzweifelt ist und die Welt keinen Schutz bietet, stellt die Wahrheit eine friedliche Zuflucht und eine stille Rast zur Verfügung. Der Sorgen des Lebens sind viele, und sein Weg ist gepflastert mit Schwierigkeiten; aber die Wahrheit ist größer als Sorge und ist allen Schwierigkeiten überlegen. Die Wahrheit erleichtert unsere Last; sie erhellt unseren Pfad mit den Strahlen der Freude. Angehörige versterben, Freunde versagen, und Besitztümer verschwinden. Wo ist da die Stimme des Zuspruchs? Wo ist das Geflüster des Trostes? Die Wahrheit ist der Tröster der Trostlosen und derjenigen, die verlassen sind. Die Wahrheit verstirbt nicht, versagt nicht, verschwindet nicht. Die Wahrheit bietet den Trost dauerhaften Friedens. Sei wachsam und höre, dass du den Ruf der Wahrheit vernimmst, sogar die Stimme des großen Erweckers.

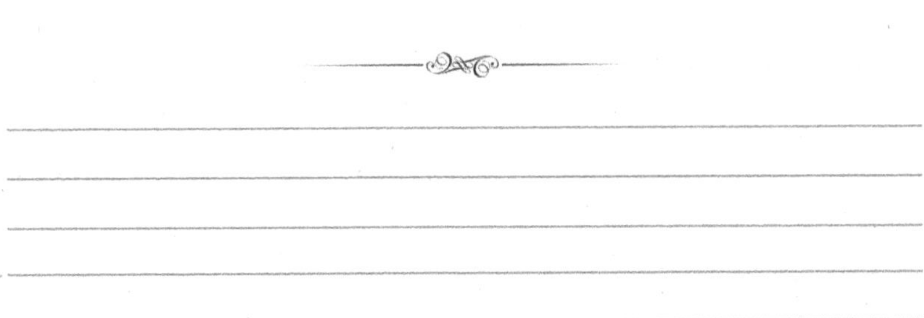

21. April

Derjenige, welcher sich an seine Illusionen klammert, das Selbst und die Sünde liebt, kann die Wahrheit nicht finden.

Ich bin gestärkt und getröstet, da ich Zuflucht in der Wahrheit gefunden habe.

Die Wahrheit holt Freude aus Leid und Frieden aus Verwirrung; sie zeigt dem Selbstsüchtigen den Weg zum Guten und den Sündern den Pfad zur Heiligkeit. Ihr Geist ist das Tun des Rechten. Den Ernsten und Getreuen bringt sie Trost; den Gehorsamen setzt sie die Krone des Friedens auf. Ich nehme Zuflucht zur Wahrheit: Ja, im Geist des Guten, im Wissen um das Gute und im Ausüben des Guten verharre ich. Und ich bin zuversichtlich und getröstet. Für mich ist es so, als ob Bösartigkeit nicht wäre und Hass verschwunden wäre. Lust ist auf die unterste Dunkelheit begrenzt, sie findet keinen Weg in das transzendente Licht der Wahrheit. Stolz ist zerbrochen und zerstreut, und Eitelkeit ist zu Dunst hinweggeschmolzen. Ich halte das Gesicht dem vollkommenen Guten zugewandt und meine Füße auf dem makellosen Weg; und deswegen bin ich getröstet.

22. April

Ein reines Herz und ein makelloses Leben nützen. Sie sind erfüllt von Freude und Frieden.

Es gibt einen geraden Weg und einen stillen Ruheort.

Unsere guten Taten bleiben bei uns, sie retten und schützen uns. Böse Taten sind ein Irrtum. Unsere bösen Taten folgen uns, sie stürzen uns in der Stunde der Versuchung. Wer böse Taten begeht, der ist nicht vor Leid bewahrt; wer jedoch gute Taten begeht, ist vor allem Schaden beschirmt. Der Narr bemerkt zu seiner bösen Tat: »Halte dich verborgen, komm nicht ans Licht« – aber seine böse Tat ist bereits veröffentlicht, und sein Leid ist gewiss. Wenn wir im Bösen sind, was soll uns beschützen? Was hält uns von Elend und Verwirrung fern? Kein Mann, keine Frau, kein Wohlstand, auch keine Macht, kein Himmel, keine Erde wird uns von Verwirrung fernhalten. Von den Ergebnissen des Bösen gibt es kein Entkommen, keine Zuflucht und keinen Schutz. Wenn wir im Guten sind, was soll uns überwältigen? Was soll uns zu Elend und Verwirrung bringen? Kein Mann, keine Frau, auch keine Armut oder Krankheit, kein Himmel, keine Erde soll uns zur Verwirrung bringen.

23. April

Seid fröhlich und nicht traurig, ihr alle,
die ihr die Wahrheit liebt!
Denn euer Leid wird vergehen wie der Nebel am Morgen.

Siehe, wo die ewige Liebe verborgen ruht!
(Die todlose Liebe, die so weit entfernt schien!)
Sogar in den demütigen Herzen; sie wird dem offenbart,
Der heute ein sündenfreies Leben führt.

Schüler: Lehrer der Lehrer, unterweise mich.

Meister: Frage, und ich werde Antwort geben.

Schüler: Ich habe viel gelesen, aber ich bin nach wie vor unwissend; ich habe die Doktrinen der Schulen studiert, bin dadurch jedoch nicht weise geworden; ich kenne die Schriften in- und auswendig, aber der Friede ist vor mir verborgen. Zeige mir, o Meister, den Weg zum Wissen. Offenbare mir den Weg zur göttlichen Weisheit; führe du dein Kind auf den Pfad des Friedens.

Meister: Der Weg zum Wissen, o Schüler, besteht im Durchsuchen des Herzens; der Weg zur Weisheit besteht darin, Rechtschaffenheit auszuüben; und durch ein sündenfreies Leben lässt sich der Weg zum Frieden finden.

24. April

GROSS IST DER SIEG, IN DEN DU EINGETRETEN BIST, SOGAR DEN MÄCHTIGEN SIEG ÜBER DICH SELBST, HABE VERTRAUEN, UND DU WIRST DICH ÜBERWINDEN.

HABE VERTRAUEN UND HALTE DURCH, UND ICH WERDE DICH ALLE DINGE LEHREN.

Schüler: Leite mich, o Meister, denn meine Dunkelheit ist sehr groß! Wird die Dunkelheit sich heben, o Meister? Wird die Probe im Sieg enden, und wird es ein Ende für meine vielen Leiden geben?

Meister: Wenn dein Herz rein ist, wird die Dunkelheit verschwinden. Wenn dein Geist von Leidenschaft befreit ist, wirst du das Ende der Probe erreichen, und wenn der Gedanke an Selbstschutz aufgegeben ist, wird es keinen Grund mehr geben für Leid. Du bist jetzt auf dem Weg der Disziplin und Reinigung; alle meine Schüler müssen diesen Weg gehen. Bevor du in das weiße Licht des Wissens eintreten kannst, bevor du die volle Pracht der Wahrheit erschauen kannst, müssen alle deine Unreinheiten ausgelöscht sein, deine Illusionen zerstreut und der Geist mit Ausdauer gestärkt sein. Lass in deinem Glauben an die Wahrheit nicht nach; vergiss nicht, dass Wahrheit ewig das Höchste ist; denke daran, dass ich, der Herr der Wahrheit, über dich wache.

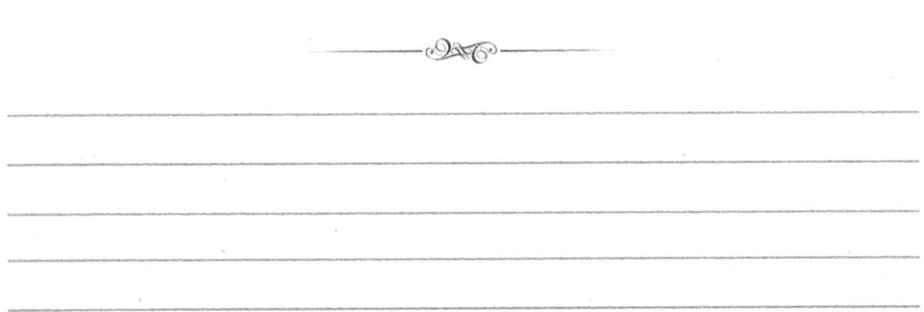

25. April

GESEGNET IST DERJENIGE, WELCHER DER WAHRHEIT GEHORCHT, DENN ER WIRD NICHT OHNE TROST BLEIBEN.

DIE DUNKELHEIT WIRD AUF IMMER WEICHEN, UND FREUDE UND LICHT WERDEN AUF DEINEN SCHRITTEN WARTEN.

Schüler: Welches sind die größeren und die geringeren Mächte?

Meister: Höre mich wiederum an, o Schüler! Wandele getreulich den Pfad der Disziplin und der Reinigung, verlasse ihn nicht, sondern unterwirf dich seinen Entbehrungen. Dann wirst du die drei geringeren Mächte der Schülerschaft erwerben; du wirst auch die drei größeren Mächte erlangen. Und die größeren und die geringeren Mächte werden dich unbesiegbar machen. *Selbstbeherrschung, Selbstständigkeit* und *Achtsamkeit* – dies sind die drei geringeren Mächte. *Standhaftigkeit, Geduld, Liebenswürdigkeit* – dies sind die drei größeren Mächte. Wenn dein Geist gut beherrscht ist und unter deiner Obhut steht; wenn du dich auf keine äußere Hilfe verlässt, sondern allein auf die Wahrheit; und wenn du unablässig über deine Gedanken und Handlungen wachst – dann wirst du dich dem obersten Licht nähern.

26. April

Sei eifrig bemüht, geduldig im Ausharren, stark in Entschlossenheit.

Halt dich fest an die Liebe und lass dein Tun von ihr formen.

Durch diese vier Dinge wird das Herz befleckt: das Verlangen nach Vergnügen, das Anklammern an vorübergehende Dinge, die Liebe zum Selbst, die Lust auf persönliches Fortbestehen; diesen vier Verunreinigungen entspringen alle Sünden und alles Leid. Reinige dein Herz; lege alles sinnliche Verlangen ab; löse deinen Geist vom Wunsch nach Besitztümern; verlasse Selbstverteidigung und Selbstgefälligkeit. Nachdem du alles Verlangen abgelegt hast, wirst du Zufriedenheit erlangen. Löse deinen Geist von der Liebe zu vergänglichen Dingen, und du wirst Weisheit erwerben; verlasse den Gedanken ans Selbst, und du wirst Frieden finden. Derjenige, welcher rein ist, ist frei von Begierde; ihn verlangt nicht nach sinnlichen Aufregungen; er legt keinen Wert auf vergängliche Dinge; er ist derselbe, ob reich oder arm, im Erfolg oder Fehlschlag, in Sieg oder Niederlage, im Leben oder Tod. Sein Glück verbleibt, seine Ruhe ist gewiss.

27. April

Unterweise mich darin, das zu tun, was dem Ewigen entspricht, damit ich achtsam bin und nicht versage.

Sei nachdenklich und weise, stark und freundlichen Herzens.

Der unredliche Mensch wird von seinen Gefühlen hin- und hergeworfen; Zu- und Abneigungen sind seine Herren; Vorurteile und Parteinahmen blenden ihn; Begierden und Leiden, Verlangen und Kummer, Selbstbeherrschung kennt er nicht, und groß ist seine Unrast. Der redliche Mensch ist Herr seiner Launen; Zu- und Abneigungen hat er als kindische Dinge aufgegeben; Vorurteil und Parteinahme hat er abgelegt. Da er nichts begehrt, leidet er nicht; da ihn nicht nach Vergnügungen verlangt, übermannt ihn nicht das Leid; da er vollkommen in Selbstbeherrschung ist, wohnt großer Friede in ihm.

Verdamme, grolle oder verleumde nicht; streite nicht oder ergreife Partei. Bewahre deine Gelassenheit hinsichtlich aller Seiten; sei gerecht und sprich die Wahrheit. Handle liebenswürdig, mitfühlend und wohltätig. Sei unendlich geduldig. Halt dich fest an die Liebe und lass dein Tun von ihr gestalten. Zeige guten Willen allen gegenüber, ohne Unterschied. Denke gleich von allen und lass dich von niemandem verstören.

28. April

Sei achtsam, auf dass kein Gedanke ans Selbst wieder hereinkriechen und dich beflecken kann.

Öffne deine Augen dem ewigen Licht.

Denke von dir als aufgelöst. In all deinem Tun denke an das Gute anderer und der Welt und nicht an Vergnügungen oder Belohnung für dich. Du bist nicht länger mehr von den Menschen getrennt, du bist eins mit allen. Du strebst nicht länger mehr gegen andere für dich, sondern fühlst mit allen mit. Betrachte keinen Menschen als deinen Feind, denn du bist Freund aller Menschen. Sei in Frieden mit allen. Gieße Mitgefühl über alle lebenden Dinge aus und schmücke deine Worte und Taten mit grenzenloser Nächstenliebe. Solchermaßen ist der frohe Weg der Wahrheit; solchermaßen ist das Tun entsprechend dem Ewigen. Erfüllt von Freude ist derjenige, welcher recht handelt; er handelt aus Prinzipien, die sich nicht ändern und vergehen. Er ist eins mit dem Ewigen, und er ist über Unrast hinaus. Der Friede des rechtschaffenen Menschen ist vollkommen; er wird nicht von Veränderung und Vergänglichkeit gestört. Befreit von Leidenschaft ist er gleichmütig, gelassen und trauert nicht; er sieht die Dinge, wie sie sind, und ist nicht länger mehr verwirrt.

29. April

WISSEN IST FÜR DENJENIGEN, DER SUCHT; WEISHEIT KRÖNT DENJENIGEN, WELCHER STREBT; FRIEDE SPRICHT IN SÜNDENFREIEM SCHWEIGEN: ALLE DINGE VERGEHEN, ABER DIE WAHRHEIT ÜBERLEBT.

FOLGE DORTHIN, WOHIN DIE TUGEND FÜHRT, HÖHER UND IMMER HÖHER; HÖRE ZU, WO DIE REINHEIT BITTET, LÖSCHE NICHT IHR FEUER. SIEHE! DERJENIGE WIRD DIE WIRKLICHKEIT ERKENNEN, WELCHER NACH OBEN KOMMT, GEREINIGT VON ALLER BEGIERDE.

Steigere deine Kraft und Selbstständigkeit; sorge dafür,
Dass die Gespenster deines Geistes deinem Willen gehorchen;
Sorge, dass du dich selbst beherrschst; noch lass dich von einer Laune,
Von einer untergründigen Leidenschaft, auch keiner raschen Begierde,
In die Tiefe schleudern; aber solltest du dort hinabgeschleudert werden,
So stehe auf und gewinne deine Mannhaftigkeit zurück, ziehe Nutzen
Aus deinem Sturz für Demut und Weisheit,
Strebe immer nach der Beherrschung des Geistes,
Und ziehe etwas Gutes aus jeder Bedingung,
Mit der du konfrontiert wirst;
lege dir einen reicheren Vorrat an Stärke an
Aus jeder Widrigkeit, die dir begegnet ist und die du überwunden hast.
Unterwirf dich allein dem Edelmut; freue dich
Wie ein starker Athlet, der nach dem Sieg strebt,
Wenn deine volle Stärke auf der Probe steht.

30. April

Errettung soll den entrücken, der mit Sünden und Leid, Tränen und Schmerzen kämpft, bis er gewinnt.

Ich bin unwissend, strebe dennoch nach Wissen; auch will ich nicht aufhören zu streben, bis ich es errungen habe.

Sei kein Sklave
Von Gelüsten, Begierden und Schwelgereien,
Von Enttäuschungen, Elend und Kummer,
Ängsten, Zweifeln und Jammer, sondern beherrsche
Dich selbst mit Gelassenheit: Meistere das in dir,
Was andere bemeistert und was bisher
Dich bemeistert hat: Lass deine Leidenschaften nicht herrschen,
Sondern beherrsche deine Leidenschaften; unterwirf dich,
Bis Leidenschaft in Frieden verwandelt ist,
Und Weisheit soll dich krönen; so sollst du erwerben
Und, durch den Erwerb, wissen.

Schau nach innen. Siehe! Inmitten des Wandels
Wohnt das Unwandelbare; im Herzen des Streites
Ruht der vollkommene Friede. An der Wurzel
Allen rastlosen Strebens der Welt
Liegt Leidenschaft. Wer daher der Leidenschaft folgt, findet Schmerz,
Aber wer die Leidenschaft besiegt, findet Frieden.

MAI

1. Mai

Tröste dich! Die Höhen der Glückseligkeit wirst du erreichen.

Derjenige findet die Wahrheit, welcher Selbstbeherrschung findet.

Iolaos: *Ich weiß, dass Leid der Leidenschaft folgt; weiß,*
Dass Kummer und Leere und Herzeleid warten
Auf alle irdischen Freuden; also bin ich traurig;
Dennoch muss die Wahrheit sein, und da sie ist, zu finden sein;
Und obwohl ich Kummer spüre; weiß ich dies –
Ich werde froh sein, wenn ich die Wahrheit gefunden habe.
Prophet: *Es gibt keine Fröhlichkeit wie die Freude der Wahrheit.*
Die Reinen im Herzen schwimmen in einem Meer aus Segen,
Das nie mehr Leiden kennt noch Schmerz;
Der wer kann den Kosmos schauen und traurig sein?
Zu wissen bedeutet, glücklich zu sein; diejenigen frohlocken,
Die Vollkommenheit erreicht haben; sie sind jene,
Die von Leben und Wahrheit wissen und beides begreifen.

2. Mai

In keiner der drei Welten kann die Seele dauerhafte Befriedigung finden, abgesehen von der Verwirklichung der Rechtschaffenheit.

Gesegnet sind die, welche ernsthaft und intelligent suchen.

Jede Seele hungert bewusst oder unbewusst nach Rechtschaffenheit, und jede Seele sucht diesen Hunger auf ihre eigene besondere Weise und in Übereinstimmung mit ihrem eigenen besonderen Stand des Wissens zu stillen. Der Hunger ist das eine, und die Rechtschaffenheit ist das andere, aber der Wege, über die Rechtschaffenheit gesucht wird, sind viele. Diejenigen, die bewusst suchen, sind gesegnet und werden binnen Kurzem jene letzte und dauerhafte Befriedigung der Seele finden, welche die Rechtschaffenheit allein schenken kann, denn sie haben Kenntnis vom wahren Pfad erhalten. Diejenigen, die unbewusst suchen, sind, obwohl sie eine Zeit lang vielleicht in einem Meer des Vergnügens baden, nicht gesegnet, denn sie suchen sich Wege des Leidens aus, über die sie mit aufgerissenen und wunden Füßen schreiten müssen, und ihr Hunger wird sich steigern, und die Seele wird nach ihrem verlorenen Erbe schreien – dem ewigen Erbe der Rechtschaffenheit.

3. Mai

Prachtvoll, strahlend, frei, losgelöst von der Tyrannei des Selbst!

Das äussere Leben stimmt sich auf die innere Musik ein.

Die Fahrt zum Königreich kann eine lange und mühsame sein, oder sie kann kurz und rasch sein. Sie kann eine Minute erfordern, oder sie kann tausend Zeitalter erfordern. Alles hängt vom Vertrauen und Glauben des Suchenden ab. Die meisten können »... nicht dorthin kommen, weil sie nicht glaubten« (Hebräer 3,19); denn wie können die Menschen Rechtschaffenheit verwirklichen, wenn sie nicht daran glauben, auch nicht an die Möglichkeit ihrer Vollendung? Auch ist es nicht nötig, der äußeren Welt und seinen Pflichten darin zu entsagen. Nein, sie kann nur durch die selbstlose Erfüllung der eigenen Pflichten gefunden werden. Es gibt einige, deren Vertrauen so groß ist, dass sie, wenn ihnen diese Wahrheit präsentiert wird, fast sogleich alle persönlichen Elemente aus ihren Gedanken fallen lassen und in ihr göttliches Erbe eintreten können. Aber alle, die glauben und danach streben, es zu erreichen, werden früher oder später siegreich sein, wenn sie inmitten ihrer weltlichen Pflichten nicht schwach werden oder die vollkommene Göttlichkeit aus dem Blick verlieren und weiterhin mit unerschütterlicher Entschlossenheit »zur Vollkommenheit streben« (vgl. Hebräer 6,1).

4. Mai

Die Regulierung und Reinigung der Lebensführung.

Er lebt nicht länger für sich selbst, er lebt für andere; und durch ein solches Leben erfreut er sich des höchsten Segens, des tiefsten Friedens.

Die ganze Fahrt vom Königreich des Streites zum Königreich der Liebe löst sich zu einem Vorgang auf, der sich mit den folgenden Worten zusammenfassen lässt: die Regulierung und Reinigung der Lebensführung. Ein solcher Vorgang muss, wenn eifrig verfolgt, notwendig zur Vollkommenheit führen. Man erkennt auch, dass der Mensch, während er die Herrschaft über gewisse Kräfte in sich selbst gewinnt, bei einem Wissen über alle die Gesetze eintrifft, die in der Sphäre all dieser Kräfte wirken; und durch die Beobachtung des unablässigen Wirkens von Ursache und Auswirkung in sich selbst, bis er sie versteht, versteht er sie dann auch in ihren universellen Anpassungen im Leib der Menschheit.

Der Vorgang ist auch einer der Vereinfachung des Geistes, er ist ein Aussieben von allem bis auf das wesentliche Gold des Charakters.

5. Mai

Außer dem ernsthaften Streben, nach den Lehren Jesu zu leben, kann es kein wahres Leben geben.

Was über allem Glauben, allen Glaubensbekenntnissen und Meinungen steht, ist ein liebendes und selbstaufopferndes Herz.

Ein guter Mensch ist die Blume der Menschheit, und indem er täglich reiner, edler, gottähnlicher wird, indem er einige selbstsüchtige Neigungen überwindet, wird er beständig näher zum göttlichen Herzen gezogen. »Derjenige, welcher mein Jünger sein möchte, soll sich täglich verleugnen« ist eine Aussage, die niemand missverstehen oder falsch anwenden kann, wie sehr er sie auch ignoriert. Nirgendwo im Universum gibt es einen Ersatz für Güte, und bis ein Mensch sie erlangt, hat er nichts Würdiges oder Dauerhaftes. Zum Besitz der Güte führt nur ein Weg, und der bedeutet: *alles und jedes aufzugeben, was der Güte entgegensteht.* Jede selbstsüchtige Begierde muss ausgelöscht werden; jeder unreine Gedanke muss aufgegeben werden; jedes Anklammern an Meinungen muss geopfert werden; und diese Taten bedeuten die Nachfolge Christi.

6. Mai

Immer und allen gegenüber in Liebe zu verharren bedeutet, das wahre Leben zu führen, bedeutet, das Leben selbst zu haben.

Sünde und Christus können nicht beisammen wohnen, und derjenige, welcher das christliche Leben reiner Güte akzeptiert, hört auf zu sündigen.

Jesus hat so gelebt, und alle Menschen können so leben, wenn sie bescheiden und getreulich seinen Geboten folgen. Solange sie sich weigern, dies zu tun, sich an ihre Begierden, Leidenschaften und Meinungen klammern, können sie nicht als seine Jünger gelten – sie sind Jünger des Selbst. »Amen, amen, das sage ich euch: Wer Schuld auf sich lädt, ist ein Sklave der Schuld« (Johannes 8,34) ist die suchende Verkündigung Jesu. Lass den Menschen damit aufhören, sich mit dem Glauben zu täuschen, dass sie ihre schlechte Laune, ihre Gelüste, ihre harten Worte und Urteile, ihren persönlichen Hass, ihre kleinlichen Streitereien und herausfordernden Meinungen beibehalten und dennoch Christus haben können. Alles, was den Menschen vom Menschen und den Menschen von Güte trennt, ist nicht von Christus, denn Christus ist Liebe.

7. Mai

Wenn über Christus gestritten wird, ist Christus verloren.

Der schmale Weg ist der Weg der Aufgabe oder der Selbstaufopferung.

Es ist nicht weniger selbstsüchtig und sündig, sich an eine Meinung zu klammern, als es sündig ist, sich an unreine Begierden zu klammern. In diesem Wissen ergibt sich der gute Mensch vorbehaltlos dem Geist der Liebe und verharrt in Liebe zu allen, streitet mit niemandem, verdammt niemanden, hasst niemanden, sondern liebt alle, da er hinter ihre Meinungen sieht, ihre Glaubensrichtungen und ihre Sünden und in ihr streitendes, leidendes und trauerndes Herz. »Wem sein Leben über alles geht, der verliert es« (Johannes 12,25). Ewiges Leben gehört demjenigen, welcher gehorsam sein kleinliches, enges, sündenliebendes, Streit hervorbringendes persönliches Selbst aufgibt, denn nur dadurch kann er in das große, wunderschöne, freie und prächtige Leben ewiger Liebe eintreten. Hierin liegt der Pfad des Lebens; denn das direkte Tor ist das Tor der Güte.

8. Mai

Ein Mensch kann nichts lernen, bevor er sich nicht selbst als Lernenden betrachtet.

Das Böse ist es nicht wert, dass man sich dagegenstemmt, und die Ausübung des Guten ist viel, viel besser.

»Wie verhalte ich mich anderen gegenüber?« – »Was tue ich anderen an?« – »Wie denke ich über andere?« – »Sind meine Gedanken von anderen und meine Handlungen gegenüber anderen von selbstloser Liebe veranlasst?« Wenn ein Mensch sich diese bohrenden Fragen im geheiligten Schweigen seiner Seele stellt, auf alle seine Gedanken und Handlungen im Geiste des obersten Gebotes Jesu anwendet, wird sein Verständnis erleuchtet, sodass er unfehlbar erkennt, wo er bisher versagt hat; und er wird ebenfalls erkennen, was er zu tun hat, um sein Herz und seine Lebensführung zu richten, ebenso den Weg, auf dem er dies tun muss.

9. Mai

Persönliche Antipathien, wie natürlich sie dem animalischen Menschen erscheinen mögen, können keinen Platz im göttlichen Leben haben.

Derjenige, welcher die Gebote Jesu einhalten will, wird sich selbst besiegen und göttlich erleuchtet werden.

Während ein Mensch damit beschäftigt ist, sich dem Bösen zu widersetzen, übt er nicht bloß das Gute nicht aus, sondern ist eigentlich in ähnlicher Leidenschaft und ähnlichem Vorurteil verstrickt wie das, welches er bei einem anderen verdammt, und als direktes Ergebnis seiner Geisteshaltung wird ihm selbst seitens anderer als Bösem Widerstand geleistet. Leiste einem Menschen, einer Partei, einem Gesetz, einer Religion, einer Regierung als etwas Bösem Widerstand, und dir wird selbst Widerstand als etwas Bösem geleistet. Derjenige, der es als etwas äußerst Böses ansieht, dass er verfolgt und verdammt wird, soll aufhören, zu verfolgen und zu verdammen. Er soll sich von dem abwenden, was er bisher als böse erachtet hat, und sich auf die Suche nach dem Guten machen. So tief und weitreichend ist dieses Gebot, dass dessen Ausübung einen Menschen weit hinauf zu den Höhen spirituellen Wissens und spiritueller Errungenschaften führt.

10. Mai

Menschlichkeit ist dem Wesen nach göttlich.

Jesus kannte in seiner göttlichen Güte das menschliche Herz, und er wusste, dass es gut war.

Der Mensch hat jedoch so lange in der Gewohnheit der Sünde verharrt, dass er sich am Ende als darin heimisch betrachtet und abgeschnitten vom göttlichen Ursprung, den er außerhalb seiner selbst und weit weg von sich glaubt. Der Mensch ist in erster Linie ein spirituelles Wesen und als solcher von der Natur und Substanz des ewigen Geistes, der unveränderlichen Wirklichkeit, welche die Menschen Gott nennen. Güte, nicht Sünde, ist sein rechtmäßiger Zustand; Vollkommenheit, nicht Unvollkommenheit, ist sein Erbe, und dort kann ein Mensch *jetzt* eintreten und sie begreifen, wenn er sich auf den Zustand einlässt, der die Leugnung oder den Verzicht des Selbst bedeutet, also den Verzicht auf seine fieberhaften Begierden, seinen stolzen Willen, seine Selbstsucht – auf all das, was der Heilige Paulus den »natürlichen Menschen« nennt.

11. Mai

Derjenige, der herausfinden will, wie gut Menschen im Herzen sind, soll alle seine Vorstellungen und allen Verdacht hinsichtlich des »Bösen« in anderen fortwerfen und das Gute in sich selbst finden und tun.

Dies ist der heilige Weg der Wahrheit; dies ist die sichere und ewige Erlösung; dies sind das Joch und die Last Christi.

Der Mensch trägt in sich die göttliche Macht, durch welche er zu den höchsten Höhen geistiger Errungenschaften steigen kann; dadurch kann er Sünde, Schande und Leid abschütteln und den Willen des Vaters erfüllen, des höchsten Guten; dadurch kann er alle Mächte der Dunkelheit im Innern besiegen und strahlend und frei dastehen; dadurch kann er die Welt überwinden und die hohen Gipfel der Wahrheit erklimmen. Dies kann der Mensch freiwillig, entschlossen und mit göttlicher Kraft vollbringen; aber er kann es nur mit und durch Gehorsam vollbringen; er muss sich für Demut und Niedrigkeit des Herzens entscheiden, er muss den Zank für den Frieden aufgeben, Leidenschaft für Reinheit, Hass für Liebe, Selbstsucht für Selbstaufopferung, und er muss Böses mit Gutem überwinden.

12. Mai

Das Gebot Jesu ist ein Gebot des Lebens und Handelns.

Reine Güte ist Religion, und ausserhalb ihrer ist keine Religion.

Dass Jesus demütig, bescheiden, liebevoll, mitfühlend und rein war, ist sehr schön, aber es reicht nicht aus; es ist notwendig, Leser, dass du ebenfalls demütig, bescheiden, liebevoll, mitfühlend und rein sein sollst. Dass Jesus seinen eigenen Willen dem Willen des Vaters unterworfen hat, ist inspirierend zu wissen, aber es reicht nicht aus; es ist nötig, dass du auch ähnlich deinen Willen dem des alles beherrschenden Guten unterwirfst. Die Würde, Schönheit und Güte, die in Jesus waren, können für dich keinen Wert haben, können von dir nicht verstanden werden, wenn sie nicht gleichfalls in *dir* sind; und sie können nie in dir sein, wenn du sie nicht *ausübst;* denn abgesehen vom *Tun* existieren die Eigenschaften, aus denen das Gute besteht, soweit es dich betrifft, nicht.

13. Mai

Diejenigen setzen den Willen des Vaters um, welche ihre Lebensführung nach den göttlichen Geboten ausrichten.

Nur derjenige, welcher vergibt, bekommt die Süsse der Vergebung zu kosten.

Für uns und alle lässt sich kein Genügen, keine Glückseligkeit, kein Friede aus der Güte eines anderen ableiten, nicht einmal aus der Güte Gottes; erst wenn die Güte von uns *getan wird,* erst wenn sie durch beständiges Bemühen in unser Sein einverleibt wird, können wir ihre Glückseligkeit und ihren Frieden kennen und in Besitz nehmen. Du, der du Jesus für seine göttlichen Eigenschaften bewunderst, übe daher diese Eigenschaften selbst aus, und du wirst ebenfalls göttlich sein.

Die Lehre Jesu bringt den Menschen zurück zur einfachen Wahrheit, dass Rechtschaffenheit oder rechtes Tun völlig eine Sache der individuellen Lebensführung ist und kein mystisches Etwas abseits der Gedanken und Taten eines Menschen und dass ein jeder selbst rechtschaffen sein muss; jeder muss selbst ein Tätiger des Wortes sein; und es ist das eigene Tun eines Menschen, das ihm Frieden und Freude des Herzens einbringt, nicht das Tun eines anderen.

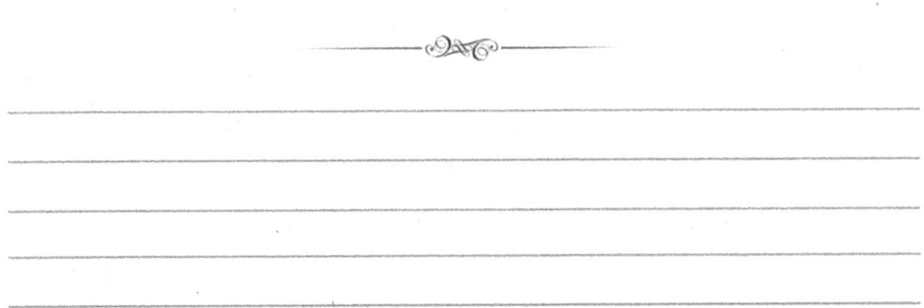

14. Mai

Christus ist der Geist der Liebe.

In diesem Prinzip der Liebe sind alles Wissen, alle Intelligenz und alle Weisheit enthalten.

Wenn Jesus sagte: »Denn ohne mich könnt ihr nichts erreichen«, sprach er nicht von seiner vergänglichen Gestalt, sondern vom universellen Geist der Liebe, von der seine Lebensführung eine vollkommene Manifestation war; und diese seine Äußerung ist die Feststellung einer schlichten Wahrheit; denn die Werke eines Menschen sind eitel und wertlos, wenn sie für persönliche Ziele getan werden, und er selbst bleibt ein vergängliches Wesen, eingetaucht in Dunkelheit und den Tod fürchtend, solange er in seinen persönlichen Freuden lebt. Das Animalische im Menschen kann niemals auf das Göttliche reagieren und von ihm wissen; nur das Göttliche kann auf das Göttliche reagieren. Der Geist des Hasses im Menschen kann niemals im Einklang mit dem Geist der Liebe schwingen; Liebe kann nur Liebe begreifen und sich damit verbinden. Der Mensch ist göttlich; der Mensch ist von der Substanz der Liebe; dies kann er begreifen, wenn er die unreinen, persönlichen Elemente loslässt, denen er bisher blindlings gefolgt ist, und zu den unpersönlichen Wirklichkeiten von Christi Geist fliegt.

15. Mai

Liebe ist erst dann vollständig, wenn sie vom Menschen gelebt wird.

Die einzige Zuflucht des Menschen vor der Sünde ist sündenfreie Liebe.

Jedes Gebot Jesu verlangt das bedingungslose Opfern eines selbstsüchtigen, persönlichen Elements, bevor ihm gefolgt werden kann. Der Mensch kann das Wirkliche nicht kennen, während er sich ans Unwirkliche klammert; er kann das Werk der Wahrheit nicht tun, während er sich an den Irrtum klammert. Während ein Mensch der Lust frönt, dem Hass, dem Stolz, der Eitelkeit, dem Genuss, der Habsucht, kann er nichts tun, denn die Werke all dieser sündigen Elemente sind unwirklich und vergänglich. Erst wenn er Zuflucht zum Geist der Liebe im Innern nimmt und gelassen, sanft, rein, mitleidig und verzeihend wird, tut er die Werke der Rechtschaffenheit und erntet die Früchte des Lebens. Der Weinstock ist kein Weinstock ohne seine Reben, und selbst dann ist er erst vollständig, wenn die Reben *gereift sind*. Täglich die Liebe zu allen in Herz, Geist und Tat üben, keine ungerechten oder unreinen Gedanken hegen – dann entdeckt man die unvergänglichen Prinzipien seines Wesens.

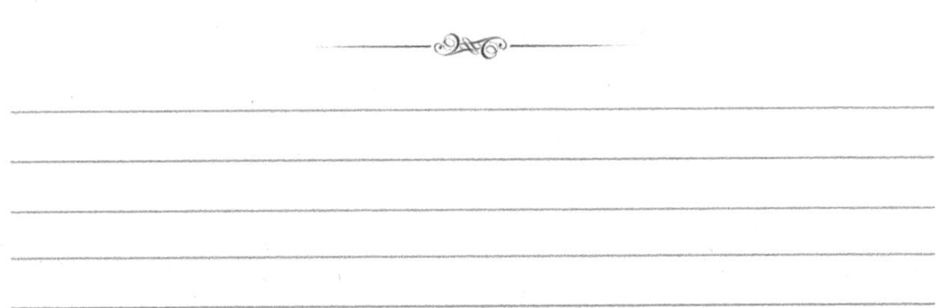

16. Mai

Bevor ein Mensch die Liebe als die ewige Wirklichkeit in sich erkennen kann, muss er völlig alle jene menschlichen Neigungen ablegen, welche ihre vollkommenen Manifestationen behindern.

Eine solche grossartige Verwirklichung ist die Krone der Evolution, das höchste Ziel der Existenz.

Ein Mensch kann sich nur dann bewusst mit dem Weinstock der Liebe verbinden, wenn er allen Zank, Hass, alle Verurteilung, Unreinheit und allen Stolz, alle Selbstsucht abgelegt hat und nur noch liebevolle Gedanken hegt und liebevolle Taten ausführt. Dadurch erweckt er in sich die göttliche Natur, die er bisher gekreuzigt und geleugnet hat. Jedes Mal, wenn ein Mensch Wut, Ungeduld, Gier, Stolz, Eitelkeit oder irgendeiner Form persönlicher Selbstsucht unterliegt, leugnet er Christus, schließt sich selbst von der Liebe aus. Und nur so leugnet man Christus, und nicht dadurch, dass man eine vorformulierte Glaubensrichtung nicht annimmt. Christus kann nur der kennen, welcher durch beständiges Streben sich von einem sündigen zu einem reinen Wesen bekehrt hat, der sich durch edle, moralische Bemühung erfolgreich von jenem vergänglichen Selbst gelöst hat, welches die Ursache allen Leids, Kummers und aller Unrast ist, und vernünftig, freundlich, friedlich, liebevoll und rein geworden ist.

17. Mai

Wie das Selbst das Grundübel allen Haders und Leids ist, so ist die Liebe die Grundursache allen Friedens und Segens.

Alle Menschen sind vom Wesen her göttlich, obwohl sich ihrer göttlichen Natur nicht bewusst.

Jene, welche im Königreich ruhen, suchen nicht nach Glück durch irgendeinen äußerlichen Besitz. Sie sehen, dass alle diese Besitztümer bloße vorübergehende Auswirkungen haben, die eintreten, wenn sie erforderlich sind, und nachdem sie ihrem Zweck gedient haben, vergehen sie. Sie denken niemals an diese Dinge (Geld, Kleidung, Nahrung usw.), außer als bloße Beigaben und *Auswirkungen* des wahren Lebens. Sie sind daher frei von aller Angst und Sorge und ruhen in Liebe, sie sind die Verkörperung des Glücks. Da sie auf den unvergänglichen Prinzipien von Reinheit, Mitgefühl, Weisheit und Liebe stehen, sind sie unsterblich und wissen, dass sie unsterblich sind; sie sind eins mit Gott, dem höchsten Guten, und wissen, dass sie eins mit Gott sind. Sie sehen, wie die Dinge wirklich sind, und können daher nirgendwo Platz für Verdammung finden.

18. Mai

Alles sogenannte Böse muss als in Unwissenheit verwurzelt betrachtet werden.

Wer auch immer dazu bereit ist, möge jetzt kommen.

Aber niemand soll davon ausgehen, dass die Kinder des Königreichs in Leichtigkeit und Trägheit leben (diese beiden Sünden sind die ersten, die ausgerissen werden müssen, wenn die Suche nach dem Königreich angetreten wird); sie leben in friedlicher Aktivität; tatsächlich *leben sie nur wahrhaftig,* denn das Leben des Selbst mit seinen Folgen wie Sorgen, Kummer und Ängsten ist *kein wirkliches Leben.* Sie erledigen ihre Pflichten mit der größtmöglichen Gewissenhaftigkeit, ohne jegliche Gedanken an das Selbst, und setzen alle ihre Mittel, ebenso ihre Kräfte und ihr Können, die wesentlich stärker geworden sind, für den Aufbau des Königreichs der Rechtschaffenheit in den Herzen anderer und in der Welt um sie her ein. Dies ist ihre Arbeit – zunächst durch das Beispiel, dann durch das Prinzip. Da sie alle ihre Habe veräußert haben (sämtliches Selbstinteresse an ihren Besitztümern abgelegt haben), geben sie jetzt den Armen (geben aus ihrem reichen Vorrat an Weisheit, Liebe und Frieden den Bedürftigen im Geist, den Erschöpften und denen, deren Herz gebrochen ist) und folgen dem Christus, dessen Namen Liebe ist. Und haben keinen Kummer mehr, sondern leben in ständiger Freude, denn obwohl sie das Leid der Welt sehen, sehen sie auch den letztlichen Segen und das ewige Refugium der Liebe.

19. Mai

Der Himmel ist kein spekulativer Himmel jenseits des Grabes, sondern ein wirklicher, ewiger und stets gegenwärtiger Himmel im Herzen.

Der Himmel ist dort, wo Liebe herrscht und wo Friede niemals abwesend ist.

Die einzige von Jesus anerkannte und gelehrte Erlösung ist die Erlösung von der Sünde und den Auswirkungen der Sünde, und zwar *hier und jetzt;* und dies muss durch die völlige Aufgabe der Sünde erreicht werden, wodurch, nachdem es erfolgt ist, das Königreich Gottes im Herzen als Zustand vollkommenen Wissens, vollkommener Glückseligkeit, vollkommenen Friedens erreicht ist.

»Nur wenn ein Mensch neu geboren ist, kann er das Königreich Gottes erkennen«. Ein Mensch muss zu einem neuen Wesen werden, und wie kann er sich erneuern außer dadurch, dass er das alte völlig verlässt? Der letzte Zustand jenes Menschen, der glaubt, dass er, obwohl er sich weiterhin an seine alten Launen, sein altes Verhaftetsein in Meinungen, seine alte Eitelkeit, seine alte Selbstsucht klammert, auf irgendeine mysteriöse und unerklärliche Weise »ein neues Wesen« geworden sei, indem er eine bestimmte Theologie oder ein bestimmtes religiöses Rezept angenommen hat, ist schlimmer als sein erster.

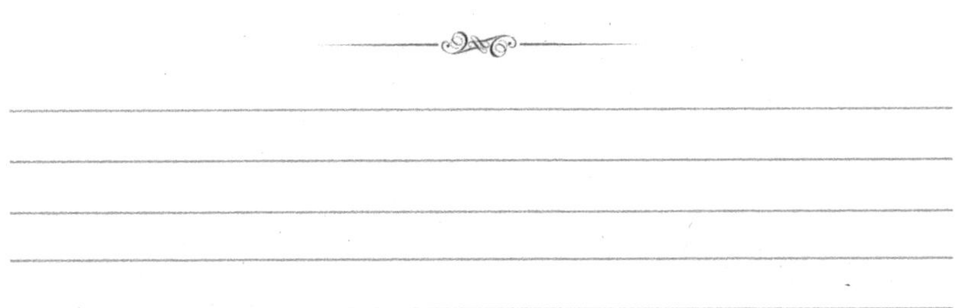

20. Mai

Für den Gläubigen, Demütigen und Wahren wird die oberste Vision des Vollkommenen offenbart.

Verwirkliche die vollkommene Güte des ewigen Christus.

Eine *gute Nachricht* ist diese Botschaft Jesu in der Tat, die dem Menschen seine göttlichen Möglichkeiten enthüllt, die im Wesentlichen zur sündenbehafteten Menschheit sagt: »Nimm dein Bett und wandle«; was wiederum dem Menschen mitteilt, dass er nicht länger eine Kreatur der Dunkelheit, Unwissenheit und Sünde bleiben muss, wenn er nur an das Gute glauben will, und aufpassen, streben und siegen muss, bis er in seinem Leben die Güte verwirklicht hat, die sündenfrei ist. Und wenn der Mensch solchermaßen glaubt und überwindet, hat er nicht nur die Anleitung zu jener vollkommenen Regel, die Jesus in seinen Geboten verkörperte, sondern er hat gleichfalls die innere Anleitung, den Geist der Wahrheit in seinem eigenen Herzen, »das Licht, das jeden Menschen erleuchtet, der auf die Welt kommt«, das, wenn er ihm folgt, unfehlbar Zeuge des göttlichen Ursprungs dieser Gebote ist.

21. Mai

Das Königreich des Himmels ist vollkommenes Vertrauen, vollkommenes Wissen, vollkommener Friede.

Dieses Königreich ist im Herzen eines jeden Mannes und einer jeden Frau.

Die Kinder des Königreichs *werden an ihrer Lebensführung erkannt.* Sie manifestieren die Früchte des Geistes – »Liebe, Freude, Frieden, Langmütigkeit, Freundlichkeit, Güte, Vertrauensseligkeit, Demut, Ausgeglichenheit, Selbstbeherrschung« – unter allen Umständen und Unbeständigkeiten. Sie sind völlig frei von Wut, Angst, Argwohn, Eifersucht, Launenhaftigkeit, Ärger und Kummer. Sie leben in der Rechtschaffenheit Gottes und verkörpern Eigenschaften, die das genaue Gegenteil derjenigen sind, welche die Welt vereinnahmen und die von der Welt als Dummheit erachtet werden. Sie verlangen keine Rechte; sie verteidigen sich nicht; sie üben keine Vergeltung aus; tun Gutes jenen, die versuchen, ihnen Leid anzutun; sie verkörpern denselben sanftmütigen Geist denjenigen gegenüber, die sich gegen sie stellen und sie angreifen, wie denjenigen gegenüber, die mit ihnen übereinstimmen; sie fällen kein Urteil über andere; verdammen keinen Menschen und kein System und leben in Frieden mit allen.

22. Mai

Finde das Königreich durch tägliche Bemühung und geduldige Arbeit.

Zahle den Preis ... die bedingungslose Aufgabe des Selbst.

Der Tempel der Rechtschaffenheit ist errichtet, und seine vier Wände sind die vier Prinzipien – Reinheit, Weisheit, Mitgefühl, Liebe. Friede ist sein Dach, sein Boden ist Standhaftigkeit, seine Eingangstür ist selbstlose Pflicht, seine Atmosphäre ist Inspiration, und seine Musik ist die Freude des Vollkommenen. Er kann nicht erschüttert werden, und da er ewig und unzerstörbar ist, besteht keine Notwendigkeit, Schutz dadurch zu suchen, dass sich um die Dinge von morgen gesorgt wird. Und ist das Königreich des Himmels im Herzen errichtet, ist es nicht mehr nötig, braucht man sich um die materiellen Bedürfnisse des Lebens nicht mehr zu kümmern, denn da man das Höchste erreicht hat, sind all diese Dinge als Auswirkung zur Ursache hinzugefügt; der Existenzkampf hat aufgehört, und die geistigen, mentalen und materiellen Bedürfnisse werden täglich vom universellen Überfluss zur Verfügung gestellt.

23. Mai

Alle Dinge sind jetzt möglich, und nur jetzt.

Der Mensch hat jetzt alle Macht.

Das Jetzt ist die Wirklichkeit, in der die Zeit enthalten ist. Es ist mehr und größer als die Zeit; es ist eine ewig präsente Wirklichkeit. Es kennt weder Vergangenheit noch Zukunft, und es ist ewig fähig und substanziell. Jede Minute, jeder Tag, jedes Jahr ist ein Traum, sobald verstrichen, und existiert nur als ein unvollkommenes und substanzloses Bild im Gedächtnis, wenn es nicht völlig ausgelöscht ist.

Vergangenheit und Zukunft sind lediglich Träume; das *Jetzt* ist eine Wirklichkeit. Alle Dinge sind jetzt; alle Macht, alle Möglichkeit, alle Handlung ist jetzt. Jetzt nicht zu handeln und zu vollbringen bedeutet, überhaupt nicht zu handeln und zu vollbringen. In Gedanken daran zu leben, was du vielleicht getan hättest, oder in Träumen von dem, was du tun wolltest, dies ist Torheit; aber Bedauern abzulegen, Erwartung zu verankern und *jetzt* zu tun und zu arbeiten, dies ist Weisheit.

24. Mai

Höre auf, jeden Seitenweg zu nehmen, der deine Seele ins Land der Schatten lockt.

Manifestiere deine angeborene und göttliche Stärke jetzt.

Der Mensch hat jetzt alle Macht; doch weil er es nicht weiß, sagt er: »Ich werde nächstes Jahr vollkommen sein, oder in so vielen Jahren, oder in so vielen Leben.« Der Bewohner des Königreichs Gottes, der nur im Jetzt lebt, sagt: »Ich bin jetzt vollkommen.« Und er enthält sich jetzt jeglicher Sünde und bewacht unermüdlich die Portale des Bewusstseins, schaut nicht nach der Vergangenheit noch nach der Zukunft, wendet sich nicht nach links oder rechts und bleibt solchermaßen ewig heilig und gesegnet. »Jetzt ist die angemessene Zeit; jetzt ist der Tag der Erlösung.« Sage dir selbst: »Ich werde mein Ideal jetzt leben; ich werde mein Ideal jetzt manifestieren; ich werde mein Ideal jetzt sein; und auf alles, was mich von meinem Ideal weglocken will, werde ich nicht hören; ich werde nur auf die Stimme meines Ideals hören.« Nach einem solchen Entschluss und einer solchen Tat wirst du das Höchste nicht loslassen und ewig die Wahrheit manifestieren.

25. Mai

Sei energisch. Habe nur ein Ziel. Erneuere deinen Entschluss täglich.

Lege alles Schwanken und allen Zweifel ab und übe die Lektionen der Weisheit mit grenzenlosem Vertrauen aus.

Weiche in der Stunde der Versuchung nicht vom rechten Pfad ab. Meide Aufregung. Wenn Leidenschaft erregt wird, widerstehe ihr und unterdrücke sie. Wenn der Geist abschweifen möchte, bringe ihn dorthin zurück, wo er bei höheren Dingen ruhen kann. Denke nicht: »Ich kann die Wahrheit vom Lehrer erhalten oder aus den Büchern.« Du kannst Wahrheit nur durch Ausüben erlangen. Der Lehrer und die Bücher können bloß Anweisungen erteilen; und du musst sie entsprechend anwenden. Nur jene, die getreulich die ihnen erteilten Regeln und Lektion ausüben und sich völlig auf ihre eigenen Bemühungen verlassen, werden erleuchtet werden. Die Wahrheit muss man sich verdienen. Lass dich nicht von fabelhaften Erscheinungen ablenken, oder suche keine Verbindung zu Geistern oder den Toten; sondern halte dich an die Tugend, die Weisheit und das Wissen vom obersten Gesetz durch die Ausübung der Wahrheit. Vertraue dem Lehrer; vertraue dem Gesetz; vertraue dem Pfad der Rechtschaffenheit.

26. Mai

Meide Übertreibungen. Die Wahrheit ist ausreichend.

Debattiere nicht über die Wahrheit, sondern lebe sie.

Sprich nur Worte, die wahrhaft und aufrichtig sind. Täusche weder durch Wort, Mimik oder Gestik. Meide Verleumdung, wie du eine tödliche Schlange meiden würdest, damit du nicht in ihre Schlingen gerätst. Derjenige, welcher übel von einem anderen spricht, kann den Weg zum Frieden nicht finden. Lege alle Zerstreuungen des müßigen Geschwätzes ab. Sprich nicht über die Privatangelegenheiten anderer, oder debattiere nicht über die Bräuche der Gesellschaft, oder kritisiere nicht herausragende Persönlichkeiten. Rekriminiere nicht oder klage andere nicht der Beleidigung an, sondern begegne allen Beleidigungen mit makelloser Lebensführung. Verdamme nicht jene, die nicht den rechten Pfad wandeln, sondern beschütze sie mit Mitgefühl und wandle selbst den Pfad. Lösche die Flamme des Ärgers mit dem reinen Wasser der Wahrheit. Sei zurückhaltend in deinen Worten und äußere keine groben, frivolen oder unanständigen Scherze und habe auch nicht daran teil. Würde und Respekt sind Kennzeichen von Reinheit und Weisheit.

27. Mai

Enthaltsamkeit, Nüchternheit und Selbstbeherrschung sind gut.

Derjenige reinen Geistes kann nicht denken: »Ich bin von einem anderen verletzt worden.« Er kennt keinen anderen Feind als sich selbst.

Erledige deine Pflicht mit äußerster Genauigkeit, lege alle Gedanken an eine Belohnung ab. Lass nicht zu, dass ein Gedanke an Vergnügen oder das Selbst dich von deiner Pflicht ablenkt. Mische dich nicht in die Pflichten anderer ein. Sei aufrecht in allen Dingen. Wende dich unter der allerschwersten Prüfung nicht vom Rechten ab, auch wenn dein Glück und dein Leben scheinbar auf dem Spiel stehen. Der Mensch mit unbezwingbarer Integrität ist unüberwindlich; er kann nicht in Verlegenheit gebracht werden, und er entkommt den schmerzhaften Labyrinthen des Zweifels und der Verwirrung. Wenn jemand dich verleumdet oder anklagt oder schlecht von dir spricht, bleibe still und selbstbeherrscht und strebe nach dem Verständnis dafür, dass der Übeltäter dich nur dann verletzen kann, wenn du zurückschlägst und dir gestattest, dich vom selben Zustand des Geistes davontragen zu lassen. Strebe auch danach, dem Übeltäter mit Mitgefühl zu begegnen, da du siehst, wie er sich selbst verletzt.

28. Mai

Steigere deine Menschenliebe, erweitere sie, bis das Selbst völlig in Freundlichkeit aufgegangen ist.

Sei stark, energisch, standhaft.

Hege keinen bösen Willen. Unterdrücke Ärger und überwinde Hass. Denke über alle, und handle gegenüber allen, mit derselben unabänderlichen Freundlichkeit und demselben Mitgefühl. Weiche nicht, auch unter den ernsthaftesten Prüfungen, der Bitterkeit oder Worten des Grolls; sondern begegne Ärger mit Gelassenheit, Spott mit Geduld und Hass mit Liebe. Sei nicht parteiisch, sondern ein Friedenstifter. Vergrößere nicht die Teilung zwischen Mensch und Mensch, oder befördere nicht Streit, indem du die Seite einer Partei gegen die andere ergreifst, sondern erweise gleiche Gerechtigkeit, gleiche Liebe, gleichen guten Willen allen gegenüber. Setze keine anderen Lehrer, anderen Religionen oder andere Denkschulen herab. Stelle keine Barrieren zwischen reich und arm, Arbeitgeber und Arbeitnehmer, Regierenden und Regierten, Herrn und Diener auf, sondern nimm eine gleiche Haltung gegenüber allen ein, da du ihre verschiedenen Pflichten erkennst. Indem du den Geist beständig beherrschst, Bitterkeit und Groll unterdrückst und danach strebst, standhafte Freundlichkeit zu erwerben, wird schließlich der Geist des guten Willens geboren.

29. Mai

Sei rechten Geistes, intelligent und hellsichtig.

Die Wahrheit ist, Es gibt kein Chaos.

Betrachte alle Dinge vernünftig. Prüfe alle Dinge. Sei eifrig bedacht, zu wissen und zu verstehen. Sei logisch in Gedanken. Sei konsequent im Denken. Sei konsequent im Wort und in der Tat. Richte den Suchscheinwerfer des Wissens auf den Zustand deines Geistes, um ihn zu vereinfachen und seine Irrtümer zu entfernen. Hinterfrage dich selbst mit suchender Gründlichkeit. Lass den Glauben, das Hörensagen und die Spekulation los und halte dich ans Wissen. Derjenige, welcher auf dem Wissen steht, das er sich durch die Praxis erworben hat, ist von einer untergründigen, jedoch liebenswürdigen Zuversicht erfüllt und in der Lage, das Wort der Wahrheit mit Macht zu sprechen. Bemeistere die Aufgabe der Unterscheidung. Lerne, zwischen Gut und Böse zu unterscheiden; die Tatsachen des Lebens wahrzunehmen und sie in ihrer Beziehung zueinander zu verstehen. Wecke den Geist, um die ordentliche Abfolge von Ursache und Auswirkung in allen Dingen zu erkennen, sowohl geistiger als auch materieller. Solchermaßen wird die Wertlosigkeit der Suche nach Vergnügungen und Sünde und die Großartigkeit und Freude eines Lebens von höchster Tugend und makelloser Reinheit offenbart.

30. Mai

Übe deinen Geist, das grosse Gesetz der Kausalität zu begreifen, welches unfehlbare Gerechtigkeit ist.

Finde keinen Platz für Hass, keinen Platz für das Selbst, keinen Platz für Leid.

Dann wirst du, nicht mit fleischlichen Augen, sondern mit dem reinen und einzigen Auge der Wahrheit sehen. Dann wirst du deine Natur verstehen – wahrnehmen, wie du dich als geistiges Wesen durch zahllose Zeitalter der Erfahrung entwickelt hast, wie du aufgestiegen bist durch eine ununterbrochene Reihe von Leben, von niedrig zu hoch und von hoch zu noch höher – wie die stets sich ändernden Neigungen des Geistes sich durch Gedanken und Tat aufgebaut haben –, wie deine Taten dich zu dem gemacht haben, was du bist. Wenn du solchermaßen deine eigene Natur verstehst, wirst du die Natur aller Wesen verstehen und stets Mitgefühl empfinden. Du wirst das große Gesetz verstehen, nicht nur universell und abstrakt, sondern auch in seiner jeweiligen Anwendung auf Einzelne. Dann wird das Selbst sein Ende gefunden haben. Es wird zerstreut sein wie eine Wolke, und nur noch die Wahrheit wird überall sein.

31. Mai

Sei selbstständig, aber lass deine Selbstständigkeit heilig sein und nicht selbstsüchtig.

Güte ist das Ziel aller Religionen.

Torheit und Weisheit, Schwäche und Stärke liegen in einem Menschen und sind keine äußeren Dinge, auch entspringen sie nicht einer äußeren Ursache. Ein Mensch kann nicht stark für einen anderen sein, er kann nur stark für sich selbst sein; er kann nicht für einen anderen überwinden, er kann nur sich selbst überwinden. Du kannst von einem anderen etwas lernen, musst es aber für dich selbst erreichen. Lege alles äußere Beiwerk beiseite und verlasse dich auf die Wahrheit in dir. Ein Glaubensbekenntnis kann einen Menschen in der Stunde der Versuchung nicht stützen; er muss über das innere Wissen verfügen, welches die Versuchung niederschlägt. Eine spekulative Philosophie wird sich in Zeiten des Unglücks als schattenhaftes Ding erweisen; ein Mensch muss die innere Weisheit besitzen, die allem Kummer ein Ende setzt.

Die unfehlbare Weisheit wird nur durch beständige Praxis im reinen Denken und Wohlverhalten gefunden, durch die Harmonisierung des Geistes und Herzens mit jenen Dingen, die schön, liebenswürdig und wahr sind.

JUNI

1. Juni

Der Ansporn für selbstaufopfernde Mühe wohnt nicht in irgendeiner Theorie über das Universum, sondern im Geist der Liebe und des Mitgefühls.

Diese schmerzlichen Konsequenzen aller Selbstsucht müssen angenommen und durchlebt werden.

Der Geist der Liebe verringert sich nicht, wenn ein Mensch begreift, dass vollkommene Gerechtigkeit in der geistigen Regierung der Welt herrscht; andererseits steigert sie und intensiviert sich, denn er weiß, dass Menschen leiden, *weil sie nicht verstehen,* weil sie in Unwissenheit umherirren. »Die im wohlhabenden Zustand« sind oftmals in größeres Leid verstrickt als die Armen und fahren wie andere ihre eigene gemischte Ernte aus Glück und Leiden ein. Diese Lehre der absoluten Gerechtigkeit ist für die Reichen nicht ermutigender als für die Armen, denn während sie den Reichen, die selbstsüchtig und unterdrückend sind oder ihren Reichtum missbrauchen, sagt, dass sie die Ergebnisse aller ihrer Taten ernten müssen, sagt sie auch den Leidenden und Unterdrückten, dass sie, während sie jetzt ernten, was sie früher gesät haben, bald, wenn sie die guten Samen der Reinheit, der Liebe und des Friedens säen, gewiss eine Ernte des Guten einfahren und sich so über ihr gegenwärtiges Weh erheben werden.

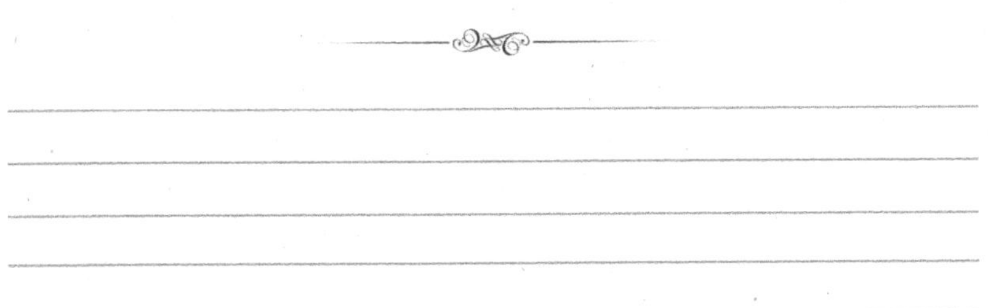

2. Juni

Der Mensch ist der Macher von Glück und Elend.

Jeder Mensch wird von seinen eigenen Gedanken begrenzt.

Feste Geisteshaltung bestimmt den Kurs der Lebensführung, und aus dem Kurs der Lebensführung resultieren jene Reaktionen, die *Glück* und *Unglück* genannt werden. Da dies so ist, folgt daraus, dass man, um den rückwirkenden Zustand zu ändern, den aktiven Gedanken ändern muss. Um Elend gegen Glück einzutauschen, ist es nötig, die feste Geisteshaltung, den gewohnheitsmäßigen Kurs der Lebensführung, die das Elend verursachen, umzukehren, und die umgekehrte Auswirkung wird in Geist und Leben auftauchen. Ein Mensch hat keine Macht, glücklich zu sein, während er selbstsüchtig denkt und handelt; er kann nicht unglücklich sein, während er selbstlos denkt und handelt. Worin auch immer die Ursache besteht, dort wird die Auswirkung auftreten. Der Mensch kann Auswirkungen nicht abschaffen, aber er kann die Ursachen ändern. Er kann seine Natur reinigen; er kann seinen Charakter neu formen. In Selbstüberwindung liegt große Macht; in der Änderung seines Selbst liegt große Freude.

3. Juni

Die Menschen leben in niedrigen oder hohen Sphären, je nach der Natur ihrer Gedanken.

Nimm Abstand davon, Gedanken zu hegen, die dunkel und hasserfüllt sind, und pflege Gedanken, die strahlend und schön sind.

Betrachte den Menschen, dessen Geist argwöhnisch, habgierig, neidisch ist. Wie klein, schäbig und trostlos erscheint ihm alles. Da er keine Größe in sich selbst besitzt, erkennt er nirgendwo Größe; da er sich selbst nicht kennt, ist er außerstande, Adel in irgendeinem Wesen zu sehen. Selbst sein Gott ist ein habgieriges Ding, das bestochen werden kann, und er schätzt alle Männer und Frauen als ebenso niedrig und selbstsüchtig ein wie sich selbst, sodass er in den höchsten Handlungen der Selbstlosigkeit nur Motive erkennt, die gemein und schäbig sind.

Betrachte hinwiederum den Menschen, dessen Geist arglos, großzügig, großherzig ist. Wie wunderbar und schön ist seine Welt. Er ist sich einer Art von Adel in allen Kreaturen und Wesen bewusst. Er sieht den Menschen als wahr, und ihm gegenüber sind sie wahr. In seiner Gegenwart vergessen die Gemeinsten ihre Natur, und sie werden für den Augenblick wie er selbst, erhaschen, wenn auch verwirrt, einen Blick in jene vorübergehende Erhöhung, auf eine höhere Ordnung der Dinge, auf ein unermesslich edleres und glücklicheres Leben.

4. Juni

Der kleingeistige Mensch und der grossherzige Mensch leben in zwei verschiedenen Welten, obwohl sie Nachbarn sind.

Menschen finden sich wie Schüler auf Niveaus oder in Klassen wieder, die ihrem Unwissen oder ihrem Wissen entsprechen.

Das Königreich des Himmels wird nicht durch Gewalt eingenommen, sondern derjenige, welcher sich seinen Prinzipien beugt, erhält das Passwort. Der Grobian bewegt sich in einer Gesellschaft von Grobianen; der Heilige ist einer aus einer auserwählten Bruderschaft, deren Gemeinschaft göttliche Musik ist. Alle Menschen sind Spiegel, die entsprechend ihrer eigenen Oberfläche widerspiegeln. Alle Menschen, die auf die Welt der Menschen und Dinge blicken, schauen in einen Spiegel, der ihnen ihr eigenes Spiegelbild zurückwirft.

Jeder Mensch bewegt sich im begrenzten oder ausgedehnten Kreis seiner eigenen Gedanken, und alles außerhalb dieses Kreises existiert für ihn nicht. Er weiß nur das, was er *geworden* ist. Je enger die Grenzen sind, desto überzeugter ist der Mensch, dass es keine weitere Grenze gibt, keinen anderen Kreis. Der Geringere kann den Größeren nicht enthalten, und derjenige hat kein Mittel, die größeren Geister zu verstehen; ein solches Wissen entsteht nur durch Wachstum.

5. Juni

Die Welt der Dinge ist die andere Hälfte der Welt der Gedanken.

Dinge folgen Gedanken. Ändere deine Gedanken, und die Dinge werden sich neu einstellen.

Das Innen prägt das Außen. Das Größere umfasst das Geringere. Materie ist das Gegenstück zum Geist. Ereignisse sind Gedankenströme. Umstände sind Kombinationen von Gedanken, und die äußeren Umstände und Handlungen anderer, in die jeder Mensch verwickelt ist, sind eng mit seinen eigenen geistigen Bedürfnissen und der eigenen geistigen Entwicklung verbunden. Der Mensch ist Teil seiner Umgebung. Er ist von seinen Mitmenschen nicht getrennt, sondern eng mit ihnen durch die jeweilige Nähe und Interaktion von Handlungen verbunden, ebenso wie durch jene grundlegenden Gesetze des Denkens, welche die Wurzeln der menschlichen Gesellschaft darstellen.

Er kann äußere Dinge nicht so ändern, dass sie zu seinen vorübergehenden Launen und Wünschen passen, aber er kann seine Launen und Wünsche ablegen; er kann auch seine Geisteshaltung zu äußeren Dingen ändern, sodass sie einen anderen Aspekt annehmen. Er kann das Verhalten der anderen ihm gegenüber nicht beeinflussen, aber er kann sein Verhalten ihnen gegenüber richtig gestalten.

6. Juni

Die Vervollkommnung der eigenen Handlungen ist die höchste Pflicht und das oberste Ziel des Menschen.

Äussere Dinge und Taten sind machtlos, dich zu verletzen.

Die Ursache für deine Fesseln liegt ebenso wie deine Befreiung davon im Innern. Die Verletzung, die du durch andere erleidest, ist der Abprall deiner eigenen Tat, der Reflex deiner eigenen Geisteshaltung. *Sie* sind die Instrumente, *du* bist die Ursache. Das Schicksal sind zur Reife gekommene Taten. Die Frucht des Lebens, sowohl bitter als auch süß, erhält jeder Mensch in gerechtem Ausmaß. Der rechtschaffene Mensch ist frei. Niemand kann ihn verletzen; niemand kann ihn vernichten; niemand kann ihn seines Friedens berauben. Seine Haltung den Menschen gegenüber, geboren aus Verständnis, entwaffnet ihre Macht, ihn zu verwunden. Jede Verletzung, die sie ihm zuzufügen versuchen, kehrt zu ihnen selbst zurück und verletzt sie, sodass er unverletzt und unberührt bleibt. Das Gute, das von ihm ausgeht, ist seine ewige Quelle des Glücks, seine ewige Quelle der Kraft. Ihre Wurzel ist Abgeklärtheit, ihre Blume ist Freude.

7. Juni

Der Mensch ist der wichtigste Faktor.

Derjenige, welcher sich über seine Umstände beklagt, ist noch kein Mensch geworden.

Ein Mensch bildet sich ein, dass er große Dinge tun kann, wenn er nicht von den Umständen daran gehindert würde – mangelnde Geldmittel, mangelnde Zeit, mangelnder Einfluss und mangelnde Freiheit von Familienbanden. In Wirklichkeit wird der Mensch überhaupt nicht von diesen Dingen behindert. Er schreibt ihnen im Geiste eine Macht zu, die sie nicht haben, und er unterwirft sich nicht ihnen, sondern seiner Meinung über sie, nämlich einem schwachen Element in seiner Natur. Der echte »Mangel«, der ihn behindert, ist der *Mangel an rechter Geisteshaltung*. Wenn er seine Umstände als Ansporn für seine Ressourcen betrachtet, wenn er erkennt, dass seine sogenannten »Rückschläge« eben jene Stufen sind, über die er erfolgreich zu seinem Ziel emporsteigen muss, dann weckt die Notwendigkeit seine Erfindungskraft, und die »Hindernisse« werden in *Hilfsmittel* umgewandelt.

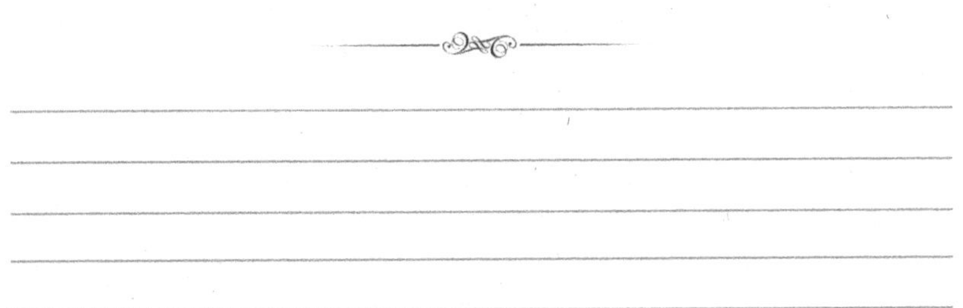

8. Juni

Nichts kann uns daran hindern, die Ziele unseres Lebens zu erreichen.

Derjenige ist der gute Mensch, dessen Gewohnheiten des Denkens und Handelns gut sind.

Die Macht des Menschen besteht aus Unterscheidung und Wahl. Der Mensch erschafft nicht ein Jota des universellen Zustands oder der universellen Gesetze; sie sind das wesentliche Prinzip der Dinge, und sie werden weder gemacht noch beseitigt. Er entdeckt sie, macht sie nicht. Sie nicht zu kennen ist mit die Wurzel des Schmerzes in der Welt. Sie zu leugnen ist Dummheit und Fessel. Wer ist der freiere Mensch, der Dieb, der die Gesetze seines Landes leugnet, oder der ehrbare Bürger, der ihnen gehorcht? Wer wiederum ist der freiere Mensch, der Narr, der glaubt, er könne leben, wie es ihm gefällt, oder der Weise, der es vorzieht, nur das zu tun, was rechtens ist?

Der Mensch ist, in der Natur der Dinge, ein Gewohnheitstier, und das kann er nicht ändern; aber er kann seine Gewohnheiten ändern. Er kann das Gesetz seiner Natur nicht ändern, aber er kann seine Natur an das Gesetz anpassen.

9. Juni

Er wird Herr des Niederen, weil er sich dem Dienst am Höheren verschreibt.

Gewohnheit ist Wiederholung. Fähigkeit ist gefestigte Gewohnheit.

Der Mensch wiederholt dieselben Gedanken, dieselben Handlungen, dieselben Erfahrung immer wieder, bis sie in sein Wesen eingegangen sind, bis sie in seinen Charakter als Teil seiner selbst eingebaut worden sind. Fähigkeit ist gefestigte Gewohnheit. Evolution ist geistige Anhäufung. Der Mensch heute ist das Ergebnis von Millionen von wiederholten Gedanken und Handlungen. Er ist nicht fix und fertig gemacht, er wird und wird immer noch. Sein Charakter ist durch seine eigene Wahl vorherbestimmt. Der Gedanke, die Tat, die er wählt, das wird er durch Gewohnheit.

Solchermaßen ist jeder Mensch eine Anhäufung von Gedanken und Taten. Die Charakteristika, die er instinktiv und ohne Anstrengung manifestiert, sind Gedankengänge und Handlungen, die durch lange Wiederholung automatisch erfolgen; denn es ist die Natur der Gewohnheit, schließlich unbewusst zu werden, sich sozusagen selbst ohne offensichtliche Wahl oder Mühe seitens ihres Besitzers zu wiederholen; und nach angemessener Zeit vereinnahmt sie den Einzelnen so völlig, dass er scheinbar machtlos ist, ihr entgegenzuwirken.

10. Juni

Durch Gedanken fesselt der Mensch sich selbst.

Eine veränderte Geisteshaltung verändert den Charakter, die Gewohnheiten, das Leben.

Es stimmt, dass der Mensch das Instrument geistiger Kräfte ist – oder, genauer gesagt, er ist jene Kräfte –, aber sie sind nicht blind, und er kann sie steuern und sie in neue Kanäle umlenken. Mit einem Wort, er kann sich selbst in die Hand nehmen und seine Gewohnheit neu aufbauen; denn obwohl es auch stimmt, dass er mit einem gegebenen Charakter geboren wurde, ist dieser Charakter das Ergebnis zahlloser Leben, während derer er langsam durch Wahl und Bemühen aufgebaut wurde, und in diesem Leben wird er durch neue Erfahrungen beträchtlich verändert.

Wie scheinbar hilflos ein Mensch unter der Tyrannei einer schlechten Gewohnheit oder eines schlechten Charakters geworden ist – und sie sind im Wesentlichen dasselbe –, er kann, solange er gesund bleibt, sich davon losreißen und frei werden.

11. Juni

Der Leib ist das Abbild des Geistes.

Geistige Harmonie oder moralische Gesundheit sorgt für leibliche Gesundheit.

Jemand, der leiblich leidet, wird nicht unbedingt sofort geheilt werden, wenn er anfängt, seinen Geist nach moralischen und harmonischen Prinzipien zu formen; tatsächlich mag der krankhafte Zustand, während der Leib in eine Krise gerät und die Auswirkungen früherer Dissonanzen abwirft, scheinbar stärker werden. Wie ein Mensch nicht sogleich den vollkommenen Frieden gewinnt, wenn er den Pfad der Rechtschaffenheit betritt, sondern, außer in seltenen Ausnahmen, durch eine schmerzhafte Periode der Anpassung hindurchmuss; genauso wenig erringt er, mit denselben seltenen Ausnahmen, sogleich vollkommene Gesundheit. Sowohl für leibliche als auch für geistige Neueinstellung ist Zeit erforderlich, und selbst wenn Gesundheit nicht erreicht wird, so nähert man sich ihr doch. Wenn der Geist robust beschaffen ist, nimmt der leibliche Zustand einen zweitrangigen und unterordneten Platz ein und wird nicht länger mehr jene primäre Bedeutung haben, die ihm so viele zuteilwerden lassen.

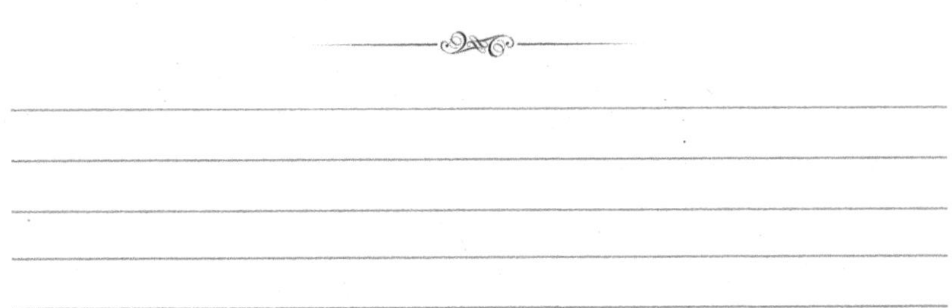

12. Juni

Greife nach dem Verständnis des Unendlichen.

Der gemeinsame Boden des Glaubens – Wurzel und Ursprung aller Religion – ist das Herz der Liebe!

Während er sich vergebens einbildet, dass die Freuden der Erde wirklich und befriedigend sind, erinnern ihn Schmerz und Kummer beständig an deren unwirkliche und unbefriedigende Natur. In seinem ständigen Bestreben, daran zu glauben, dass völlige Befriedigung in materiellen Dingen zu finden ist, ist er sich einer inneren und beharrlichen Revolte gegen diesen Glauben bewusst, einer Revolte, die zugleich eine Widerlegung seiner wesenhaften Sterblichkeit sowie ein inhärenter und unvergänglicher Beweis dafür ist, dass er nur im Unsterblichen, Ewigen, Unendlichen bleibende Befriedigung und ungebrochenen Frieden finden kann.

Der Mensch ist vom Wesen und Geist her göttlich und ewig, und er strebt, eingetaucht in Sterblichkeit und verstörter Unrast, danach, in ein Bewusstsein seiner wahren Natur einzutreten.

13. Juni

Die ruhevolle Wirklichkeit des ewigen Herzens.

Mit dem Unendlichen eins zu werden ist das Ziel des Menschen.

Der Geist des Menschen ist untrennbar vom Unendlichen und kann mit weniger als dem Unendlichen nicht zufrieden sein, und die Last des Schmerzes wird weiterhin das Herz des Menschen beschweren, und die Schatten des Kummers werden seinen Weg verdunkeln, bis er, indem er seine Wanderungen in der Traumwelt der Materie einstellt, zurückkehrt in seine Heimat in der Wirklichkeit des Ewigen.

Wie der kleinste, im Ozean gelöste Wassertropfen sämtliche Eigenschaften des Ozeans enthält, so enthält der Mensch, bewusst losgelöst vom Unendlichen, in sich dessen Ähnlichkeit, und wie der Wassertropfen aufgrund seines natürlichen Gesetzes schließlich seinen Weg zurück zum Ozean finden und sich selbst in dessen lautlosen Tiefen verlieren muss, so muss der Mensch, aufgrund des unfehlbaren Gesetzes seiner Natur, am Ende zu seinem Ursprung zurückkehren und sich im Herzen des Unendlichen verlieren.

14. Juni

In die vollkommene Harmonie mit dem ewigen Gesetz einzugehen ist Weisheit, Liebe und Frieden.

Liebe ist universell, das Höchste und völlig genügend. Dies ist die Verwirklichung selbstloser Liebe.

Dieser göttliche Zustand ist, und muss es immer sein, dem bloß Persönlichen unbegreiflich. Persönlichkeit, Getrenntheit, Selbstsucht sind ein und dasselbe, und sie sind das Gegenteil von Weisheit und Göttlichkeit. Durch die bedingungslose Aufgabe der Persönlichkeit verschwinden Getrenntheit und Selbstsucht, und der Mensch nimmt sein göttliches Erbe der Unsterblichkeit und Unendlichkeit in Besitz.

Der weltliche und egoistische Geist sieht in einer solchen Aufgabe der Persönlichkeit das schmerzlichste aller Unglücke, den unersetzlichsten Verlust, dennoch ist sie eine der höchsten und unvergleichlichsten Segnungen, der einzig wirkliche und dauerhafte Gewinn. Das unaufgeklärte Bewusstsein von den inneren Gesetzen des Seins, der Natur und des Schicksals seines eigenen Lebens klammert sich an das flüchtige Erscheinungsbild, an Dinge, die in sich keine dauerhafte Substanz haben, und dadurch, dass es sich so daran klammert, findet es einstweilen sein Verderben inmitten der zerbrochenen Trümmer seiner eigenen Illusionen.

15. Juni

Wenn die Seele eines Menschen durch Selbstsucht in jeder Form umwölkt ist, verliert er die Macht der spirituellen Unterscheidung und bringt das Flüchtige mit dem Ewigen durcheinander.

Das Vergängliche im Universum kann niemals dauerhaft werden; das Dauerhafte kann niemals vergehen.

Die Menschen klammern sich an das Fleisch und befriedigen es, als ob es ewig dauern würde, und obwohl sie versuchen, die Nähe und Unvermeidlichkeit seiner Auflösung zu vergessen, trübt die Furcht vor dem Tod und dem Verlust all dessen, woran sie sich klammern, ihre glücklichsten Stunden, und der unheimliche Schatten ihres eigenen Egoismus verfolgt sie wie ein unerbittliches Gespenst.

Mit der Anhäufung flüchtiger Annehmlichkeiten und Luxusgüter wird die Göttlichkeit im Menschen betäubt, und sie sinken immer tiefer ins Materielle, in das verderbliche Leben der Sinne, und wo es genügend Intellekt gibt, werden Theorien über die Unsterblichkeit des Fleischs als unfehlbare Wahrheiten angesehen.

16. Juni

Der Mensch kann das Fleisch nicht unsterblich machen.

Nur durch die Verwirklichung des göttlichen Zustands des Bewusstseins tritt der Mensch in die Unsterblichkeit ein.

Alle Natur in ihren Myriaden von Gestalten ist veränderlich, vorübergehend, unbeständig. Nur das formende Prinzip der Natur ist beständig. Die Natur ist vielfältig, und ihr Merkmal ist Trennung. Das formende Prinzip ist Eins, und sein Merkmal ist Einheit. Durch die Überwindung der Sinne und der inneren Selbstsucht, was die Überwindung der Natur bedeutet, tritt der Mensch aus dem Kokon des Persönlichen und Illusionären heraus und schwingt sich in das prächtige Licht des Unpersönlichen, die Region der universellen Wahrheit, aus der alle vergänglichen Gestalten kommen.

Lass die Menschen daher Selbstverleugnung praktizieren; lass sie ihre animalischen Neigungen besiegen; lass sie dann sich weigern, sich durch Luxus und Vergnügungen versklaven zu lassen; lass sie dann Tugend praktizieren und täglich in immer höhere Tugend hineinwachsen, bis sie schließlich ins Göttliche hineinwachsen und sowohl in die Ausübung als auch das Verständnis von Bescheidenheit, Demut, Vergebung, Mitgefühl und Liebe eintreten, deren Ausübung und Verständnis das Göttliche ausmacht.

17. Juni

Nur dies ist wahrer Dienst – sich selbst vergessen aus Liebe zu allen.

Nur das Werk, das unpersönlich ist, kann leben.

Wer auch immer unermüdlich gegen seine eigene Selbstsucht ankämpft und danach strebt, sie durch alles umfassende Liebe zu ersetzen, ist ein Heiliger, ob er in einer Hütte lebt oder inmitten von Reichtum und Einfluss; ob er predigt oder im Verborgenen bleibt.

Für das Weltkind, das anfängt, sich nach höheren Dingen zu sehnen, ist der Heilige, wie zum Beispiel ein liebevoller Franz von Assisi oder ein erobernder Antonius, ein prächtiges und inspirierendes Spektakel; für den Heiligen ist ein gleichermaßen entzückender Anblick der des Weisen, der heiter und heilig dasitzt, ein Bezwinger von Sünde und Kummer, nicht mehr gepeinigt von Reue und Bedauern, und den sogar die Versuchung niemals erreicht; und dennoch, sogar der Weise wird angezogen von einer noch prächtigeren Vision, der des Erlösers, der aktiv sein Wissen in selbstlosen Werken manifestiert und seine Göttlichkeit mächtiger für das Gute einsetzt, indem er sich in das pochende, trauernde, strebende Herz der Menschheit versenkt.

18. Juni

Wo Pflichten, wie bescheiden sie auch sein mögen, ohne Selbstinteresse erfüllt werden und mit einem fröhlichen Opfer, dort ist wahrer Dienst und dauerndes Werk.

Ein reines Herz ist das Ende aller Religion und der Anfang der Göttlichkeit.

Es ist der Welt gegeben, dass sie eine große und göttliche Lektion lernen muss, die Lektion der absoluten Selbstlosigkeit. Die Heiligen, Weisen und Erlöser aller Zeiten sind diejenigen, die sich selbst dieser Aufgabe gewidmet und sie gelernt und gelebt haben. Sämtliche Schriften der Welt sind dazu gedacht, diese eine Lektion zu lehren; sämtliche großen Lehrer erzählen sie weiter. Sie ist zu einfach für die Welt, die sie geringschätzt und daher auf den komplizierten Wegen der Selbstsucht dahinstolpert.

Die Suche nach dieser Rechtschaffenheit beginnt auf dem Weg der Wahrheit und des Friedens, und derjenige, welcher diesen Weg betritt, wird bald diese Unsterblichkeit entdecken, die unabhängig von Geburt und Tod ist, und er wird begreifen, dass in der göttlichen Ökonomie des Universums die bescheidenste Anstrengung nicht verloren ist. Die Welt wird ihre lange Reise nicht eher beendet haben, bevor jede Seele eine wie diese geworden und in die gesegnete Verwirklichung ihrer eigenen Göttlichkeit eingetreten ist.

19. Juni

Im äusserlichen Universum gibt es unablässig Aufruhr, Veränderung und Unrast, im Herzen aller Dinge gibt es ungestörte Ruhe; in diesem tiefen Schweigen weilt das Ewige.

Werdet wie die Kinder.

Wie es lautlose Tiefen im Ozean gibt, die der wildeste Sturm nicht erreichen kann, so gibt es lautlose, heilige Tiefen im Herzen des Menschen, die die Stürme von Sünde und Leid niemals aufrühren können. Diese Stille zu erreichen und bewusst in ihr zu leben bedeutet Frieden. Uneinigkeit blüht in der äußeren Welt, aber ungebrochene Harmonie herrscht im Herzen des Universums. Die menschliche Seele, zerrissen von misstönender Leidenschaft und Trauer, greift blindlings nach der Harmonie des sündenfreien Zustands, und diesen Zustand zu erreichen und bewusst darin zu leben bedeutet Frieden. Wende dich eine Weile lang von äußeren Dingen ab, von den Vergnügungen der Sinne, von den Streitereien des Intellekts, vom Lärm und der Aufregung der Welt, und ziehe dich in die innerste Kammer deines Herzens zurück, und dort, frei vom frevelhaften Eindringen aller selbstsüchtigen Wünsche, wirst du eine tiefe Stille finden, eine heilige Gelassenheit, eine gesegnete Ruhe, und wenn du eine Weile an jenem heiligen Ort rastest und dort meditierst, wird sich das makellose Auge der Wahrheit in dir öffnen, und du wirst die Dinge sehen, wie sie wirklich sind.

20. Juni

Hass trennt menschliches Leben, fördert Verfolgung und schleudert die Nationen in gnadenlosen Krieg.

Dieser innere Frieden, dieses Schweigen, diese Harmonie, diese Liebe ist das Königreich des Himmels.

Die Menschen schreien: Friede! Friede, wo kein Friede herrscht, sondern, im Gegenteil, Zwietracht, Unruhe und Streit. Abgesehen von dieser Weisheit, die untrennbar von Selbstentäußerung ist, kann es keinen echten und dauernden Frieden geben.

Der Friede, der aus gesellschaftlicher Behaglichkeit, vorübergehenden Belohnungen oder weltlichen Siegen herrührt, ist flüchtig in seiner Natur und wird in der Hitze feuriger Prüfungen verbrannt. Nur der Friede des Himmels überdauert alle Prüfungen, und nur die Selbstlosen können den himmlischen Frieden kennen.

Heiligkeit allein ist unsterblicher Friede. Selbstbeherrschung führt dorthin, und das stetig heller werdende Licht der Weisheit lenkt den Pilger auf seinem Weg. Du wirst in gewissem Maß ihrer teilhaftig, sobald du den Pfad der Tugend betrittst, sie wird jedoch in ihrer Fülle nur dann verwirklicht, wenn das Selbst im Vollzug eines makellosen Lebens verschwindet.

21. Juni

Erkenne das Licht, das niemals erlischt!

Der heilige Ort in dir ist dein wirkliches und ewiges Selbst: Er ist das Göttliche in dir.

Wenn du, o Leser, die Freude erkennen würdest, die niemals endet, und die Ruhe, die nicht gestört werden kann; wenn du deine Sünden, deinen Kummer, deine Ängste und Verwirrungen auf immer hinter die lassen kannst; wenn du, sage ich, an dieser Erlösung teilhaftig werden willst, diesem allerhöchsten prachtvollen Leben, dann besiege dich selbst. Bringe jeden Gedanken, jeden Impuls, jeden Wunsch in vollkommenen Gehorsam zu der göttlichen Macht in dir. Es gibt keinen anderen Weg zum Frieden außer diesem, und wenn du dich weigerst, ihn zu gehen, wird dein vieles Beten und deine strikte Befolgung des Rituals fruchtlos und vergeblich sein, und weder Götter noch Engel können dir helfen. Nur dem, der sich überwindet, wird der weiße Stein des wiedergeborenen Lebens gegeben, auf dem der neue und unaussprechliche Name geschrieben steht.

22. Juni

Spirituelle Prinzipien lassen sich nur nach langer Disziplin in der Beschäftigung und Ausübung von Tugend erlangen.

Die Ausübung sogar in den gewöhnlichsten Dingen der Welt geht einer Kenntnis voraus, und in spirituellen Dingen, im Führen des höheren Lebens, gilt dieses Gesetz unerbittlich.

Der Schulmeister versucht niemals, seinen Schülern zu Beginn die abstrakten Prinzipien der Mathematik beizubringen; er weiß, dass eine solche Lehrmethode fruchtlos und das Lernen unmöglich wäre. Er legt ihnen zunächst eine einfache Additionsaufgabe vor und überlässt es ihnen, sie zu lösen, nachdem er sie ihnen erklärt hat. Wenn sie nach wiederholten Fehlschlägen und immer neuen Bemühungen die Aufgabe erfolgreich gelöst haben, wird ihnen eine schwierigere gestellt und dann eine weitere und noch eine; und erst wenn die Schüler, durch viele Jahre fleißiger Anwendung, alle Lektionen in Arithmetik gemeistert haben, versucht er, ihnen die zugrunde liegenden mathematischen Prinzipien zu eröffnen.

23. Juni

Die Wahrheit lässt sich nur durch tägliches und stündliches Befolgen der Lektionen von Tugend erreichen.

Ungebrochen vom Fehlschlag und stärker gemacht durch Schwierigkeiten.

In einem ordentlich geführten Haus wird dem Kind zu Beginn gelehrt, zu gehorchen und sich unter allen Umständen angemessen zu verhalten. Dem Kind wird nicht einmal gesagt, warum es dies tun muss, sondern ihm wird befohlen, es zu tun, und erst, nachdem es einigermaßen Erfolg darin hatte, das zu tun, was richtig und angemessen ist, wird ihm gesagt, warum es dies tun soll. Kein Vater würde versuchen, seinem Kind die Prinzipien der Ethik beizubringen, bevor er von ihm die Ausübung kindlicher Pflicht und sozialer Tugend verlangen würde.

Tugend lässt sich nur durch das *Tun* erfahren, und das Wissen um die Wahrheit kann nur dadurch erreicht werden, dass man sich selbst in der Ausübung der Tugend vervollkommnet, und in der Ausübung und dem Erwerb von Tugend vollkommen zu werden bedeutet, das Wissen um die Wahrheit zu vervollständigen.

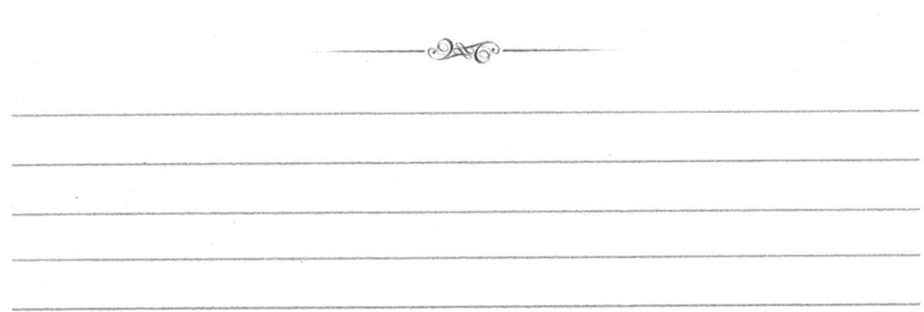

24. Juni

Das Gesetz, welches uns bestraft, ist das Gesetz, welches uns bewahrt.

Die Wurzel des Erfolges liegt im Charakter.

Wo Liebe ist, ist Gott, und wo die Güte lebt,
Dort Christus weilt; und wer nun täglich strebt,
den Geist, um Selbst und Selbstsucht bald zu überwinden,
Zur Wahrheit, Reinheit, formt, der wird gewisslich finden
In seinem tiefsten Herzen seines Herren Sein.
Gott ist nun eins mit ihm, nun ist er nicht allein;
Wer sich besiegt, und wer sein Leben allezeit
Göttlich und heilig macht, verbannt den Streit,
Weit von sich wirft, lässt Hass und Ärger sterben,
Fleischliche Lust und Gier und Stolz, die nur verderben
Gott und das Göttliche; groß soll sein Friede sein,
Glücklich ist der, auf ewig wird der sich befrei'n
Von Schmerz und Leid, der Sünde überwindet.
Im reinen Herzen Gott die Wohnstatt findet.
Nur wer den Pfad zum Guten geht, ist frei von Sorgen,
Und hat das Leben, das »mit Christus ist in Gott verborgen.«
(Kolosser 3,3)

25. Juni

Stimuliere den Geist zu Wachsamkeit und Reflexion.

Das Herz muss von sinnlichen und geschmacklichen Gelüsten gereinigt werden.

Man wird erkennen, dass der erste Schritt in der Disziplinierung des Geistes darin besteht, den Müßiggang zu überwinden. Dies ist der leichteste Schritt, und erst wenn er vollkommen getan ist, können die anderen Schritte erfolgen. Das Festhalten am Müßiggang stellt eine vollständige Barriere zum Pfad der Wahrheit dar. Müßiggang besteht darin, dem Leib mehr Bequemlichkeit und Schlaf zu gönnen als erforderlich, sich vor jenen Dingen zu drücken, sie hinauszuschieben und zu vernachlässigen, die eigentlich sofortige Aufmerksamkeit verlangen. Diese Zustände der Trägheit müssen dadurch überwunden werden, dass der Leib zu einer frühen Stunde aufstehen muss und ihm nur gerade so viel Schlaf gegönnt wird, wie er zur vollständigen Erholung benötigt, zudem dadurch, dass jede Aufgabe und Pflicht sofort und tatkräftig erledigt wird, gleich, wie gering sie ist.

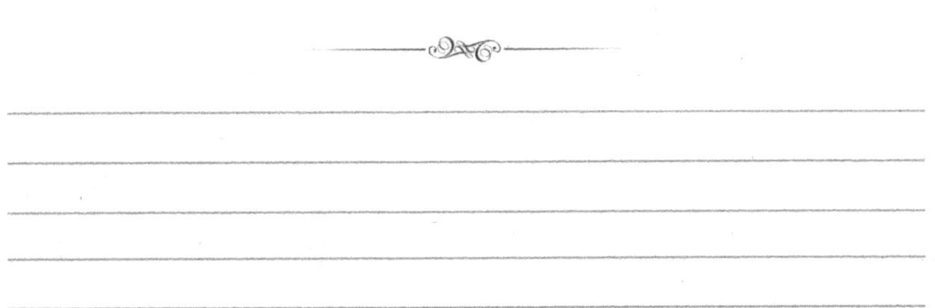

26. Juni

Ein lustloser Geist könnte keinerlei Erfolg erringen.

Ohne Anstrengung lässt sich nichts erreichen.

Erfolg hat seine Wurzel in einem subtilen geistigen Grübeln entlang einer gegebenen Route. Er lebt von einem individuellen Charakteristikum, oder einer Kombination von Charakteristika, und nicht von einem bestimmten Umstand oder einer Anzahl von Umständen. Die Umstände, das stimmt, tauchen auf und bilden einen Teil des Erfolges, aber sie wären nutzlos ohne den Geist, der sie durchdringen und nutzen kann.

An der Wurzel jeden Erfolges steht eine Form von gut gelenkter, sparsam eingesetzter Energie. Der Geist hat beharrlich über einem Projekt gebrütet. Erfolg ist wie eine Blume: Sie erscheint mehr oder minder plötzlich, aber sie ist das vollendete Produkt einer langen Reihe von Bemühungen, von vorbereitenden Stadien. Menschen sehen den Erfolg, aber die Vorbereitungen dafür, die zahllosen geistigen Prozesse, die zu ihm führten, sind ihnen verborgen.

27. Juni

Um die höheren Formen des Erfolgs zu erreichen, muss ein Mensch Besorgnis, Eile und Aufgeregtheit aufgeben.

Verwandle die Energie, die erschöpft und niederreisst, in jene tiefere und weniger hinderliche Art, die bewahrt und aufbaut.

Beharrlich auf einem gegebenen Weg voranschreiten führt sicher zu einem Ziel, das eindeutig mit diesem Weg in Verbindung steht. Häufig zur Seite treten oder umkehren wird den Erfolg zunichtemachen; kein Ziel wird erreicht; der Erfolg bleibt in weiter Ferne.

Anstrengung, und noch mehr Anstrengung, und dann wiederum Anstrengung ist der Schlüsselbegriff zum Erfolg. Wie es in der einfachen alten Redensart heißt:

Wenn du zuerst keinen Erfolg hast, probier's noch einmal.

Alle Gebote der erfolgreichen Geschäftsleute sind Gebote des *Tuns;* alle Gebote der weisen Lehrer sind Gebote des *Tuns*. Aufhören, etwas zu tun, bedeutet aufhören, in der Ökonomie des Lebens irgendwie von Nutzen zu sein. Tun bedeutet Mühe, Anstrengung.

28. Juni

Die schweigsamen, stillen Menschen werden eine dauerhaftere Form des Erfolgs manifestieren als jene, die lärmend und rastlos sind.

Die Wurzel des Erfolges liegt im Charakter.

Wenn ein Mensch eine Kupfermünze gegen eine Silbermünze tauscht und eine Silbermünze gegen eine Goldmünze, so gibt er dadurch nicht die Verwendung von Geld auf; er tauscht eine schwere Masse gegen eine, die leichter und kleiner ist, jedoch wertvoller. Wenn also ein Mensch Eile gegen Bedächtigkeit tauscht und Bedächtigkeit gegen Gelassenheit, gibt er nicht die Anstrengung auf, er tauscht lediglich eine diffusive und mehr oder minder ineffektive Energie gegen eine konzentriertere, effektive und wertvolle Form ein.

Dennoch sind anfangs selbst die gröbsten Formen der Anstrengung nötig, denn ohne sie lassen sich die höheren Formen nicht erreichen. Das Kind muss krabbeln, bevor es gehen kann; es muss plappern, bevor es sprechen kann; es muss reden, bevor es komponieren kann. Der Mensch beginnt in Schwäche und endet in Stärke, aber vom Anfang zum Ende schreitet er durch die Anstrengungen fort, die er unternimmt, durch die Mühen, die er einsetzt.

29. Juni

Das Gesetz, welches uns bestraft, ist das Gesetz, welches uns bewahrt.

Der Wunsch, das Vollkommene auf das Unvollkommene herunterzuholen, ist die Höhe der Dummheit, aber danach zu streben, das Unvollkommene zum Vollkommenen hinaufzubringen, ist die Höhe der Weisheit.

Wenn Menschen in ihrer Unwissenheit sich selbst vernichten, würde das Gesetz seinen ewigen Arm in liebevollem, wenn auch manchmal schmerzhaftem Schutz um uns legen. Jeder Schmerz, den wir erleiden, bringt uns dem Wissen der göttlichen Weisheit näher. Jeder Segen, den wir genießen, spricht zu uns von der Vollkommenheit des großen Gesetzes und von der Fülle des Segens, der dem Menschen gehören soll, wenn er sein Erbe des göttlichen Wissens antritt. Wir schreiten voran durch Lernen, und wir lernen bis zu einem gewissen Punkt durch Leiden. Wenn das Herz durch Liebe milde geworden ist, wird das Gesetz der Liebe in all seiner wunderbaren Freundlichkeit wahrgenommen, wenn Weisheit erworben wurde, ist der Friede gewiss.

Wir können das Gesetz der Dinge nicht ändern, welches von untergründiger Vollkommenheit ist, aber wir können uns selbst so ändern, dass wir immer mehr von jener Vollkommenheit verstehen und seine Großartigkeit uns zu eigen machen.

30. Juni

Seher des Kosmos trauern nicht um den Plan der Dinge.

Es wahrzunehmen, ist die glückselige Vision; es zu wissen, ist die Glückseligkeit.

Sie sehen das Universum als vollkommenes Ganzes und nicht als unvollkommenes Gewirr aus Teilen. Die großen Lehrer sind Männer beständiger Freude und himmlischen Friedens.

Der blinde Gefangene unheiligen Begehrens mag ausrufen:

Ah, Liebe, verschwören wir uns, er, du und ich,
gegen den Plan der Dinge, elendiglich.
Zerschmettern wir ihn und formen ihn neu,
Nach Herzens Begehr, nur für dich und für mich.

Dies ist der Wunsch des Lüstlings, der Wunsch, unrechtmäßige Vergnügungen bis hin zu jedem Ausmaß zu genießen und keine schmerzlichen Konsequenzen zu ernten. Solche Menschen betrachten das Universum als »elendiglichen Plan der Dinge«. Sie wollen, dass sich das Universum ihrem Willen und Begehr beugt; sie möchten Gesetzlosigkeit, nicht Gesetz; aber der Weise beugt seinen Willen und unterwirft seine Wünsche der göttlichen Ordnung, und er sieht das Universum als prächtiges Ganzes aus einer unendlichen Zahl von Teilen.

JULI

1. Juli

Weisheit ist das Ziel jeder Philosophie.

Kannst du eine zerbrochene Vase dadurch wieder zusammenfügen, dass du darüber weinst?

In welchem Zustand sich ein Mensch auch befindet, er kann immer das Wahre finden; und er kann es nur finden, wenn er seinen gegenwärtigen Zustand dazu nutzt, stark und weise zu werden. Das verweichlichte Verlangen nach Belohnungen und die feige Angst vor Bestrafung, lege beides auf immer ab, und ein Mensch soll sich frohgemut der getreulichen Ausführung aller seiner Pflichten beugen, sich selbst und seine wertlosen Vergnügungen vergessen und stark, rein und eigenständig leben; so wird er gewiss die unfehlbare Weisheit, die gottgleiche Geduld und Stärke finden. »Die Situation, die nicht ihre Pflicht hat, ihr Ideal, ist noch nie vom Menschen eingenommen worden« (Thomas Carlyle). Alles, was schön und gesegnet ist, ist in dir selbst, nicht im Wohlstand des Nachbarn. Du bist arm. Du bist in der Tat arm, wenn du nicht stärker als deine Armut bist! Dir ist Unheil widerfahren? Nun, willst du dieses Unheil dadurch heilen, dass du Furcht hinzufügst? Es gibt nichts Böses, denn es wird verschwinden, wenn du ihm weise entgegentrittst.

2. Juli

Die Macht der Demut!

Demut ist eine göttliche Eigenschaft und als solche allmächtig.

Der Mensch, der einen anderen durch Gewalt besiegt, ist stark; der Mensch, der sich selbst durch Demut besiegt, ist mächtig. Derjenige, welcher einen anderen durch Gewalt besiegt, wird gleichermaßen selbst ähnlich besiegt; derjenige, welcher sich selbst durch Demut besiegt, wird nie gestürzt, denn der Mensch kann das Göttliche nicht überwinden. Der Demütige triumphiert in der Niederlage. Sokrates lebt umso mehr, als er zu Tode gebracht wurde; im gekreuzigten Jesus ist der auferstandene Christus offenbart, und Stephanus, der Gesteinigte, trotzt der schmerzhaften Gewalt der Steine. Das, was wirklich ist, kann nicht zerstört werden, sondern nur das, was unwirklich ist. Wenn ein Mensch das in sich findet, was wirklich ist, was beständig ist, dauerhaft, unveränderlich und ewig, tritt er in diese Wirklichkeit ein und wird demütig. Sämtliche Mächte der Dunkelheit werden sich gegen ihn stellen, aber sie werden ihn nicht verletzen und am Ende von ihm ablassen.

3. Juli

Nichts ist dem verborgen, der sich selbst überwindet.

Derjenige, welcher keine ungebrochene Liebenswürdigkeit hat, hat keine Wahrheit.

In die Ursache der Ursachen wirst du eindringen und einen nach dem anderen alle Schleier der Illusion lüften, du wirst das innerste Herz der Dinge erreichen. Da du solchermaßen eins mit dem Leben wirst, wirst du das ganze Leben kennen und, indem du in die Ursache schaust und die Wirklichkeiten kennst, du wirst keine Angst mehr um dich selbst und andere und die Welt haben, aber du wirst all die Dinge erkennen, welche die Maschinen des großen Gesetzes darstellen. Unter dem Baldachin der Freundlichkeit wirst du segnen, wo andere verfluchen; lieben, wo andere hassen; vergeben, wo andere verdammen; nachgeben, wo andere kämpfen; aufgeben, wo andere zugreifen; verlieren, wo andere gewinnen. Und in ihrer Kraft werden sie schwach sein; und in deiner Schwäche wirst du stark sein; ja, du wirst mächtig obsiegen. »Wenn der Himmel daher einen Menschen retten will, umfängt er ihn mit Liebenswürdigkeit.«

4. Juli

Wie kann der jemanden fürchten, der niemandem unrecht tut?

Wer keinerlei Unrecht begeht, an dem kann auch niemand Unrecht begehen; da er niemanden täuscht, kann er niemals getäuscht werden.

Der rechtschaffene Mensch ist unbesiegbar. Kein Feind kann ihn überwältigen oder irre machen; und er benötigt keinen anderen Schutz als den seiner eigenen Integrität und Heiligkeit.

So, wie es für das Böse unmöglich ist, das Gute zu besiegen, so kann der rechtschaffene Mensch nie von den nicht rechtschaffenen Menschen zu Boden gerungen werden. Lästerung, Neid, Hass, Böswilligkeit können ihn nie erreichen noch ihm irgendwelches Leid verursachen, und jene, die versuchen, ihn zu verletzen, bringen am Ende nur Schande über sich selbst.

Der rechtschaffene Mensch, der nichts zu verbergen hat, begeht keine Handlungen, die Heimlichkeit erfordern, und hegt keine Gedanken und Begierden, von denen er die anderen nichts wissen lassen will, er ist furchtlos und schämt sich nicht. Sein Schritt ist fest, seine Gestalt aufrecht und seine Rede direkt und ohne Zweideutigkeit. Er sieht jedem ins Gesicht. Wie kann der jemanden fürchten, der niemandem unrecht tut? Wie kann der sich vor jemandem schämen, der niemanden täuscht?

5. Juli

Die Liebe zu kennen bedeutet zu wissen, dass es keine schädliche Macht im ganzen Universum gibt.

Vollkommene Liebe ist vollkommene Harmlosigkeit. Und derjenige, welcher in sich selbst alle schädlichen Gedanken zerstört hat und alles Verlangen, Schaden zuzufügen, empfängt den universellen Schutz.

Die Kinder des Lichts, die im Königreich des Himmels wohnen, erkennen im Universum und allem, was es enthält, die Manifestation eines Gesetzes – des Gesetzes der Liebe. Sie sehen die Liebe als die verschmelzende, erhaltende, schützende und vervollkommnende Macht, die allen belebten und unbelebten Dingen innewohnt. Für sie ist Liebe nicht bloß und allein eine Regel des Lebens, sie ist das Gesetz des Lebens, sie ist das Leben selbst. In diesem Wissen ordnen sie ihr ganzes Leben in Übereinstimmung mit Liebe, ungeachtet ihrer eigenen Persönlichkeit. Dadurch, dass sie Gehorsam gegenüber dem Höchsten ausüben, der göttlichen Liebe, werden sie bewusste Teilhaber an der Macht der Liebe und erreichen so die vollkommene Freiheit als Herren des Schicksals. Lass einen Menschen keine Gedanken hegen und keine Handlungen begehen, die nicht in Übereinstimmung mit reiner Liebe sind, und das Leiden wird ihn nicht mehr beunruhigen.

6. Juli

Die Liebe zu kennen, bedeutet zu wissen, dass es keine schädliche Macht im ganzen Universum gibt.

Vollkommene Liebe ist vollkommene Harmlosigkeit. Und derjenige, welcher in sich selbst alle schädlichen Gedanken zerstört hat und alles Verlangen, Schaden zuzufügen, empfängt den universellen Schutz

Wenn ein Mensch die Liebe kennen und an ihrem unsterblichen Segen teilhaftig werden will, so muss er sie im Herzen praktizieren; er muss Liebe werden.

Derjenige, welcher stets im Geist der Liebe handelt, ist niemals verlassen, wird nie in einem Dilemma oder einer Schwierigkeit zurückgelassen, weil Liebe (unpersönliche Liebe) sowohl Wissen als auch Macht ist. Derjenige, welcher gelernt hat, wie er liebt, hat gelernt, jede Schwierigkeit zu bemeistern, gelernt, wie er jeden Fehlschlag in einen Erfolg umwandeln, wie er jedes Ereignis und jeden Zustand in Gewänder des Segens und der Schönheit kleiden kann.

Der Weg zur Liebe führt über die Selbstbeherrschung, und indem ein Mensch diesen Weg geht, baut er beim Voranschreiten in sich Wissen auf. Trifft er bei der Liebe ein, tritt er in den vollen Besitz von Leib und Bewusstsein, durch das Recht der göttlichen Macht, die er sich verdient hat.

»Die vollkommene Liebe vertreibt die Furcht.« (1. Johannes 4,18).

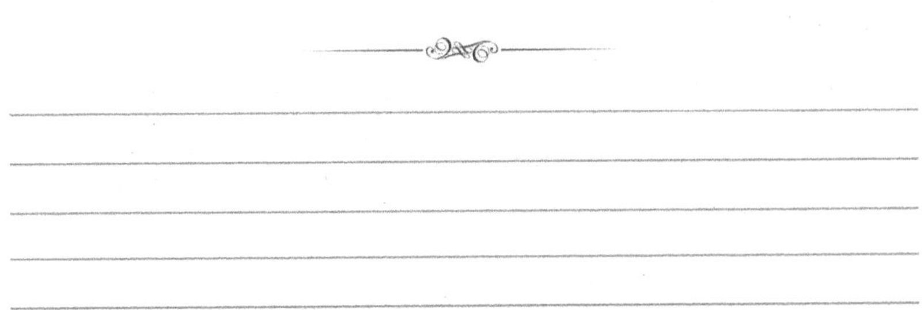

7. Juli

Durch Selbstaufklärung wird der vollkommene Frieden gefunden.

Das Land der vollkommenen Freiheit liegt hinter den Toren des Wissens.

Im himmlischen Leben gibt es keine Fesseln. Dort herrscht vollkommene Freiheit. Dies ist seine große Pracht. Diese allerhöchste Freiheit wird nur durch Gehorsam gewonnen. Derjenige, welcher dem Höchsten gehorcht, arbeitet mit dem Höchsten zusammen und bemeistert so jede Gewalt innerhalb seiner selbst und jeden Zustand außerhalb seiner selbst. Ein Mensch mag das Niedrige wählen und das Höchste außer Acht lassen, aber das Höchste wird niemals vom Niedrigen überwältigt; hierin liegt die Offenbarung von Freiheit. Lass einen Menschen das Höchste wählen und das Niedrige loslassen; dann wird er sich als ein Bezwinger erweisen und vollkommene Freiheit verwirklichen.

Der Lust die Zügel zu überlassen ist die einzige Sklaverei; sich selbst zu bezwingen ist die einzige Freiheit. Der Sklave des Selbst liebt seine Ketten, und er wird keine einzige davon sprengen, weil er Angst hat, er würde einer seiner geliebten Freuden verlustig gehen. Er klammert sich an seine Belohnungen und Eitelkeiten, betrachtet die Freiheit davon als leeren und unerwünschten Zustand. Solchermaßen schlägt und versklavt er sich selbst.

8. Juli

Der Mensch wird frei sein, wenn er von sich selbst befreit ist.

Freiheit ist für die Freien!

Aller äußerer Druck ist lediglich ein Schatten und eine Auswirkung des echten inneren Drucks. Äonenlang haben die Unterdrückten nach Freiheit geschrien, und eintausend menschengemachte Gesetze haben sie ihnen nicht gebracht. Sie können sie nur sich selbst geben; sie werden sie nur im Gehorsam gegenüber den göttlichen Geboten finden, die in ihr Herz eingeschrieben sind. Lass sie auf die innere Freiheit zurückgreifen, und der Schatten der Unterdrückung wird die Erde nicht mehr verdunkeln. Lass die Menschen damit aufhören, sich selbst zu unterdrücken, und kein Mensch wird seinen Bruder unterdrücken. Die Menschen geben sich Gesetze für eine *äußere* Freiheit, machen eine solche Freiheit jedoch weiterhin unmöglich, indem sie einen inneren Zustand der Versklavung pflegen. Solchermaßen verfolgen sie einen äußeren Schatten und übersehen die Substanz im Innern. Der Mensch wird frei sein, wenn er von sich selbst befreit wurde. Alle äußerlichen Formen der Bande und Unterdrückung werden verschwinden, wenn der Mensch damit aufhört, williger, an Leidenschaft, Irrtum und Unwissenheit gefesselter Sklave zu sein.

9. Juli

Die Wahrheit, das Schöne, das Grosse ist immer kindlich und ist auf immer frisch und jung.

Sei dein einfaches Selbst, dein besseres Selbst, dein unpersönliches Selbst, und da!, du bist gross!

Der große Mensch ist immer der gute Mensch; er ist immer einfach. Er nährt sich von, nein, er lebt von der unerschöpflichen Quelle der göttlichen Güte in sich; er bewohnt die himmlischen Orte; ist im Gespräch mit den verschwundenen Großen; lebt mit dem Unsichtbaren; er wird von den Lüften des Himmels inspiriert und atmet sie.

Derjenige, welcher groß sein will, soll lernen, gut zu sein. Er wird solchermaßen dadurch groß werden, dass er Größe nicht sucht. Richtet ein Mensch sein Streben auf Größe, erreicht er nichts; richtet er sich auf nichts, erreicht er Größe. Das Verlangen, groß zu sein, ist ein Anzeichen für Kleinheit, von persönlicher Eitelkeit und Aufdringlichkeit. Gewillt zu sein, aus dem Blick zu verschwinden, die völlige Abwesenheit von Selbstverherrlichung, das zeugt von Größe.

Kleinheit sucht und liebt Autorität. Größe ist niemals autoritär und wird solchermaßen zur Autorität, auf die sich spätere Zeitalter berufen.

10. Juli

Die Grösse, die makellos ist, abgerundet und vollständig, steht über und jenseits von allem.

Sie ist die manifestierte vollkommene Güte; daher sind die grössten Seelen stets Lehrer.

Du willst das lebendige Wort predigen? Du sollst auf dich selbst verzichten und das Wort werden. Du sollst eine Sache wissen – *dass das menschliche Herz gut ist, göttlich ist;* dann, obwohl du nur wenig sprichst, soll eine jede deiner Taten eine Macht sein, ein jedes deiner Worte ein Prinzip. Durch deine reinen Gedanken, deine selbstlosen Taten, obwohl sie verborgen erscheinen mögen, sollst du predigen, über die Zeitalter hinweg, zu unzähligen verschiedenen strebenden Seelen.

Demjenigen, welcher die Güte wählt, welcher alles opfert, ist das gegeben, was mehr als alles ist und alles mit einschließt. Er wird der Besitzer des Besten, spricht mit den Höchsten und tritt in die Gemeinschaft der Großen ein.

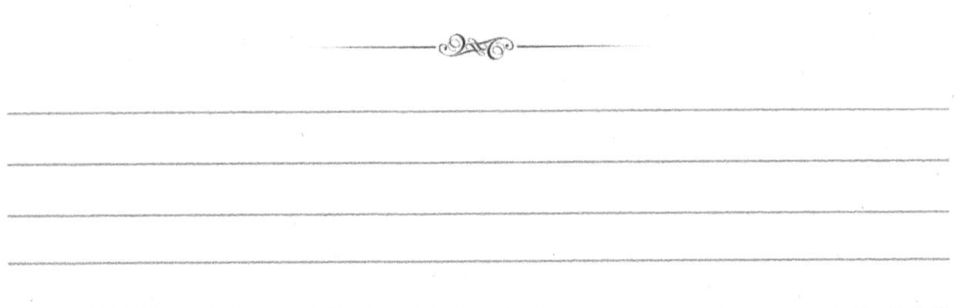

11. Juli

Jedes Naturgesetz hat sein spirituelles Gegenstück.

Das Sichtbare ist der Spiegel des Unsichtbaren.

Gedanken sind Samen, die, wenn sie auf den Boden des Geistes fallen, keimen und sich entwickeln, bis sie das vollendete Stadium erreichen, zu guten oder schlechten Taten erblühen, brillanten oder dummen, je nach ihrer Natur, und sie enden als Gedankensamen, um erneut in andere Geister gesät zu werden. Ein Lehrer ist der Säer eines Samens, ein spiritueller Bauer, während derjenige, welcher sich selbst lehrt, der weise Bauer seines eigenen geistigen Beetes ist. Das Wachstum eines Gedankens ist ebenso wie das Wachstum einer Pflanze. Der Samen muss in der passenden Jahreszeit gesät werden, und Zeit ist erforderlich für seine volle Entwicklung zur Pflanze des Wissens und zur Blume der Weisheit.

12. Juli

Damit jedoch Energie produktiv wird, darf sie nicht nur auf gute Ziele gerichtet werden, sondern sie muss sorgfältig kontrolliert und bewahrt bleiben.

Lärmen und Eile verschwenden so viel Energie.

Der Rat eines der größten Lehrer an seine Schüler: »Bleibt hellwach!«, drückt mit knappen Worten die Notwendigkeit für unermüdliche Energie aus, wenn das eigene Ziel erreicht werden soll, und ist gleichermaßen ein guter Ratschlag an den Verkäufer wie an den Heiligen. »Ewige Wachsamkeit ist der Preis der Freiheit« (Thomas Jefferson zugeschrieben), und Freiheit bedeutet, das eigene, fest vor Augen liegende Ziel zu erreichen. Es war derselbe Lehrer, der gesagt hat: »Wenn etwas zu tun ist, dann soll es gleich getan werden, dann soll es energisch angegangen werden!« Die Weisheit dieses Ratschlags lässt sich erkennen, wenn man daran denkt, dass Handlung schöpferisch ist, dass Wachstum und Entwicklung rechtmäßigem Gebrauch folgen. Um mehr Energie zu erhalten, müssen wir das erschöpfend nutzen, was wir bereits haben. Nur dem, der hat, wird gegeben. Nur dem, der energisch eine Aufgabe angeht, werden Macht und Freiheit zuteilwerden.

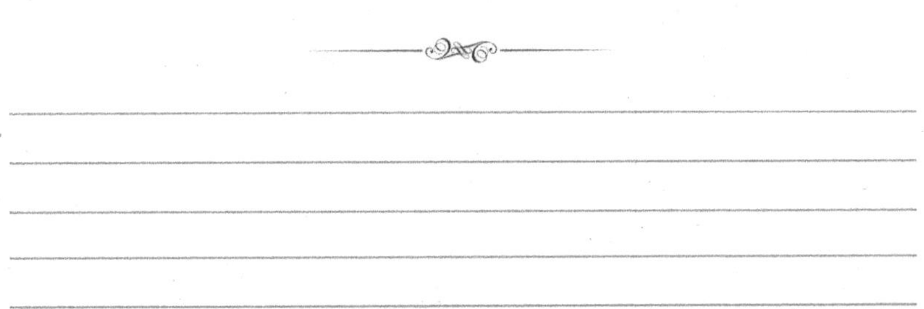

13. Juli

Es ist eine grosse Täuschung, dass Lärm Macht bedeutet.

Arbeitender Dampf ist nicht zu hören. Der entweichende Dampf ist es, der einen grossen Lärm vollführt.

Wo Gelassenheit herrscht, dort ist die größte Macht. Gelassenheit ist ein sicheres Anzeichen für einen starken, wohlgeübten, geduldigen, disziplinierten Geist. Der gelassene Mensch versteht sein Geschäft, sei dir dessen sicher. Er verliert nur wenige Worte, aber sie haben etwas zu bedeuten. Seine Pläne sind so gut ausgearbeitet, und sie funktionieren wahrhaftig, wie eine wohlausgewogene Maschine. Er sieht einen langen Weg vor sich und geht schnurstracks auf sein Ziel zu. Den Feind, die Schwierigkeit, wandelt er in einen Freund um und macht gewinnbringenden Nutzen aus ihm, denn er hat gut gelernt, dass er »mit den Wölfen heulen muss«, um etwas zu erreichen. Wie ein weiser General hat er alle Notfälle erwartet. Tatsächlich ist er *der Mensch, der sich gut vorbereitet hat.* In seinen Meditationen, in den Beratungen mit seinem Urteilsvermögen, hat er sich mit den Ursachen besprochen und alle Möglichkeiten erfasst. Er lässt sich niemals überraschen; er ist niemals in Eile, ist sich sicher, seine eigene Standhaftigkeit beibehalten zu können, und ist sich seines Standpunkts sicher.

14. Juli

Energie ist die erste Säule im Tempel des Wohlstands.

Keine Energie bedeutet, keine Leistung.

Gelassenheit, und zwar im Unterschied zur toten Ruhe der Trägheit, ist der Gipfelpunkt konzentrierter Energie. Dahinter steckt eine fokussierte Geisteshaltung. In Erregung und Aufregung ist die Geisteshaltung zerstreut. Sie ist verantwortungslos und ohne Fokus oder Gewicht. Der übereifrige, gereizte Mensch hat keinen Einfluss. Er stößt ab, statt anzuziehen. Er fragt sich, warum sein »lockerer« Nachbar Erfolg hat und gesucht ist, während er, der stets in Eile ist, sich Sorgen macht und sich plagt (was er fälschlicherweise *Streben* nennt), versagt und gemieden wird. Sein Nachbar, der ein gelassenerer Mensch und nicht lockerer ist, sondern eher wohlüberlegt, erreicht mehr, führt sein Werk geschickter aus und ist selbstbewusster und mannhafter. Dies ist der Grund für seinen Erfolg und Einfluss. Er kontrolliert seine Energie und nutzt sie, während der andere Mensch seine Energie zerstreut und missbraucht.

15. Juli

Der Verschwender kann niemals reich werden, sondern muss, wenn er reich begann, bald verarmen.

Die Sparsamen und Besonnenen sind auf dem Weg zu Reichtümern.

Der arme Mensch, der reich werden will, muss ganz unten anfangen und darf nicht wünschen, und auch nicht versuchen, wohlhabend dadurch zu erscheinen, dass er etwas weit über seine Mittel hinaus unternimmt. Ganz unten gibt es stets jede Menge Platz und Anwendungsmöglichkeiten, und es ist ein sicherer Ort, um von dort aus zu beginnen, da es nichts darunter gibt und alles darüber. Viele junge Geschäftsleute geraten sogleich in Schwierigkeiten, weil sie prahlen und etwas zur Schau stellen, was sie in ihrer Dummheit als nötig für den Erfolg halten, was jedoch, da es niemanden außer sie selbst täuscht, rasch in den Ruin bringt. Ein bescheidener und wahrer Anfang auf jedem Gebiet wird den Erfolg besser sichern als eine prahlerische Werbung des eigenen Ansehens und der eigenen Bedeutung.

16. Juli

Eitelkeit, die zu exzessivem Luxus in der Kleidung führt, ist ein Laster, das tugendhafte Menschen bewusst meiden sollten.

Einfachheit in der Kleidung, wie in anderen Dingen, ist am besten.

Ein aufdringliches Zurschaustellen von Kleidung und Schmuck spricht von einem gemeinen und leeren Geist. Bescheidene und kultivierte Menschen sind bescheiden und schicklich in ihrer Kleidung, und ihr überzähliges Geld wird weise für die Vergrößerung ihrer Kultur und Tugend verwendet. Erziehung und Fortschritt sind von größerer Bedeutung als eitle und unnütze Kleidung; und Literatur, Kunst und Wissenschaft werden dadurch gefördert. Eine wahre Läuterung findet in Geist und Verhalten statt, und ein Geist, der mit Tugend und Intelligenz geschmückt ist, kann durch eine ostentative Zurschaustellung des Leibes seiner Attraktivität nichts hinzufügen (obwohl sie davon ablenken kann).

17. Juli

Verschwendetes Geld lässt sich zurückholen; verschwendete Gesundheit lässt sich wiedergewinnen; aber verschwendete Zeit kehrt niemals zurück.

Der Tag wird für niemanden gestreckt.

Der Mensch, welcher früh aufsteht, um zu denken und zu planen, um abzuwägen, zu überlegen und vorherzusagen, wird stets größeres Geschick und größeren Erfolg bei seinen jeweiligen Zielen haben als der Mensch, der bis zum letzten Augenblick im Bett liegen bleibt und nur gerade rechtzeitig aufsteht, um sich ans Frühstück zu setzen. Eine Stunde so verbracht vor dem Frühstück wird den größeren Wert dabei haben, die eigenen Anstrengungen fruchtbar zu machen. Es ist ein Mittel, den Geist zu beruhigen und zu klären und die eigenen Energien zu fokussieren, um sie mächtiger und effektiver zu machen. Der beste und beständigste Erfolg ist derjenige, der vor acht Uhr morgens errungen wird. Derjenige, welcher sein Geschäft um sechs Uhr früh beginnt, wird immer – unter ansonsten gleichbleibenden Bedingungen – dem Menschen weit voraus sein, der um acht noch im Bett liegt.

18. Juli

Weisheit ist die höchste Form der Geschicklichkeit.

Geschick wird erworben durch Nachdenklichkeit und Aufmerksamkeit.

Es gibt *einen* rechten Weg, alles zu tun, selbst das Kleinste, und eintausend falsche Wege. Geschick besteht daraus, den einen rechten Weg zu finden und ihm zu folgen. Die Ineffizienten pfuschen konfus unter den tausend falschen Wegen herum und nehmen nicht den rechten, selbst wenn er ihnen gezeigt wird. In manchen Fällen tun sie dies, weil sie in ihrer Unwissenheit glauben, dass sie es am besten wüssten, und sich daher in eine Position versetzen, wo es unmöglich wird zu lernen, selbst wenn es nur darum geht zu lernen, wie man ein Fenster putzt oder den Fußboden kehrt. Gedankenlosigkeit und Ineffizienz sind nur allzu weit verbreitet. Es ist jede Menge Platz auf der Welt für nachdenkliche und effiziente Menschen. Arbeitgeber wissen, wie schwer es ist, die besten Arbeiter zu bekommen. Der gute Arbeiter, ob mit Werkzeugen oder dem Kopf, ob mit Sprache oder Gedanken, wird immer einen Platz finden, an dem er seine Fähigkeit ausüben kann.

19. Juli

Der Wohlstand ist kein billiges Schnäppchen.

Der Wohlstand muss erworben werden, und zwar nicht bloss mit intelligentem Bemühen, sondern mit moralischer Kraft.

Wie eine Blase nicht überdauern kann, so kann der Schwindler nicht gedeihen. Er vollführt einen fieberhaften Spurt, um Geld zu erwerben, und bricht dann zusammen. Nichts wird jemals von einem Schwindler errungen, kann jemals errungen werden. Er hat lediglich eine Zeit lang etwas an sich gerissen, um es dann wiederum mit großem Aufwand zurückzugeben. Aber Täuschung ist nicht bloß auf den skrupellosen Schwindler beschränkt. Alle, die Geld ohne eine entsprechende Gegenleistung erhalten oder erhalten wollen, sind Schwindler, ob sie es wissen oder nicht. Menschen, die begierig planen, wie sie an Geld kommen, ohne dafür zu arbeiten, sind Trickser, und geistig sind sie eng verbündet mit dem Dieb und Schwindler, unter dessen Einfluss sie früher oder später geraten und der sie um ihr Kapital bringt.

20. Juli

Gediegene Integrität zeigt sich, wo sie auch immer ist, und prägt ihren Stempel allen Transaktionen auf.

Der Mensch von Integrität befindet sich in Übereinstimmung mit den festen Gesetzen der Dinge. Er ist wie ein starker Baum, dessen Wurzeln von ewigen Quellen genährt werden und den kein Unwetter umstürzen kann.

Um vollständig und stark zu sein, muss Integrität den ganzen Menschen umfassen und sich in alle Details seines Lebens erstrecken; und sie muss so gründlich und dauerhaft sein, dass sie allen Versuchungen widerstehen kann, in den Kompromiss abzuschwenken. In einem Punkt versagen bedeutet, in allen zu versagen; und unter Druck einem Kompromiss mit etwas Falschem zuzustimmen, wie notwendig und unbedeutend es auch erscheinen mag, bedeutet, den Schild der Integrität fortzuwerfen und dem Angriff des Bösen ungeschützt ausgesetzt zu sein.

Der Mensch, der ebenso achtsam und bewusst arbeitet, wenn sein Arbeitgeber fortgegangen ist, als wenn dessen Auge auf ihm liegt, wird nicht lange in einer untergeordneten Position bleiben. Eine solche Integrität in der Pflicht, in der Durchführung der Details seiner Arbeit, wird ihn rasch in die fruchtbaren Regionen des Wohlstands führen.

21. Juli

Unwissende Menschen meinen, dass Unehrlichkeit eine Abkürzung zum Wohlstand sei.

Der unehrliche Mensch ist moralisch kurzsichtig.

Ehrbarkeit ist der sicherste Weg zum Erfolg. Es wird schließlich der Tag kommen, da der unehrliche Mensch in Kummer und Leid bereut, aber kein Mensch muss jemals bereuen, ehrbar gewesen zu sein. Selbst wenn der ehrbare Mensch versagt – wie es manchmal geschieht, weil ihm andere dieser Säulen fehlen, wie zum Beispiel Energie, Ökonomie oder Systematik –, so wird sein Versagen nicht die schmerzliche Sache sein, wie sie es für den unehrlichen Menschen ist, denn er kann sich immer über die Tatsache freuen, dass er niemals einen Mitmenschen getäuscht hat. Selbst in seiner dunkelsten Stunde findet er Ruhe in einem reinen Geist.

22. Juli

Starke Menschen haben starke Ziele, und starke Ziele führen zu starken Ergebnissen.

Moralische Stärke ist die grösste Macht.

Unbesiegbarkeit ist ein großartiger Beschützer, aber sie umgibt nur den Menschen, dessen Integrität vollkommen rein und unangreifbar ist. Selbst in den unbedeutendsten Kleinigkeiten niemals verletzt, muss das Prinzip der Integrität unbezwingbar durch die Angriffe von Anspielungen, Verleumdungen und Unterstellungen sein. Der Mensch, der in einem Punkt versagt hat, ist verwundbar, und der Strahl des Bösen, der an diesem Punkt eintritt, wird ihn niederstrecken, wie der Pfeil in der Ferse des Achilleus. Reine und vollkommene Integrität ist Schutz gegen alle Angriffe und Verletzungen und ermöglicht ihrem Besitzer, allen Gegnern und aller Verfolgung mit unerschrockenem Mut und überlegener Gelassenheit zu begegnen. Keine Menge an Talent, Intellekt oder Geschäftssinn kann einem Menschen diese Macht des Geistes und Frieden des Herzens verleihen, die aus einer erleuchteten Akzeptanz und einem erleuchteten Gehorsam gegenüber moralischen Prinzipien herrührt.

23. Juli

Die Prüfung eines Menschen liegt in seinen unmittelbaren Handlungen und nicht in seiner überaus grossen Sentimentalität.

Mitgefühl ist eine tiefe, stille, unbeschreibliche Zärtlichkeit, die sich in einem durchweg selbstvergessenen, sanften Charakter zeigt.

Mitgefühl sollte nicht mit dieser rührseligen und oberflächlichen Sentimentalität verwechselt werden, die, wie eine hübsche Blume ohne Wurzeln, bald verblüht und weder Samen noch Frucht hinterlässt. Beim Abschied von einem Freund, oder wenn man von irgendeinem Leid im Ausland hört, in hysterisches Schluchzen zu verfallen, ist kein Mitgefühl. Auch sind die Ausbrüche heftiger Entrüstung über die Grausamkeiten und das Unrecht anderer kein Anzeichen eines mitfühlenden Geistes. Wenn jemand daheim grausam ist – wenn er seine Ehefrau quält oder seine Kinder schlägt oder seine Diener missbraucht oder seine Nachbarn mit bitterem Sarkasmus bedenkt: Welche Heuchelei steckt in seiner Bekundung von Liebe für die leidenden Menschen, die außerhalb der unmittelbaren Umgebung seines Einflusses sind! Welch flache Sentimentalität durchdringt seine Ausbrüche von Entrüstung über die Ungerechtigkeit und Hartherzigkeit der Welt um ihn her!

24. Juli

Mangel an Mitgefühl entsteht im Egoismus; Mitgefühl entsteht in Liebe.

Mitgefühl, in seinem echten und umfassenden Sinne, ist Einssein mit anderen in ihrem Streben und Leiden.

Mitgefühl führt uns zum Herzen aller Menschen, sodass wir geistig mit ihnen vereint werden, und wenn sie leiden, spüren wir den Schmerz; wenn sie sich freuen, frohlocken wir mit ihnen; wenn sie verachtet und verfolgt werden, steigen wir im Geiste mit ihnen in die Tiefen hinab und nehmen in unser Herz ihre Erniedrigung und ihr Leid auf; und derjenige, welche diesen verbindenden, vereinigenden Geist des Mitgefühls hat, kann niemals zynisch und verdammend sein, kann niemals gedankenlose und grausame Urteile über seine Mitmenschen fällen, weil die Zärtlichkeit seines Herzens stets in ihren Schmerzen bei ihnen ist.

Aber um dieses gereifte Mitgefühl zu erreichen, muss es so sein, dass man viel geliebt, viel gelitten und die dunklen Tiefen des Leids ergründet hat. Es entspringt von der Bekanntschaft mit den tiefgründigsten Erfahrungen, sodass ein Mensch Arroganz, Gedankenlosigkeit und Selbstsuch aus seinem Herzen gebrannt hat.

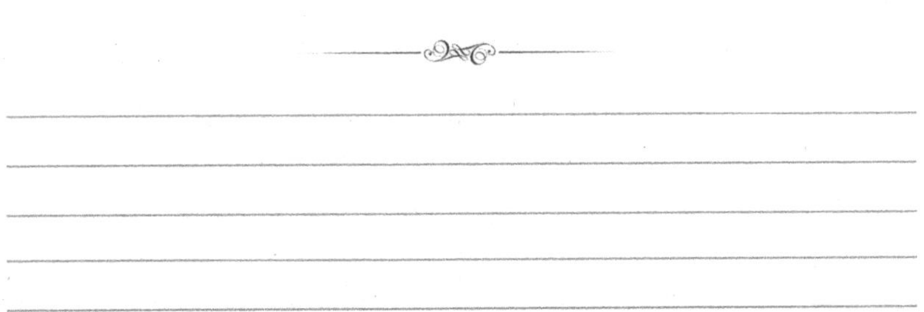

25. Juli

Liebenswürdigkeit ist das Markenzeichen spiritueller Kultur.

Liebenswürdigkeit ist verwandt mit Göttlichkeit.

Möge sich ein Mensch vor Gier, Gemeinheit, Neid, Eifersucht und Argwohn hüten, denn diese Dinge werden, wenn gehegt, ihn all dessen berauben, was das Beste im Leben ist, ja, sogar all dessen, was das Beste in materiellen Dingen ist, ebenso wie all dessen, was das Beste am Charakter und an Glück ist. Möge er im Herzen liberal und mit der Hand großzügig sein, großherzig und vertrauensvoll, nicht nur fröhlich und oft von seinem Wohlstand abgeben, sondern seinen Freunden und Mitmenschen Freiheit des Gedankens und Handelns zugestehen – möge er so sein, und reichlich Ehre und Wohlstand werden an seine Tür klopfen und als seine Freunde und Gäste Einlass begehren.

26. Juli

Ein liebenswürdiger Mensch – einer, dessen gutes Benehmen von Nachdenklichkeit und Freundlichkeit geprägt ist – wird stets geliebt ungeachtet seiner Herkunft.

Argumente analysieren die äussere Haut, aber Mitgefühl reicht ins Herz hinein.

Der Mensch, der sich in Liebenswürdigkeit vervollkommnet hat, nörgelt niemals. Er greift nie auf das harte Wort zurück; er lässt es in Ruhe oder begegnet ihm mit einem liebenswürdigen Wort, das weitaus mächtiger ist als Zorn. Liebenswürdigkeit ist mit Weisheit vermählt, und der Weise hat alle Wut in sich selbst überwunden und versteht so, wie sie in anderen zu überwinden ist. Der liebenswürdige Mensch ist vor den meisten Störungen und Wirren bewahrt, die unkontrollierte Menschen einander zufügen. Während sie sich in verschwenderischem und nutzlosem Bemühen erschöpfen, ist er ruhig und gefasst, und solche Ruhe und Gefasstheit sind so stark, dass sie den Kampf des Lebens gewinnen.

27. Juli

Unechte Dinge haben keinen Wert, sei es Krimskrams oder Mensch.

Der Mensch mit gesundem Herzen wird ein Beispiel: er ist mehr als ein Mensch; er ist eine Wirklichkeit, eine Kraft, ein formendes Prinzip.

Es ist absolut wichtig, dass wir wirklich sind; dass wir keinen Wunsch hegen, anders zu erscheinen als das, was wir sind, dass wir keine Tugend simulieren, keine Großartigkeit annehmen, keine Verkleidung. Der Heuchler glaubt, er kann die Welt und das ewige Gesetz der Welt hintergehen. Es gibt nur einen Menschen, den er hintergeht, und das ist er selbst, und dafür erlegt das Gesetz der Welt die rechtmäßige Strafe auf. Es gibt eine alte Theorie, dass die überaus Bösen vernichtet werden. Ich glaube, ein Heuchler zu sein bedeutet, so nahe der Vernichtung zu kommen, wie ein Mensch gelangen kann, denn es gibt einen Sinn, in dem ein Mensch verschwunden ist, und an dessen Stelle ist bloß noch ein Phantom von Scheinbildern.

28. Juli

Das Böse ist eine Erfahrung und keine Macht.

Das Böse ist ein Zustand des Unwissens, ein unentwickelter Zustand, und weicht als solcher vor dem Licht des Wissens zurück und verschwindet davor.

Die schmerzhaften Erfahrungen mit dem Bösen vergehen, wenn die neuen Erfahrungen mit dem Guten das Feld des Geistes betreten und in Besitz nehmen. Und worin bestehen die neuen Erfahrungen des Guten? Ihrer sind viele und schöne – wie zum Beispiel das frohgemute Wissen um die Freiheit von Sünde, die Abwesenheit von Reue; Befreiung von all den Qualen der Versuchung; unaussprechliche Freude an Zuständen und Umständen, die früher tiefes Leid verursachten; Undurchlässigkeit für Schmerzen, zugefügt durch die Handlungen anderer; große Geduld und Anmut des Charakters; Abgeklärtheit des Geistes unter allen Umständen; Emanzipation von Zweifel, Furcht und Besorgnis; Freiheit von allem Widerwillen, Neid und aller Feindseligkeit.

29. Juli

Wenn göttlich Gutes ausgeübt wird, ist das Leben ein Segen.

Die Wahrheit liegt oben und jenseits.

Der Besitz transzendenter Tugend bedeutet, transzendente Glückseligkeit zu genießen. Die Glückseligkeit, die Jesus hinhält, ist jenen versprochen, welche die seligen Tugenden besitzen – so der Gnadenreiche, der Reine im Herzen, der Friedenstifter und so weiter. Die höhere Tugend führt nicht bloß und einzig zum Glück, sie ist das Glück. Für einen Menschen transzendenter Tugend ist es unmöglich, unglücklich zu sein. Die Ursache für Unglücklichsein muss in den selbstverliebten Elementen gesucht und gefunden werden und nicht in den selbstaufopfernden Eigenschaften. Ein Mensch kann Tugend besitzen und unglücklich sein, jedoch nicht, wenn er göttliche Tugend besitzt. Menschliche Tugend ist vermischt mit dem Selbst und daher mit Leid; aber aus der göttlichen Tugend ist jeder Flecken des Selbst ausgebrannt worden, und damit jede Spur des Elends.

30. Juli

Wo Leidenschaft ist, da ist kein Friede; wo Friede ist, da ist keine Leidenschaft.

Durch Selbstüberwindung wird der vollkommene Friede erlangt.

Die Menschen beten um Frieden, klammern sich jedoch an die Leidenschaft; sie pflegen den Streit, beten jedoch um himmlische Ruhe; dies ist Unwissen, tiefes spirituelles Unwissen; es bedeutet, den ersten Buchstaben im Alphabet der göttlichen Dinge nicht zu kennen.

Hass und Liebe, Streit und Frieden können nicht im selben Herzen beisammen wohnen. Wo das eine als willkommener Gast eingeladen ist, wird das andere als unwillkommener Fremder abgewiesen. Derjenige, welcher einen anderen verachtet, wird von anderen verachtet werden; derjenige, welcher sich seinem Mitmenschen entgegenstellt, dem wird selbst Widerstand geleistet. Er sollte nicht davon überrascht sein und es bedauern, dass die Menschen gespalten sind. Er sollte wissen, dass er den Streit propagiert. Er sollte seinen Mangel an Frieden verstehen.

31. Juli

WENN DIE MENSCHHEIT NUR VERSTÜNDE:
DASS DES BRUDERS UNTAT WEIT NICHT
NACH AND'RER UNTAT SCHREIT.

WENN SIE NUR VERSTÜNDE, WIE DIE LIEBE SIEGT …
… WÜRDE SIE IN LIEBE LEBEN, NIEMALS MEHR NACH
HASS NUR STREBEN. WENN SIE NUR VERSTÜNDE.

Wenn die Menschheit nur verstünde:
Dass ein Unrecht niemals, das steht fest,
Sich durch anderes begleichen lässt;
Dass der Hass den Hass beflügelt
Und dass Gutes Böses zügelt,
Rein'gen würde sie ihr Herz
Von allem Übel, allem Schmerz –
Wenn sie nur verstünde.

Wenn die Menschheit nur verstünde:
Dass ein sünd'ges Herz voll Sorgen;
Dass ein Geist mit Hass wird morgen
Ernten leere Ähren, weinend,
Hungernd, rastlos, schlaflos scheinend;
Würd' zu Zärtlichkeit ihr Wesen,
Mitleid ließe sie genesen.
Wenn sie nur verstünde.

AUGUST

1. August

Lass einen Menschen sein Selbst aufgeben, lass ihn die Welt überwinden, lass ihn das Persönliche ablehnen; nur über diesen Weg kann er ins Herz des Unendlichen eintreten.

Der Eintritt des eigenen Lebens in das grosse Gesetz der Liebe bedeutet, in Ruhe, Harmonie, Frieden einzutreten.

»Wohlwollen verleiht Einsicht«, und nur derjenige, welcher so seine Persönlichkeit besiegt hat, dass er bloß noch eine Geisteshaltung hat, nämlich die des Wohlwollens allen Wesen gegenüber, ist von göttlicher Einsicht besessen und imstande, zwischen Wahrheit und Falschheit zu unterscheiden. Der überaus gute Mensch ist daher der weise Mensch, der göttliche Mensch, der aufgeklärte Seher, der Kenntnis vom Ewigen hat. Wo du unbeschränkte Sanftmut findest, fortwährende Geduld, außergewöhnliche Demut, Liebenswürdigkeit der Rede, Selbstbeherrschung, Selbstvergessen und tiefes und reichliches Mitgefühl, dort suche nach der höchsten Weisheit, suche nach der Gesellschaft eines solchen, denn er hat das Göttliche verwirklicht, er lebt mit dem Ewigen, er ist eins mit dem Unendlichen geworden. Jene, die spirituell erwacht sind, verfügen allein über das Verständnis der universellen Wirklichkeit, wo alle Erscheinungsbilder zerstreut und Träume und Illusionen vernichtet sind.

2. August

Der Eintritt in eine Verwirklichung des Unendlichen und Ewigen bedeutet, sich über die Zeit zu stellen.

Dieses Gesetz zu verwirklichen, diese Einheit, diese Wahrheit, bedeutet, ins Unendliche einzutreten, eins mit dem Ewigen zu werden.

Sich jeder Beteiligung am Bösen und an der Zwietracht zu enthalten, allen äußeren Widerstand gegen das Böse und die Unterlassung des Guten aufzugeben und auf den unbedingten Gehorsam gegenüber der heiligen Ruhe im Innern zurückzugreifen bedeutet, in das Innerste der Dinge einzudringen, bedeutet, zu einer lebendigen, bewussten Erfahrung jenes ewigen und unendlichen Prinzips zu gelangen, das dem bloß wahrnehmenden Intellekt immer ein verborgenes Geheimnis bleiben muss. Bis zur Verwirklichung dieses Prinzips hat die Seele den Frieden nicht erreicht, und derjenige, der dieses verwirklicht, ist wahrhaft weise; nicht weise im Sinne der Weisheit der Gelehrten, sondern im Sinne der Einfachheit eines unschuldigen Herzens und göttlichen Menschentums. Es gibt ein großes Gesetz, das bedingungslosen Gehorsam verlangt, ein einigendes Prinzip, welches die Basis aller Verschiedenheit ist, eine ewige Wahrheit, in der alle Probleme der Erde wie Schatten vergehen.

3. August

Etabliere dich in Unsterblichkeit, im Himmel und im Geist, aus denen das Reich des Lichts besteht.

Auf der Suche nach der Bewahrung seines persönlichen Lebens verliert der Mensch das größere unpersönliche Leben in der Wahrheit; er klammert sich an das Vergängliche und wird dadurch vom Wissen um das Ewige ausgeschlossen.

Der Eintritt ins Unendliche ist nicht bloß eine Theorie oder ein Gefühl. Er ist eine lebendige Erfahrung, das Ergebnis unablässiger Praxis in innerer Reinigung. Wenn im Leib nicht länger, und auch nur entfernt, der wahre Mensch gesehen wird; wenn sämtliche Gelüste und Wünsche gründlich unterdrückt und gereinigt sind; wenn die Gefühle ruhig und friedlich sind, und wenn das Oszillieren des Intellekts aufhört und vollkommene Ausgeglichenheit gesichert ist, dann, und erst dann, wird der Geist eins mit dem Unendlichen; erst dann ist kindliche Weisheit und tiefer Friede gesichert.

Die Menschen werden müde und grau über den dunklen Problemen des Lebens und sterben schließlich und lassen sie ungelöst, weil sie ihren Weg aus der Dunkelheit der Persönlichkeit nicht erkennen können, da sie zu sehr in deren Grenzen befangen sind.

4. August

Selbst und Irrtum sind synonym.

Ruhen im Unendlichen.

Irrtum ist in die Dunkelheit unergründlicher Komplexität verstrickt, aber die ewige Einfachheit ist der Ruhm der Wahrheit.

Die Liebe zum Selbst schließt den Menschen von der Wahrheit aus, und wenn er sein eigenes persönliches Glück sucht, verliert er seinen tieferen, reineren und beständigen Segen. So sagt Carlyle: »Im Menschen ist etwas Höheres als die Liebe zum Glück. Er kann ohne Glück zurechtkommen und stattdessen Segen finden … Liebe nicht das Vergnügen, sondern liebe Gott. Dies ist die ewige Wahrhaftigkeit, in der sämtliche Widersprüche gelöst sind, in der sich derjenige, der auf diese Weise wandelt und arbeitet, wohlbefindet.«

Derjenige, der dieses Selbst aufgegeben hat, diese Persönlichkeit, welche die Menschen am meisten lieben und an die sie sich mit so ingrimmiger Hartnäckigkeit klammern, hat sämtliche Verwirrung hinter sich gelassen und ist in eine Einfachheit eingetreten, die so gründlich einfach ist, dass die Welt sie, verstrickt, wie sie ist, in ein Netzwerk des Irrtums, als töricht erachtet.

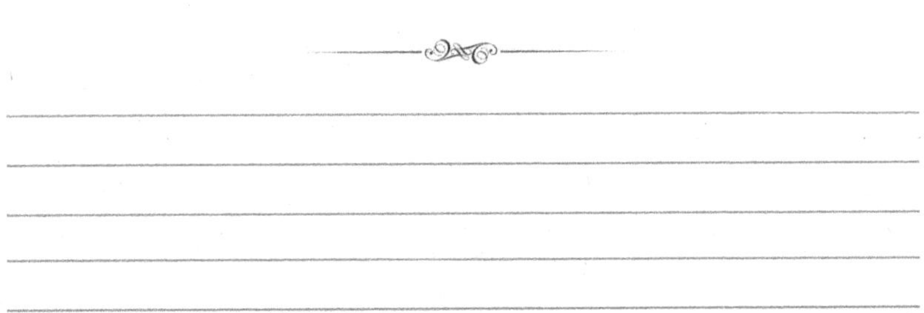

5. August

Die Region der Wirklichkeit. Unveränderliches Prinzip.

Durch die Aufgabe des Selbst sind alle Schwierigkeiten überwunden.

Wenn ein Mensch seine Gelüste, seine Irrtümer, seine Ansichten und Vorurteile aufgegeben hat, ist er in den Besitz des Wissens von Gott eingetreten, hat die selbstsüchtigen Wünsche zugunsten des Himmels niedergeschlagen und zusammen damit die unwissende Furcht vor der Hölle; da er sogar auf die Liebe zum Leben selbst verzichtet hat, hat er höchsten Segen und das ewige Leben gewonnen, ein Leben, das Leben und Tod überbrückt, und er weiß um seine eigene Unsterblichkeit. Durch die rückhaltlose Aufgabe von allem hat er alles gewonnen und ruht im Frieden am Busen des Unendlichen.

Nur derjenige, der so frei vom Selbst geworden ist, dass er ebenso zufrieden damit ist, ausgelöscht zu werden, wie zu leben, oder zu leben, um ausgelöscht zu sein, ist bereit, ins Unendliche einzutreten. Nur derjenige, welcher aufhört, seinem vergänglichen Selbst zu vertrauen, und gelernt hat, dem grenzenlosen Maß des großen Gesetzes zu vertrauen, dem höchsten Guten, ist bereit, am unsterblichen Segen teilhaftig zu werden.

6. August

Es gibt kein Bedauern mehr, auch keine Enttäuschung, auch keine Reue, wo alle Selbstsucht aufgehört hat.

Derjenige, welcher unter allen Umständen geduldig, gelassen und vergebend ist, manifestiert die Wahrheit.

Der Geist der Liebe, der sich als vollkommenes und abgerundetes Leben manifestiert, ist die Krone des Daseins und das höchste Ende von Wissen auf dieser Erde.

Wie handelt ein Mensch unter Prüfung und Versuchung? Viele Menschen, die sich damit brüsten, im Besitz der Wahrheit zu sein, werden beständig von Kummer, Enttäuschung und Leidenschaft ins Wanken gebracht und gehen bei der ersten kleinen Prüfung, die daherkommt, unter. Die Wahrheit ist nichts, wenn sie nicht unveränderlich ist; und insofern ein Mensch seinen Standpunkt auf der Wahrheit einnimmt, wird er standfest in der Tugend und erhebt sich weit über seine Leidenschaften und Gefühle und die wechselhafte Persönlichkeit.

Menschen formulieren vergängliche Dogmen und nennen sie Wahrheiten. Die Wahrheit kann nicht formuliert werden; sie ist unaussprechlich und liegt immer jenseits der Reichweite des Intellekts. Sie kann nur durch das Ausüben erfahren werden; sie kann nur als makelloses Herz und vollkommenes Leben manifestiert werden.

7. August

Übe Tugend des Herzens aus und suche demütig und eifrig nach der Wahrheit.

Es gibt ein grosses, allumfassendes Gesetz, das die Grundlage und die Ursache des Universums ist, das Gesetz der Liebe.

Die Wahrheit lässt sich niemals durch wortreiche Argumentationen und auswendig gelernte Traktate beweisen, denn wenn die Menschen die Wahrheit nicht in unendlicher Geduld, unermüdlicher Vergebung und alles umfassenden Mitgefühls wahrnehmen, können keine Worte sie ihnen jemals beweisen.

Für die Leidenschaftlichen ist es eine leichte Sache, ruhig und geduldig zu sein, wenn sie allein sind oder inmitten von Ruhe. Es ist gleichermaßen leicht für die Habgierigen, sanft und freundlich zu sein, wenn mit ihnen freundlich umgegangen wird, aber derjenige, der seine Geduld und Ruhe unter allen Versuchungen bewahrt, der ausgesprochen demütig und sanft unter den herausforderndsten Umständen bleibt, der, und der allein, ist von der makellosen Wahrheit besessen. Und dies ist deswegen so, weil solche erhabenen Tugenden dem Göttlichen gehören und nur durch jemanden manifestiert werden können, der die höchste Weisheit erreicht hat, der seine leidenschaftliche und selbstsüchtige Natur abgelegt hat, der das höchste und unveränderliche Gesetz verwirklicht und sich mit ihm in Einklang gebracht hat.

8. August

Von einem Wissen des Gesetzes der Liebe Besitz zu ergreifen, in bewussten Einklang damit einzutreten bedeutet, unsterblich, unbesiegbar, unzerstörbar zu werden.

Allein der Geist der Liebe ist es wert, herausgehoben zu werden, die unbeschränkte Verehrung der Nachwelt zu erhalten.

Wegen der Bemühung der Seele, dieses Gesetz zu verwirklichen, leben, leiden und sterben Menschen immer und immer wieder; und wenn es verwirklicht ist, hört das Leiden auf, die Persönlichkeit ist zerstreut und das fleischliche Leben und der Tod sind vernichtet, denn der Geist wird eins mit dem Ewigen.

Das Gesetz ist absolut unpersönlich, und sein höchster manifestierter Ausdruck ist der des Dienstes. Wenn das gereinigte Herz die Wahrheit verwirklicht hat, dann ist es dazu berufen, das letzte, größte und heiligste Opfer zu bringen, das Opfer des wohlverdienten Genusses der Wahrheit. Aufgrund der Tugend dieses Opfers gelangt die göttlich emanzipierte Seele dahin, unter Menschen zu verweilen, angetan mit einem Leib aus Fleisch, zufrieden damit, unter den Niedrigsten und Geringsten zu bleiben und als Diener der ganzen Menschheit geschätzt zu werden.

9. August

Die Wahrheit lässt sich nicht einschränken.

Jeder heilige Mann wurde so durch die unablässige Beharrlichkeit im Selbstaufopfern.

Der Ruhm gleichermaßen des Heiligen, des Weisen und des Erlösers ist dieser – dass er die gründlichste Demut verwirklicht hat, die außerordentlichste Selbstlosigkeit; dass er alles aufgegeben hat, sogar seine eigene Persönlichkeit, dass alle seine Werke heilig und dauerhaft sind, denn sie sind frei von jeder Befleckung durch das Selbst. Er gibt, denkt jedoch nie daran zu nehmen; er wirkt, ohne die Vergangenheit zu bedauern oder Erwartungen an die Zukunft zu haben, und er sucht niemals nach Belohnung.

Wenn der Bauer sein Land beackert, hergerichtet und die Saat ausgestreut hat, weiß er, dass er alles getan hat, was er möglicherweise hat tun können, und dass er jetzt den Elementen vertrauen und geduldig darauf warten muss, dass der Lauf der Zeit die Ernte erbringt und dass keine Menge an Erwartung auf seiner Seite das Ergebnis beeinflussen wird. Trotzdem schreitet derjenige, welcher die Wahrheit verwirklicht hat, weiter als ein Sämann der Samen der Güte, gießt Liebe und Frieden aus, ohne etwas zu erwarten, und hält niemals Ausschau nach den Ergebnissen, da er weiß, dass es das große, alles beherrschende Gesetz ist, das seine eigene Ernte zur rechten Zeit einbringen wird und das ebenso die Grundlage von Bewahrung und Zerstörung ist.

10. August

Derjenige, welcher den heiligen Pfad betritt, beginnt damit, seine Leidenschaften zu zügeln.

Heiligkeit ist der Anfang der Vollkommenheit.

Was die Heiligen, Weisen und Erlöser vollbracht haben, kannst du ähnlich vollbringen, wenn du nur den Weg gehst, den sie gegangen sind und auf den sie hingewiesen haben; den Weg des selbstaufopfernden, selbstverleugnenden Dienstes.

Die Wahrheit ist sehr einfach. Sie sagt: »Gib dein Selbst auf. Komm zu mir (weg von allem, was beschmutzt), und ich werde dir Ruhe schenken.« Alle die Berge von Kommentaren, die auf die Wahrheit gehäuft wurden, können sie nicht vor dem Herzen verbergen, das ernsthaft nach Rechtschaffenheit sucht. Sie erfordert keine Bildung; sie kann trotz Bildung erfahren werden. Versteckt unter vielen Formen durch irrende, selbstsüchtige Menschen, verbleibt die wunderschöne Einfachheit und Klarheit der Wahrheit unverändert und ungeschwächt, und das selbstlose Herz tritt in seine glänzenden Strahlen ein und nimmt daran teil. Nicht durch das Weben komplizierter Theorien, nicht durch das Errichten spekulativer Philosophien wird die Wahrheit verwirklicht, sondern durch das Weben des Netzes innerer Reinheit, durch den Aufbau des Tempels eines makellosen Lebens wird Wahrheit verwirklicht.

11. August

Nur wenn du dich mit dem Göttlichen identifizierst, kann von dir gesagt werden, dass du »angezogen und ganz vernünftig« bist (Lukas 8,35).

Gib alle Selbstsucht auf; gib das Selbst auf, und da!, der Frieden Gottes ist dein!

Das Göttliche in dir ist der Wohnsitz des Friedens, der Tempel der Weisheit, der Aufenthaltsort der Unsterblichkeit. Abgesehen von diesem inneren Ruheort, diesem Berg der Erkenntnis, kann es keinen wahren Frieden geben, keine Kenntnis des Göttlichen, und wenn du dort eine Minute lang bleiben kannst, eine Stunde oder einen Tag, ist es möglich, dass du auf immer dort bleibst.

Alle deine Sünden und Klagen, deine Ängste und Sorgen sind dein eigen, und du kannst dich an sie klammern, oder du kannst sie aufgeben. Aus deinem eigenen Willen klammerst du dich an deine Unrast; aus deinem eigenen Willen kannst du zum dauernden Frieden gelangen. Niemand sonst kann dir die Sünden wegnehmen; du musst sie dir selbst wegnehmen. Der größte Lehrer kann nicht mehr tun, als den Pfad der Wahrheit für sich selbst gehen und ihn dir zeigen; du selbst musst ihn für dich selbst gehen. Du kannst Freiheit und Frieden nur allein durch eigene Anstrengungen erreichen, indem du das aufgibst, was die Seele fesselt und was zerstörerisch für den Frieden ist.

12. August

Komm heraus aus den Stürmen von Sünde und Schmerz.

Tritt ein in den inneren Ruheort.

O du, der du den Menschen willst lehren die Wahrheit!
Hast du die Wüste des Zweifels durchquert?
Bist gereinigt durch die Feuer der Trauer? Hat Wahrheit
Die Feinde, die Meinungen, wirklich verzehrt
aus deinem menschlichen Herzen? Ist deine Seele so klar,
dass kein falscher Gedanke mehr zu finden war?

O du, der du den Menschen willst lehren die Liebe!
Hast du den Ort der Verzweiflung durchquert?
Hast du die Nacht des Kummers durchweint? (Kein Schmerz,
Kein Kummer, keine Sorge mehr.) Nur dein Herz,
Das auf Mitgefühl und Freundlichkeit baut,
Wenn es Irrtum, Hass und Bemühen schaut.

O du, der du den Menschen willst lehren den Frieden!
Hast du das weite Meer des Streits überquert?
Hast Erlösung gefunden an der Stille Strände,
Von aller wilden Unrast des Lebens das Ende?
Ist aus deinem Herzen alles Streben geschwunden,
Hast du nichts als Wahrheit, Liebe, Frieden gefunden?

13. August

Mach dich rein und liebenswürdig, und du wirst von allen geliebt werden.

Sei anderen gegenüber freundlich, und Freunde werden sich bald um dich scharen.

Denke freundlich von deinen Dienern, betrachte ihr Glücklichsein und Wohlergehen und verlange niemals von ihnen jenen extremen Dienst, den du selbst nicht leisten würdest, wärest du an ihrer Stelle. Selten und wunderschön ist jene Demut der Seele, durch die ein Diener sich selbst völlig im Guten des Herrn vergisst; aber weitaus seltener und schöner in einer göttlichen Schönheit ist jener Edelmut der Seele, durch die ein Mensch, der sein eigenes Glücklichsein vergisst, das Glücklichsein jener sucht, die unter seiner Autorität stehen und die für ihr leibliches Wohlergehen von ihm abhängig sind. Und das Glücklichsein eines solchen Menschen wächst um das Zehnfache, auch muss er sich nicht über jene beklagen, die er beschäftigt. So sagte ein wohlbekannter Arbeitgeber, der niemals einen seiner vielen Beschäftigten entlassen musste: »Ich hatte stets die glücklichste Beziehung zu meinen Arbeitern. Wenn du mich fragst, wie sich das nachweisen lässt: Ich kann nur sagen, dass es von Anfang an mein Ziel war, sie so zu behandeln, wie ich behandelt werden wollte.«

14. August

BESTÄNDIG IN GUTEN GEDANKEN ZU BLEIBEN BEDEUTET, UM SICH SELBST EINE PSYCHISCHE ATMOSPHÄRE DER LIEBLICHKEIT UND MACHT ZU VERBREITEN, DIE IHREN EINDRUCK BEI ALLEN HINTERLÄSST, DIE DAMIT IN BERÜHRUNG KOMMEN.

ES GIBT KEIN BÖSES IM UNIVERSUM, DAS NICHT WURZEL UND URSPRUNG IM GEIST HAT.

Wie die aufgehende Sonne sich daranmacht, die hilflosen Schatten zu besiegen, so werden alle unfähigen Kräfte des Bösen dazu gebracht, die suchenden Strahlen positiver Gedanken zu fliehen, die aus einem Herzen leuchten, das sich in Reinheit und Glauben stark gemacht hat.

Wo es gediegenen Glauben und kompromisslose Reinheit gibt, da gibt es Gesundheit, da gibt es Erfolg, da gibt es Macht. In einem solchen Menschen können Krankheit, Fehlschläge und Katastrophen keine Unterkunft finden, denn da gibt es nichts, wovon sie sich nähren könnten.

Selbst körperliche Zustände sind größtenteils durch geistige Zustände bedingt, und zu dieser Wahrheit wird die wissenschaftliche Welt immer schneller hingezogen. Der alte materialistische Glaube, dass ein Mensch ist, wozu ihn sein Leib macht, schwindet rasch dahin und wird durch den inspirierenden Glauben ersetzt, dass der Mensch seinem Leib überlegen ist und dass sein Leib das ist, was er durch die Macht seines Denkens daraus macht.

15. August

Verzichte.

Wenn du deine Gesundheit bewahren willst, musst du lernen, ohne Reibung zu arbeiten.

Wenn du Wut, Sorge, Eifersucht, Gier oder einem anderen unharmonischen Zustand des Geistes zugeneigt bist und perfekte leibliche Gesundheit erwartest, erwartest du das Unmögliche, denn du säest beständig die Samen der Krankheit in deinen Geist. Solche Zustände des Geistes werden sorgsam vom weisen Menschen gemieden, denn er weiß, dass sie weitaus gefährlicher sind als ein defekter Abfluss oder ein infiziertes Haus.

Wenn du frei von allen leiblichen Schmerzen sein und dich perfekter leiblicher Harmonie erfreuen willst, dann bringe deinen Geist in Ordnung und harmonisiere deine Gedanken. Denke freudige Gedanken; denke liebende Gedanken; lass das Elixier des guten Willens durch deine Adern kreisen, und du wirst keine weitere Arznei benötigen. Lege deine Eifersüchteleien, dein Misstrauen, deine Sorgen, deinen Hass, deine selbstsüchtigen Schwächen beiseite, und du wirst deine Magenkrankheit, deine Gallenkrankheit, deine nervöse Krankheit und schmerzenden Gelenke beiseitelegen.

16. August

Ordne deine Gedanken, und du wirst dein Leben ordnen.

Folge unter allen Umständen dem höchsten Drängen in dir.

Gieße das Öl der Ruhe auf die turbulenten Wasser der Leidenschaften und Vorurteile, und die Unwetter des Unglücks, wie sehr sie auch bedrohlich sind, werden machtlos sein, die Barke deiner Seele untergehen zu lassen, während sie sich ihren Weg über den Ozean des Lebens windet. Und wenn diese Barke von einem fröhlichen und niemals fehlgehenden Glauben gelenkt wird, wird ihr Kurs zweifelsohne sicher sein, und sie wird so an vielen Gefahren vorüberkommen, die sie ansonsten befallen würden. Durch die Macht des Glaubens an dein Werk und in deiner Macht, dieses Werk zu vollbringen – hier ist der Fels, auf den du es bauen musst, wenn du es erreichen willst, wenn du stehen und nicht fallen willst.

17. August

Lass dein Herz gross, liebevoll und selbstlos werden, und grossartig und dauerhaft werden dein Einfluss und dein Erfolg sein.

Lerne durch beständige Praxis, wie du sparsam mit deinen Ressourcen umgehen kannst, und konzentriere sie in jedem Moment auf einen gegebenen Punkt.

Kultiviere einen reinen und selbstlosen Geist und kombiniere ihn mit Reinheit und Glauben, Zielstrebigkeit, und du entwickelst dich innerhalb der Elemente nicht nur hinsichtlich überreichlicher Gesundheit und dauerhaftem Erfolg, sondern auch hinsichtlich Größe und Macht.

Wenn dir deine gegenwärtige Stellung widerwärtig und dein Herz nicht bei deiner Arbeit ist, erfülle dennoch deine Pflichten mit akribischer Sorgfalt, und während deine Gedanken bei der Vorstellung verweilen, dass eine bessere Stellung und größere Gelegenheiten auf dich warten, suche im Geiste immer aktiv nach sich anbahnenden Möglichkeiten, sodass du, wenn der entscheidende Moment da ist und das neue Flussbett sich zeigt, mit einem Geist hineintreten kannst, der völlig auf das Unternehmen vorbereitet ist, sowie mit jener Intelligenz und Voraussicht, die aus geistiger Disziplin geboren wird.

Welche Aufgabe du auch zu erledigen hast, konzentriere dich völlig darauf, wirf alle Energie hinein, die du aufbringen kannst. Die makellose Vollendung kleiner Aufgaben führt unweigerlich zu größeren Aufgaben.

18. August

Leidenschaft ist nicht Macht; sie ist der Missbrauch von Macht, die Zerstreuung von Macht.

Habe ein einziges Ziel; habe ein legitimes und nützliches Ziel und widme dich ihm uneingeschränkt.

Als ein junger, mir bekannter Mann, der beständig Widrigkeiten und Unglücksfälle durchlebte, von seinen Freunden verspottet und ihm gesagt wurde, er solle von weiteren Bemühungen Abstand nehmen, erwiderte er: »Die Zeit ist nicht mehr weit, wenn ihr über mein Glück und meinen Erfolg staunen werdet.« So zeigte er, dass er von jener stillen und unwiderstehlichen Macht besessen war, die ihn über zahllose Schwierigkeiten hinwegtrug und sein Leben mit Erfolg krönte.

Wenn du nicht über diese Macht verfügst, könntest du sie durch Übung erwerben, und der Anfang von Macht ist gleichermaßen der Anfang der Weisheit. Du musst damit anfangen, dass du jene sinnlosen Trivialitäten überwindest, für die du bisher ein williges Opfer gewesen bist. Übermütiges und unbeherrschtes Gelächter, beleidigendes und müßiges Geschwätz und scherzen, nur um ein Lachen hervorzurufen, all diese Dinge müssen abgelegt werden, da sie so viel wertvolle Energie vergeuden.

19. August

Das Glücksgefühl ist jener innere Zustand der völligen Zufriedenheit, der Freude und Frieden bedeutet.

Himmel und Hölle sind Zustände des Innern.

Die Zufriedenheit, die aus einem gewährten Wunsch herrührt, ist kurz und illusionär, und ihr folgt stets ein wachsendes Verlangen nach Gewährung. Wünsche sind unersättlich wie der Ozean und lärmen immer lauter, wenn ihren Forderungen nachgekommen wird. Sie verlangen immer mehr Dienste von den getäuschten Jüngern, bis sie schließlich in leiblicher oder geistiger Qual niedergestreckt und in die reinigenden Feuer des Leidens geschleudert werden. Wünsche sind die Region der Hölle, und alle Qualen sind dort vereinigt. Das Aufgeben von Wünschen bedeutet die Erkenntnis des Himmels, und alle Freuden erwarten dort die Pilger.

Ich schickte meine Seele durch das Unsichtbare,
Sie solle mir vom Jenseits sagen, und zwar schnelle.
Und meine Seele kehrte bald zurück zu mir
Und flüsterte: »Selbst bin ich der Himmel und die Hölle.«

Omar Khayyam, The Rubáiyát

20. August

Eine selbstsüchtige Suche bedeutet nur, das Glücksgefühl zu verlieren.

Reichliches Glücksgefühl wird dir beschieden sein, wenn du, nachdem du im selbstsüchtigen Umklammern nachgelassen hast, gewillt bist, dieses Umklammern endgültig aufzugeben.

Sinke ins Selbst und all seine Belohnungen, und du sinkst in die Hölle; steige über das Selbst in jenes Stadium des Geistes, welches das absolute Leugnen und Vergessen des Selbst ist, und du trittst ein in den Himmel. Das Selbst ist blind, ohne Urteilsvermögen, nicht besessen vom wahren Wissen, und es führt stets zum Leiden. Korrekte Wahrnehmung, unverzerrtes Urteil und wahres Wissen gehören nur dem göttlichen Zustand, und nur insofern, als du diesen göttlichen Geist erkennst, kannst du wissen, was wahres Glück bedeutet. Solange du in selbstsüchtiger Suche nach deinem eigenen persönlichen Glück bist, so lange wird dich das Glück meiden, und du wirst die Samen des Elends aussäen. Insofern du Erfolg dabei hast, dich selbst im Dienst an anderen zu verlieren, insofern wird das Glück zu dir kommen, und du wirst eine gesegnete Ernte einfahren.

21. August

Worüber du auch beständig meditierst, du wirst es nicht bloss verstehen, sondern du wirst ihm immer mehr gleichen.

Wenn du daher beständig über dem verweilst, was selbstsüchtig und erniedrigend ist, wirst du am Ende selbstsüchtig und erniedrigt.

Spirituelle Meditation ist der Königsweg zur Göttlichkeit. Sie ist die mystische Leiter, die von der Erde zum Himmel reicht, vom Irrtum zur Wahrheit, vom Schmerz zum Frieden. Jeder Heilige ist sie emporgestiegen; jeder Sünder muss sie früher oder später erreichen, und jeder erschöpfte Pilger, der seinem Selbst und der Welt den Rücken kehrt und das Gesicht resolut dem Haus seines Vaters zuwendet, muss seinen Fuß auf ihre goldenen Sprossen setzen. Ohne ihre Hilfe kannst du nicht in den göttlichen Zustand hineinwachsen, die Gottgleichheit, den göttlichen Frieden; und der makellose Glanz und die unverdorbenen Freuden der Wahrheit werden dir verborgen bleiben.

22. August

Wenn du in den Besitz eines fundierten und beständigen Friedens eintreten willst, dann komm jetzt her und betritt den Pfad der Meditation.

Der Faulpelz und der Zügellose können keine Kenntnis der Wahrheit haben.

Wähle einen Teil des Tages aus, an dem du meditierst, und halte diesen Zeitraum heilig für dein Ziel. Die beste Zeit ist der sehr frühe Morgen, wenn der Geist der Ruhe über allem liegt. Alle natürlichen Bedingungen werden dann zu deinen Gunsten sprechen; die Leidenschaften nach der langen leiblichen Fastenzeit der Nacht werden gedämpft sein, die Aufregungen und Sorgen des vorangegangenen Tages werden abgestorben sein, und der Geist, stark und dennoch ruhig, wird empfänglich für spirituelle Anweisung sein. In der Tat wird eine der ersten Bemühungen, die du berufen bist auszuführen, die sein, Lethargie und Schwäche abzuschütteln, und wenn du das verweigerst, wirst du außerstande sein voranzuschreiten, denn die Forderungen des Geistes sind zwingend.

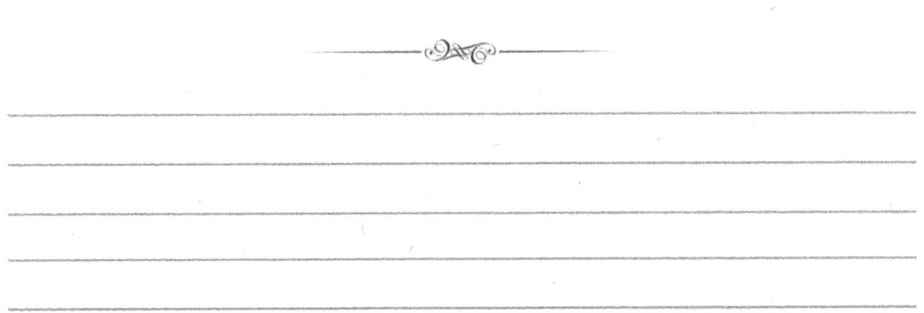

23. August

Das direkte Ergebnis deiner Meditation wird eine ruhige, spirituelle Stärke sein.

Gross ist die überwältigende Macht des heiligen Gedankens.

Wenn du zu Hass oder Wut neigst, wirst du über Freundlichkeit und Vergebung meditieren, damit du tastsächlich ein Gefühl für dein hartes und törichtes Verhalten bekommst. Dann wirst du in Gedanken von Liebe, von Freundlichkeit, von überreichlicher Vergebung verharren; und wenn du das Niedrige durch das Höhere überwunden hast, dann wird sich nach und nach, in aller Stille, ein Wissen des göttlichen Gesetzes der Liebe in dein Herz schleichen, dazu ein Verständnis seiner Bedeutung für all die komplizierten Dinge des Lebens und Verhaltens. Und durch die Anwendung dieses Wissens auf jeden deiner Gedanken, jedes deiner Worte und jede deiner Handlungen wirst du immer sanftmütiger, immer liebevoller, immer göttlicher. Und das gilt für jeden Irrtum, jedes selbstsüchtige Verlangen, jede menschliche Schwäche; durch die Macht der Meditation wird sie überwunden, und während jede Sünde, jeder Irrtum hinausgeworfen wird, erleuchtet ein volleres und klareres Maß vom Licht der Wahrheit die Seele des Pilgers.

24. August

Meditation wird die Seele mit rettendem Gedenken in den Stunden des Streits, des Kummers oder der Versuchung bereichern.

Denke daran, dass du durch stetige Beharrlichkeit in Wahrheit hineinwächst.

Während du durch die Macht der Meditation an Weisheit wächst, wirst du deine selbstsüchtigen Wünsche immer mehr loswerden, die launisch und vorübergehend sind und Kummer und Schmerz hervorrufen; und du wirst mit wachsender Standfestigkeit und zunehmendem Vertrauen deinen Platz auf den unveränderlichen Prinzipien einnehmen und himmlische Ruhe verwirklichen.

Die Anwendung der Meditation ist der Erwerb einer Kenntnis ewiger Prinzipien, und die Macht, die aus Meditation resultiert, ist die Fähigkeit, auf jenen Prinzipien zu ruhen und ihnen zu vertrauen und so eins mit dem Ewigen zu werden. Das Ende der Meditation ist solchermaßen die direkte Kenntnis der Wahrheit, Gottes und das Verwirklichen des göttlichen und tiefen Friedens.

Strebe nach Erhöhung durch die Macht der Meditation über alles selbstsüchtige Klammern an die speziellen Götter und Bekenntnisse; über alle toten Formalitäten und alles leblose Unwissen hinaus.

25. August

Glaube daran, dass ein Leben vollkommener Heiligkeit möglich ist.

Derjenige, der dieses glaubt, erklimmt schnell die himmlischen Höhen.

So glaubend, so strebend, so meditierend, göttlich süß und schön wird deine spirituelle Erfahrung sein und prächtig die Offenbarungen, die dein inneres Schauen entzücken werden. Wenn du die göttliche Liebe erkennst, die göttliche Reinheit, das vollkommene Gesetz Gottes oder Gott, wird deine Wonne groß und tief dein Friede sein. Alte Dinge werden entschwinden, und alle Dinge werden neu. Der Schleier des materiellen Universums, so dicht und undurchdringlich für das Auge des Irrtums, so dünn und durchscheinend für das Auge der Wahrheit, wird sich heben, und das spirituelle Universum wird enthüllt. Die Zeit wird vergehen, und du wirst nur in der Ewigkeit leben. Veränderung und Sterblichkeit werden dir keine Ängste und Sorgen mehr bereiten, denn du wirst dich ins Unveränderliche eingefügt haben und mitten im Herzen der Unsterblichkeit weilen.

26. August

Der Liebhaber der Wahrheit verehrt die Wahrheit durch das Opfer seines Selbst.

Wenn du das Selbst sterben lässt, wirst du in Wahrheit wiedergeboren.

Auf dem Schlachtfeld der menschlichen Seele streiten immerzu zwei Herren um die Krone der Oberherrschaft, um das Königreich und die Domäne des Herzens; der Herr des Selbst, auch »Prinz dieser Welt« genannt, und der Herr der Wahrheit, auch Gottvater genannt. Der Herr »Selbst« ist jener Rebell, dessen Waffen Leidenschaft, Stolz, Habgier, Eitelkeit, Eigenwille die Dunkelheit verwirklichen; der Herr »Wahrheit« ist jener Bescheidene und Niedrige, dessen Waffen Freundlichkeit, Geduld, Reinheit, Opferwille, Demut und Liebe Instrumente des Lichts sind.

In jeder Seele wird der Kampf geführt, und ebenso, wie ein Soldat nicht an zwei opponierenden Armeen teilnehmen kann, so ist jedes Herz entweder in den Reihen des Selbst oder der Wahrheit aufgestellt. Es gibt keinen Halbe-halbe-Kurs; »Dort ist das Selbst und dort ist die Wahrheit; wo das Selbst ist, ist nicht Wahrheit, wo die Wahrheit ist, ist nicht Selbst.« So sprach Buddha, der Lehrer der Wahrheit, und Jesus, der offenbarte Christus, verkündete: »Niemand kann gleichzeitig zwei Herren dienen! Entweder wird er den einen hassen und den anderen lieben. Oder er wird dem einen treu sein und den anderen verachten. Ihr könnt nicht gleichzeitig Gott und dem Geld dienen!« (Matthäus 6,24).

27. August

Die Liebhaber der Wahrheit verehren die Wahrheit durch das Opfer des Selbst.

Wenn du das Selbst sterben lässt, wirst du in Wahrheit wiedergeboren.

Suchst du zu wissen und die Wahrheit zu verwirklichen? Dann musst du darauf vorbereitet sein, das Alleräußerste zu opfern, aufzugeben, denn die Wahrheit in all ihrer Pracht kann nur wahrgenommen und gewusst werden, wenn die letzte Spur des Selbst verschwunden ist.

Der ewige Christus verkündete, dass derjenige, welcher sein Jünger sein möchte, „sich täglich selbst verleugnen muss" (Lukas 9,23). Bist du gewillt, dich zu verleugnen, deine Gelüste, deine Vorurteile, deine Ansichten aufzugeben? Falls ja, kannst du vielleicht den schmalen Pfad der Wahrheit betreten und jenen Frieden finden, vor dem die Welt ausgeschlossen ist. Das absolute Leugnen, die äußerste Auslöschung des Selbst ist der vollkommene Zustand der Wahrheit, und alle Religionen und Philosophien sind lediglich Hilfsmittel auf dem Weg zu dieser höchsten Errungenschaft.

28. August

Jeder heilige Mann ist ein Erlöser der Menschheit.

In der Welt zu sein und dennoch nicht von der Welt bedeutet die höchste Vollkommenheit.

Wenn die Menschen, verloren auf den gewundenen Wegen des Irrtums und Selbst, die »himmlische Geburt« vergessen haben, den Zustand der Heiligkeit und Wahrheit, setzen sie künstliche Maßstäbe, anhand derer sie einander beurteilen, und machen die Akzeptanz und das Festhalten an ihrer eigenen jeweiligen Theologie zum Maßstab der Wahrheit; und so werden die Menschen gespalten, und es gibt unablässige Feindschaft und unablässigen Streit und unendlichen Kummer und unendliches Leid.

Leser, suchst du, die Geburt in die Wahrheit zu verwirklichen? Es gibt nur einen Weg: *Lass das Selbst sterben*. All jene Gelüste, all jener Appetit, alle jene Wünsche, Meinungen, begrenzte Wahrnehmungen und Vorurteile, an die du dich bislang so beharrlich geklammert hast, lass sie von dir abfallen. Lass dich nicht länger von ihnen in Bande schlagen, und die Wahrheit wird dir gehören. Lass ab, deine eigene Religion als die überlegene allen anderen gegenüber zu betrachten, und strebe bescheiden danach, die überlegene Lektion der Wohltätigkeit zu erlernen.

29. August

Die Ursache für all diese Stärke, ebenso für alle Schwäche, liegt im Innern.

Es gibt keinen Fortschritt ausser der inneren Entfaltung.

Ein gründliches Verständnis dieses großen Gesetzes, welches das Universum durchdringt, führt zum Erwerb jenes Stadiums des Geistes, das *Gehorsam* genannt wird. Das Wissen, dass Gerechtigkeit, Harmonie und Liebe im Universum über allem stehen, ähnelt dem Wissen, dass alle widrigen und schmerzlichen Umstände das Ergebnis unseres eigenen Ungehorsams gegenüber jenem Gesetz sind. Ein solches Wissen führt zu Stärke und Macht, und es ist allein allem solchen Wissen gegeben, dass wahres Leben, andauernder Erfolg und andauerndes Glück aufgebaut werden können. Geduldig zu sein unter allen Umständen und sämtliche Bedingungen als notwendige Faktoren in deiner Ausbildung anzuerkennen bedeutet, sich über sämtliche schmerzlichen Zustände zu erheben und sie mit einer Überwindung bewältigen, die sich sicher ist und keine Furcht zulässt, dass diese Zustände zurückkehren, denn durch die Kraft des Gehorsams gegenüber dem Gesetz sind sie endgültig zerschlagen.

30. August

Es gibt keinen sicheren Halt von Wohlergehen und Frieden ausser durch geordnetes Fortschreiten im Wissen.

In einem Universum des Gesetzes ist kein Platz für jemanden, der sich beklagt, und Sorge ist Selbstmord der Seele.

Vielleicht hängen die Ketten der Armut schwer an dir, und du bist ohne Freunde und allein, und du spürst ein intensives Verlangen, dass deine Bürde leichter werden sollte, aber die Bürde bleibt, und du bist scheinbar umhüllt von einer immer weiter zunehmenden Dunkelheit. Vielleicht klagst du, beweinst dein Los; du gibst deiner Geburt die Schuld, deinen Eltern, deinem Arbeitgeber oder den ungerechten Mächten, die dir so unverdient Armut und Mühsal auferlegt haben und anderen Überfluss und Behaglichkeit. Lass ab von deinen Klagen und deinem Ärger; nichts von diesen Dingen, denen du die Schuld gibst, ist die Ursache deiner Armut; die Ursache liegt in dir selbst, und wo die Ursache ist, da ist die Abhilfe.

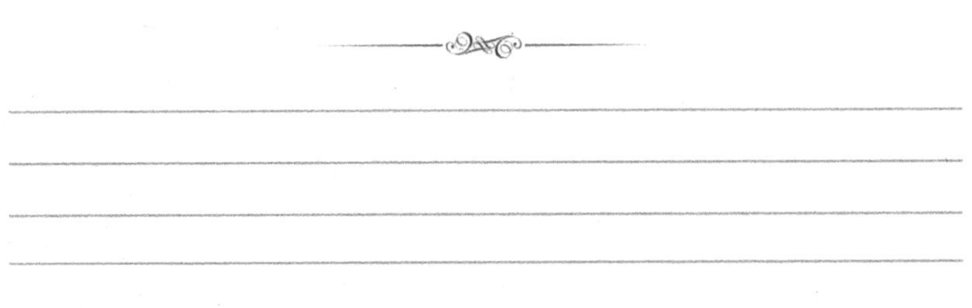

31. August

WAS DAHER DEINE GEDANKEN SIND,
DAS IST DEIN WAHRES SELBST.

DU WIRST VON DEN UMSTÄNDEN HIN- UND HERGEWORFEN, WEIL DU KEIN RECHTES VERSTÄNDNIS DER NATUR, DER ANWENDUNG UND DER MACHT DES GEDANKENS HAST.

Die Welt rings umher, sowohl die belebte als auch die unbelebte, trägt die Aspekte, mit denen deine Gedanken sie bekleiden. »Alles, was wir sind, ist das Ergebnis dessen, was wir gedacht haben; es gründet auf unseren Gedanken; es ist aus unseren Gedanken gemacht.« So sagte Buddha, und daraus folgt entsprechend, dass, wenn ein Mensch glücklich ist, er es deshalb ist, weil er in glücklichen Gedanken weilt; wenn er elend ist, dann deshalb, weil er in mutlosen und schwachen Gedanken weilt. Ob einer furchtsam oder furchtlos ist, töricht oder weise, besorgt oder heiter – in dieser Seele liegt die Ursache für ihren eigenen Zustand oder ihre eigenen Zustände, und niemals außerhalb ihrer. Und jetzt höre ich anscheinend einen Chor von Stimmen rufen: »Aber willst du wirklich sagen, dass äußere Umstände nicht unseren Geist beeinflussen?« Das sage ich nicht, aber ich sage dies, und ich weiß, dass es eine unwiderlegbare Wahrheit ist, *dass Umstände dich nur insofern berühren können, als du es ihnen zugestehst.*

SEPTEMBER

1. September

Ein nützliches und glückliches Leben von Gesundheit abhängig zu machen bedeutet, die Materie über den Geist zu stellen, den Geist dem Leib zu unterwerfen.

Moralische Prinzipien sind die gesündesten Fundamente für Gesundheit, ebenso für Glück.

Menschen mit robustem Geist verweilen nicht bei ihrem leiblichen Zustand, wenn er in irgendeiner Hinsicht zerrüttet ist – *sie ignorieren ihn* und arbeiten weiter, leben weiter, als ob es nicht so wäre. Dieses Ignorieren des Leibes hält nicht bloß den Geist gesund und stark, sondern ist die beste Ressource für die Heilung des Leibes. Wenn wir keinen vollkommen gesunden Leib haben können, dann können wir einen gesunden Geist haben, und ein gesunder Geist ist der beste Weg zu einem gesunden Leib.

Ein kranker Geist ist bedauernswerter als ein gestörter Leib, und er führt zur Krankheit des Leibes. Der geistig Verkrüppelte ist in einem weitaus beklagenswerteren Zustand als der körperlich invalide. Es gibt Invalide (jeder Arzt kennt sie), die sich lediglich zu einer stärkeren, selbstloseren, glücklicheren Geisteshaltung emporheben müssen, um zu entdecken, dass ihr Leib gesund und fähig ist.

2. September

Nicht die Armut macht die Menschen unglücklich, sondern der Durst nach Reichtümern.

Ein Elender kann Millionär sein, aber er ist ebenso arm, als ob er mittellos wäre.

Wo es eine Ursache gibt, da erscheint auch eine Auswirkung, und wäre Überfluss die Ursache von Amoralität und Armut die Ursache von Entwürdigung, dann würde jeder Reiche amoralisch und jeder Arme entwürdigt werden.

Ein Bösewicht begeht Böses unter allen Umständen, ob er reich oder arm ist oder irgendwo in der Mitte zwischen diesen beiden Zuständen. Jemand, der das Rechte tut, wird das Rechte tun, wo immer er auch steht. Extreme Umstände mögen dazu beitragen, das Böse hervorzubringen, was bereits auf seine Gelegenheit wartet, aber sie können das Böse nicht verursachen, können es nicht erzeugen.

Armut besteht oft mehr in der Vorstellung als in der Geldbörse. Solange ein Mensch nach mehr Geld dürstet, wird er sich selbst als arm betrachten, und in diesem Sinne ist er arm, denn Habgier ist Armut des Geistes.

3. September

EIN MENSCH IST IN DEM AUSMASS GROSS AN WISSEN, GROSS IN SICH SELBST UND GROSS IN SEINEM EINFLUSS AUF DIE WELT, WIE ER GROSS IN SELBSTBEHERRSCHUNG IST.

DAS ZIEL SOLCHEN WISSENS IST ANWENDUNG, DIENST, ZUNEHMENDE ANNEHMLICHKEIT UND GRÖSSERES GLÜCK IN DER WELT.

So wunderbar die Kräfte der Natur ja sind, so sehr sind sie jener Kombination intelligenter Kräfte unterlegen, welche den Geist des Menschen ausmachen und die blinden mechanischen Kräfte der Natur beherrschen und lenken. Daher folgt daraus, dass es, um die inneren Kräfte von Leidenschaft, Begierde, Willen und Intellekt zu verstehen, zu beherrschen und zu lenken, erforderlich ist, im Besitz der Schicksale von Menschen und Nationen zu sein.

Derjenige, der die Kräfte der äußeren Natur versteht und beherrscht, ist der Naturwissenschaftler; aber derjenige, welcher die inneren Kräfte des Geistes versteht und beherrscht, ist der göttliche Wissenschaftler; und die Gesetze, die beim Erwerb des Wissens äußerer Erscheinungen eine Rolle spielen, sind gleichfalls beim Erwerb des Wissens um innere Wahrheiten im Spiel.

4. September

Alle Dinge, ob sichtbar oder unsichtbar, sind diesem unendlichen und ewigen Gesetz der Kausalität unterworfen und fallen in dessen Geltungsbereich.

Böse Gedanken und Taten erzeugen Bedingungen des Leids; gute Gedanken und Taten bestimmen Bedingungen der Glückseligkeit.

Vollkommene Gerechtigkeit hält das Universum aufrecht; vollkommene Gerechtigkeit regelt das menschliche Leben und die menschliche Lebensführung. Alle unterschiedlichen Lebensumstände, wie sie heutzutage in der Welt herrschen, sind das Ergebnis der Reaktion dieses Gesetzes auf die menschliche Lebensführung. Der Mensch kann wählen (und tut es auch), welche Ursachen er wirken lassen möchte, aber er kann die Natur der Auswirkungen nicht ändern; er kann entscheiden, welche Gedanken er denken will und welche Handlungen er ausführen will, aber er hat keine Macht über die *Ergebnisse* jener Gedanken und Handlungen; diese werden vom alles regierenden Gesetz reguliert.

Der Mensch hat alle Macht zu handeln, aber seine Macht endet mit der begangenen Tat. Das Ergebnis der Tat lässt sich nicht ändern oder rückgängig machen, auch lässt sich ihm nicht entkommen; es ist unwiderruflich.

5. September

Die Macht des Menschen ist beschränkt, und seine Glückseligkeit oder sein Elend wird bestimmt von seiner eigenen Lebensführung.

Im Leben kann es keine Falsifizierung von Ergebnissen geben; das Auge des grossen Gesetzes entdeckt und zeigt auf.

Das Leben kann ähnlich wie eine Additionsaufgabe gesehen werden. Für den Schüler, der den Schlüssel zu ihrer korrekten Lösung noch nicht erfasst hat, ist sie verwirrend schwierig und kompliziert, aber sobald der Schlüssel erkannt und begriffen ist, wird die Aufgabe erstaunlich einfach, wie sie zuvor gründlich verwirrend war. Eine gewisse Vorstellung von der Idee dieser vergleichsweisen Einfachheit und Kompliziertheit des Lebens lässt sich erhalten, wenn man völlig die Tatsache erkennt und verwirklicht, dass, während es Dutzende, und vielleicht Hunderte, von Möglichkeiten gibt, eine Summe falsch zu addieren, *nur eine Methode richtig ist, wie man sie richtig lösen kann,* und dass, wenn jene richtige Methode gefunden wurde, der Schüler *weiß, dass es die richtige ist;* seine Verwirrung verschwindet, und er weiß, dass er das Problem gemeistert hat.

6. September

Selbstsüchtige Gedanken und schlechte Taten ergeben kein nützliches und schönes Leben.

Das Denken eines freundlichen Gedankens oder das Begehen einer freundlichen Tat begleiten sogleich einen Adel und Glück.

Das Leben ist wie ein Stück Tuch, und die Fäden, aus denen es zusammengesetzt ist, sind individuelle Leben. Die Fäden, obwohl unabhängig voneinander, sind nicht durcheinandergeraten. Jeder folgt seinem eigenen Kurs. Jeder Einzelne erleidet und genießt die Konsequenzen seiner eigenen Handlungen und nicht die der Handlungen eines anderen. Der Kurs eines jeden ist einfach und eindeutig; das Ganze bildet eine komplizierte, wenn auch harmonische Kombination aus Folgen. Es gibt Aktion und Reaktion, Handlung und Konsequenz, Ursache und Auswirkung; und die ausgleichende Reaktion, Konsequenz und Auswirkung erfolgt immer in genau derselben Menge wie der Anfangsimpuls.

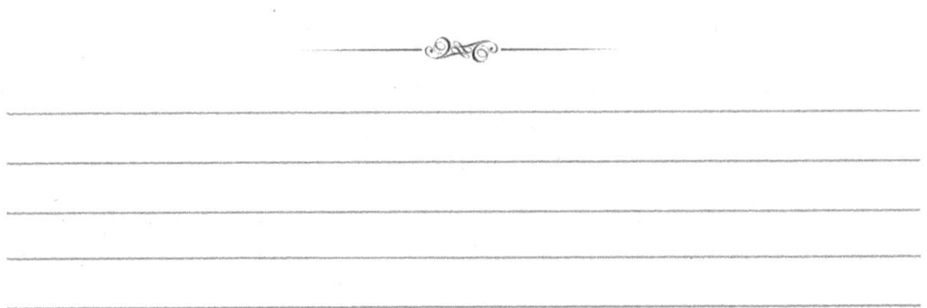

7. September

Der Mensch ist nur für seine eigenen Handlungen verantwortlich; er ist der Hüter seiner eigenen Handlungen.

Der direkte und einzige Weg zu grösserer Stärke ist der, seine Schwächen anzugehen und zu besiegen.

Das »Problem des Bösen« lebt in den eigenen bösen Taten des Menschen, und es lässt sich lösen, wenn jene Taten gereinigt werden. So sagt Rousseau: »Mensch, forsche nicht länger nach dem Urheber des Bösen. Du selbst bist dieser Urheber« (Glaubensbekenntnis des savoyischen Vikars; aus: Emile, 4. Band).

Die Auswirkung lässt sich niemals von der Ursache trennen; sie kann niemals von einer anderen Natur sein als die Ursache. Emerson sagt: »Gerechtigkeit wird nicht aufgeschoben; eine vollkommene Gleichheit stellt das Gleichgewicht aller Teile des Lebens ein.«

Und es existiert ein tiefgründiger Sinn, in welchem Ursache und Auswirkung gleichzeitig geschehen und ein vollkommenes Ganzes bilden. Das heißt, im Augenblick, da ein Mensch einen, sagen wir, grausamen Gedanken denkt oder eine grausame Tat verübt, hat er im selben Augenblick *seinen eigenen Geist verletzt;* er ist nicht derselbe Mensch, der er im Augenblick zuvor war; er ist ein wenig bösartiger und ein wenig unglücklicher geworden; und eine Anzahl solcher aufeinanderfolgender Gedanken und Taten würde einen grausamen und elenden Menschen hervorbringen.

8. September

Ohne die Kraft des Geistes lässt sich nichts tun, was der Vollendung wert wäre.

Der direkte und einzige Weg zu grösserer Stärke ist der, seine Schwächen anzugehen und zu besiegen.

Die Kultivierung jener Standfestigkeit und Stabilität des Charakters, die allgemein »Willensstärke« genannt wird, ist eine der dringlichsten Pflichten des Menschen, denn ihr Besitz ist absolut nötig, sowohl für sein vorübergehendes als auch sein ewiges Wohlergehen. Festigkeit des Ziels ist die Wurzel aller erfolgreichen Bemühungen, seien es weltliche oder spirituelle, und ohne sie kann ein Mensch nicht anders als elend sein, und er hängt von anderen hinsichtlich der Stütze ab, die er in sich selbst finden sollte.

Der wahre Weg der Willenskultivierung lässt sich nur im gewöhnlichen Alltagsleben des Einzelnen finden, und er ist so offensichtlich und einfach, dass die Mehrheit, die auf der Suche nach etwas Kompliziertem und Geheimnisvollem ist, daran vorübergeht, ohne ihn zu bemerken.

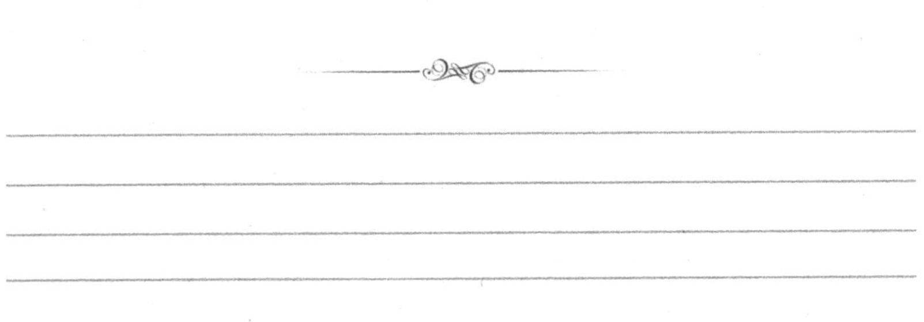

9. September

BEI DER SCHULUNG DES WILLENS BESTEHT DER ERSTE SCHRITT IN DER AUFGABE SCHLECHTER GEWOHNHEITEN.

JEDER, DER ERNSTHAFT ÜBER DIE OBEN ANGEFÜHRTEN REGELN MEDITIERT UND SIE SORGFÄLTIG AUSÜBT, WIRD ZWEIFELSOHNE JENE REINHEIT DES ZIELS UND MACHT DES WILLENS ENTWICKELN, DIE ES IHM ERMÖGLICHT, ERFOLGREICH MIT JEDER SCHWIERIGKEIT ZURECHTZUKOMMEN UND TRIUMPHIEREND JEDE NOTLAGE DURCHZUSTEHEN.

Derjenige, welcher diese einfache vorbereitende Wahrheit versteht, wird erkennen, dass die gesamte Wissenschaft der Willenskultivierung in den folgenden sieben Regeln verkörpert ist:

1. Schlechte Angewohnheiten aufgeben.
2. Gute Angewohnheiten ausbilden.
3. Genaue Beachtung der Pflichten des gegenwärtigen Augenblicks.
4. Energisch und sogleich angehen, was auch immer zu tun ist.
5. Nach Regeln leben.
6. Die Zunge im Zaum halten.
7. Den Geist beherrschen.

10. September

Wer sich einer schlechten Angewohnheit unterwirft, weil sie unmittelbar Vergnügen bereitet, verwirkt das Recht, über sich selbst zu herrschen.

Gründlichkeit ist ein Schritt bei der Entwicklung des Willens, der nicht übergangen werden kann. Schlampige Arbeit ist ein Anzeichen von Schwäche.

Derjenige, welcher solchermaßen Selbstdisziplin meidet und sich nach irgendwelchen »okkulten Geheimnissen« umschaut, um Willensstärke unter Einsatz von wenig oder keiner Anstrengung seinerseits zu erwerben, täuscht sich selbst und schwächt die Willenskraft, über die er bereits verfügt.

Die zunehmende Stärke des Willens, die durch den Erfolg bei der Überwindung schlechter Angewohnheiten gewonnen wird, ermöglicht einem, gute Angewohnheiten anzunehmen, denn während der Sieg über eine schlechte Angewohnheit lediglich Zielstrebigkeit erfordert, macht die Ausbildung einer neuen die *intelligente Zielstrebigkeit* erforderlich. Hierfür muss ein Mensch geistig aktiv und energisch sein und beständig auf sich achtgeben.

11. September

Das Ziel sollte Vollkommenheit sein, sogar bei der kleinsten Aufgabe.

Lebe nach dem Prinzip und nicht nach der Leidenschaft.

Dadurch, dass man den Geist nicht teilt, sondern seine ganze Aufmerksamkeit auf jede einzelne Aufgabe richtet, wie sie sich präsentiert, lassen sich Zielstrebigkeit und intensive Konzentration des Geistes nach und nach erringen – zwei geistige Kräfte, die dem Charakter Gewicht und Geltung verleihen und ihrem Besitzer Ruhe und Freude bringen.

Energisch und sogleich das angehen, was auch immer zu tun ist, ist gleichermaßen wichtig. Müßiggang und ein starker Wille passen nicht zusammen, und Hinauszögern ist eine absolute Barriere zum Erwerb zielstrebiger Handlung. Nichts sollte auf demnächst »hinausgeschoben« werden, nicht einmal für ein paar Minuten. Das, was getan werden sollte, sollte jetzt getan werden. Das scheint eine Kleinigkeit zu sein, aber es ist von weitreichender Bedeutung. Es führt zu Stärke, Erfolg und Frieden.

12. September

Gründlichkeit besteht darin, kleine Dinge so zu tun, als ob sie die grössten Dinge auf der Welt seien.

Derjenige, welcher die Eigenschaft der Gründlichkeit erwirbt, wird zu einem Menschen der Nützlichkeit und des Einflusses.

Dass die kleinen Dinge des Lebens von höchster Wichtigkeit sind, ist eine Wahrheit, die nicht allgemein verstanden wird, und der Gedanke, dass kleine Dinge vernachlässigt, abgetan oder schlampig erledigt werden können, steht an der Wurzel jenes Mangels an Gründlichkeit, der so weit verbreitet ist und der in unvollkommener Arbeit und unglücklichem Leben resultiert.

Wenn man versteht, dass die großen Dinge der Welt und des Lebens aus einer Kombination von kleinen Dingen bestehen und dass ohne diese Ansammlung kleiner Dinge die großen Dinge nicht existieren würden, dann beginnt man, sorgfältig auf jene Dinge zu achten, die man zuvor als unbedeutend angesehen hat.

13. September

Der Grund für diesen allgemeinen Mangel an Gründlichkeit liegt im Durst nach Vergnügen.

Der Geist, der mit Vergnügungen beschäftigt ist, kann sich nicht auch noch auf die vollkommene Durchführung der Pflicht konzentrieren.

Jeder Arbeitgeber weiß, wie schwierig es ist, Männer und Frauen zu finden, die Gedanken und Energie in ihre Arbeit stecken und sie vollständig und zufriedenstellend erledigen. Schlechte Arbeit gibt es im Überfluss. Geschick und Spitzenleistung erlangen nur wenige. Gedankenlosigkeit, Achtlosigkeit und Trägheit sind so gewöhnliche Laster, dass es seltsam erscheinen sollte, dass trotz der »Sozialreformen« die Reihen der Arbeitslosen weiterhin anschwellen, denn jene, die heute bei ihrer Arbeit pfuschen, werden an einem anderen Tag, in der Stunde tiefer Bedrängnis, vergebens nach Arbeit suchen und danach fragen.

Das Gesetz vom »Überleben des Tauglichsten« basiert nicht auf Grausamkeit, sondern es basiert auf Gerechtigkeit; es ist ein Aspekt jener göttlichen Gleichheit, die überall vorherrscht. Das Laster »wird [...] hart bestraft werden« (Lukas 12,47); wenn es nicht so wäre, wie könnte sich dann Tugend entwickeln? Der Gedankenlose und Träge kann nicht Vorrang vor dem Bedächtigen und Fleißigen haben oder auf gleicher Höhe mit ihm stehen.

14. September

Demjenigen, welchem es an Gründlichkeit in seinen weltlichen Pflichten mangelt, wird es an derselben Eigenschaft in spirituellen Dingen mangeln.

Es ist besser, ein weltlicher Mensch mit ganzer Seele zu sein, als ein halbherziger religiöser Mensch.

Gründlichkeit ist Vollständigkeit, Vollkommenheit; sie bedeutet, eine Sache so gut zu erledigen, dass nichts daran zu wünschen übrig lässt; sie bedeutet, seine Arbeit, wenn schon nicht besser als alle anderen, so doch nicht schlechter zu erledigen als andere, die ihr Bestes geben. Sie bedeutet, sich sehr viele Gedanken um die Aufgabe zu machen, viel Energie hineinzustecken, den Geist beständig darauf gerichtet zu halten, Geduld, Ausdauer und ein hohes Pflichtgefühl zu kultivieren. Ein alter Lehrer sagte: »Wenn etwas zu tun ist, soll ein Mensch es tun, soll er es energisch in Angriff nehmen«; und ein anderer Lehrer sagte: »Was deine Hand auch immer zu tun findet, tu es mit all deiner Macht.«

15. September

Derjenige, welcher nicht gelernt hat, wie er liebenswürdig, freigiebig, liebevoll und glücklich sein kann, hat sehr wenig gelernt.

Die Umgebung eines Menschen ist niemals gegen ihn; sie ist dazu da, ihn zu unterstützen.

Mutlosigkeit, Gereiztheit, Angst und Klage, Verurteilung und Groll – das alles sind Gedankengeschwüre, Geisteskrankheiten; es sind die Anzeichen für einen falschen geistigen Zustand, und jene, welche darunter leiden, täten gut daran, ihre Denk- und Lebensweise zu richten. Es stimmt, dass es viel Sünde und Elend in der Welt gibt, sodass all unsere Liebe und all unser Mitgefühl vonnöten sind, *aber Elend ist nicht vonnöten* – davon gibt es bereits zu viel. Nein, es ist unsere Fröhlichkeit und unser Glücksgefühl, das nötig ist, denn davon gibt es zu wenig. Wir können der Welt nichts Besseres schenken als Schönheit des Lebens und Charakters; ohne dies sind alle anderen Dinge vergebens; dies ist in erster Linie ausgezeichnet; dies ist dauerhaft, wirklich und darf nicht verworfen werden, und dies schließt alle Freude und Glückseligkeit mit ein.

16. September

Du kannst alles um dich herum verändern, wenn du dich selbst veränderst.

Fang an, frei von allen Übeltaten und allem Bösen um dich her zu leben. Friede des Geistes, reine Religion und wahre Reform liegen auf diesem Weg.

Ungebrochene Liebenswürdigkeit der Lebensführung angesichts aller äußeren Widrigkeiten ist das unfehlbare Anzeichen einer selbstbezwungenen Seele, das Zeugnis von Weisheit und der Beweis für den Besitz von Wahrheit.

Eine liebenswürdige und glückliche Seele ist die gereifte Frucht von Erfahrung und Weisheit, und sie verbreitet überall den unsichtbaren, jedoch mächtigen Duft ihres Einflusses, macht die Herzen anderer froh und reinigt die Welt.

Wenn du möchtest, dass andere wahr sein sollen, sei wahr; wenn du möchtest, dass sich die Welt aus Elend und Sünde erhebt, erhebe dich selbst; wenn du möchtest, dass dein Heim und deine Umgebung glücklich sind, sei glücklich.

Und dies wirst du ganz natürlich und spontan tun, wenn du das Gute in dir selbst begreifst.

17. September

Unsterblichkeit ist hier und jetzt, und sie ist kein spekulatives Etwas jenseits des Grabes.

Fortdauer ist das Gegenteil von Unsterblichkeit.

Unsterblichkeit gehört nicht der Zeit an und wird niemals in der Zeit zu finden sein; sie gehört zur Ewigkeit, und ebenso, wie Zeit hier und jetzt ist, so ist Ewigkeit hier und jetzt; und ein Mensch entdeckt jene Ewigkeit und etabliert sich darin, wenn er das Selbst überwindet, das sein Leben aus den unbefriedigenden und vergänglichen Dingen der Zeit erlangt.

Solange ein Mensch in Gefühl, Begierde und den vergänglichen Ereignissen seiner alltäglichen Existenz eingetaucht bleibt und diese Gefühle, Begierden und vergänglichen Ereignisse als das Wesen seiner selbst betrachtet, kann er nichts von Unsterblichkeit wissen. Das Ding, welches ein solcher Mensch begehrt und das er mit Unsterblichkeit verwechselt, ist *Fortdauer;* nämlich eine fortwährende Abfolge von Gefühlen und Ereignissen in der Zeit.

18. September

Der Tod des Leibes kann einem Menschen niemals Unsterblichkeit verleihen.

Der unsterbliche Mensch ist in vollem Besitz seiner selbst.

Geister unterscheiden sich nicht von Menschen und leben ihr kleines fieberheißes Leben eines gebrochenen Bewusstseins und sind nach wie vor Veränderung und Sterblichkeit unterworfen. Der sterbliche Mensch, derjenige, welcher nach der Fortdauer seiner vergnügungssüchtigen Persönlichkeit dürstet, ist nach dem Tod immer noch sterblich und lebt nur ein anderes Leben mit einem Anfang und einem Ende, ohne Erinnerung an die Vergangenheit oder Wissen um die Zukunft.

Der unsterbliche Mensch ist derjenige, welcher sich von den Dingen der Zeit dadurch gelöst hat, dass er in jenen Zustand des Bewusstseins aufgestiegen ist, der fest und unveränderlich und nicht von den vergänglichen Ereignissen und Gefühlen berührt ist. Er ist wie jemand, der aus seinem Traum erwacht ist, und er weiß, dass sein Traum keine andauernde Wirklichkeit war, sondern eine vorübergehende Illusion. Er ist ein Mensch mit Wissen, des Wissens um beide Zustände – jenes der Beständigkeit und jenes der Unsterblichkeit – und ist in vollem Besitz seiner selbst.

19. September

Der sterbliche Mensch lebt im zeitlichen oder weltlichen Zustand des Bewusstseins, das beginnt und endet.

Der unsterbliche Mensch lebt im kosmischen oder himmlischen Zustand des Bewusstseins, in dem es weder Anfang noch Ende, sondern ein ewiges Jetzt gibt.

Der unsterbliche Mensch bleibt ausgeglichen und standhaft bei allen Veränderungen, und der Tod seines Leibes wird in keiner Weise das ewige Bewusstsein unterbrechen, in dem er weilt. Von einem solchen Menschen heißt es: »… der wird den Tod nicht schmecken« (vgl. Johannes 8,52, Lutherbibel), weil er aus dem Strom der Sterblichkeit hinausgetreten ist und sich im Wohnsitz der Wahrheit eingerichtet hat. Leiber, Persönlichkeiten, Nationen und Welten vergehen, aber die Wahrheit bleibt, und ihr Ruhm ist nicht geschwächt durch die Zeit. Der unsterbliche Mensch ist dann derjenige, welcher sich selbst besiegt hat, der sich nicht länger mit den selbstsüchtigen Kräften der Persönlichkeit identifiziert, sondern sich darin geübt hat, diese Kräfte mit der Hand eines Meisters zu lenken und sie solchermaßen in Einklang mit der kausalen Energie und dem Ursprung aller Dinge gebracht hat.

20. September

Die Überwindung des Selbst besteht in der Auslöschung aller Elemente, die Kummer hervorrufen.

Die Überwindung des Selbst ist die Kultivierung aller göttlichen Eigenschaften.

Die Lehre von der Überwindung oder Auslöschung des Selbst ist die Einfachheit selbst; tatsächlich so einfach, praktisch und naheliegend, dass ein fünfjähriges Kind, dessen Geist noch nicht umwölkt von Theorien, theologischen Programmen und spekulativen Philosophien ist, sie weitaus wahrscheinlicher verstehen könnte als viele ältere Menschen, die ihren Halt an einfachen und schönen Wahrheiten dadurch verloren haben, dass sie komplizierte Theorien angenommen haben.

Die Auslöschung des Selbst besteht darin, alle jene Elemente in der Seele auszujäten und zu vernichten, die zum Teilen, zu Streit, Leid, Krankheit und Kummer geführt haben. Es bedeutet nicht die Vernichtung irgendeiner guten, schönen und friedenstiftenden Eigenschaft.

21. September

Derjenige, welcher seinen Feind, den Versucher, überwältigen will, muss seine Festung und den Ort finden, wo er sich verbirgt, und muss auch die unbewachten Tore in seiner eigenen Festung finden, wo sein Feind leicht eindringen kann.

Dies ist der heilige Krieg der Heiligen.

Versuchung mit all ihren begleitenden Qualen kann hier und jetzt überwunden werden, aber sie lässt sich nur durch Wissen überwinden. Sie ist ein Zustand der Dunkelheit oder des Halbdunkels. Die völlig erleuchtete Seele ist gefeit gegenüber aller Versuchung. Wenn ein Mensch völlig Ursprung, Natur und Bedeutung der Versuchung versteht, wird er sie in eben jener Stunde besiegen und von seiner langen Arbeit ausruhen; aber während er in Unwissenheit verbleibt, werden Beachtung religiöser Vorschriften und viel Beten und Lesen der Schrift ihm keinen Frieden bringen.

22. September

Alle Versuchung kommt von innen.

Ein Mensch wird versucht, weil in ihm gewisse Begierden oder Zustände des Geistes vorhanden sind, die er als unheilig erkannt hat.

Den Menschen gelingt der Sieg nicht, und der Kampf zieht sich daher unendlich in die Länge, weil sie fast überall zwei Täuschungen unterliegen: zuerst der, dass sämtliche Versuchungen von außen kommen, und dann der, dass sie wegen ihrer Güte versucht werden. Solange ein Mensch von diesen beiden Täuschungen gefesselt ist, wird er keinen Fortschritt machen; wenn er sie abgeschüttelt hat, wird er rasch von Sieg zu Sieg eilen und den Geschmack spiritueller Freude und Ruhe kosten.

Der Ursprung und die Ursache aller Versuchung ist die *innere Begierde;* sodass, wenn sie gereinigt oder beseitigt ist, äußere Dinge und fremde Mächte völlig machtlos sind, die Seele zur Sünde oder zur Versuchung zu bewegen. Das äußere Ding ist bloß die *Gelegenheit* für Versuchung, *niemals die Ursache;* diese liegt in der Begierde desjenigen, der versucht wird.

23. September

Das Gute im Menschen gerät niemals in Versuchung. Güte vernichtet Versuchung.

Die Versuchung zeigt einem Menschen genau, wo er ist.

Es ist das Böse im Menschen, was erregt und versucht wird. Das Maß der Versuchung eines Menschen ist ein genaues Register seiner eigenen Unheiligkeit. Während ein Mensch sein Herz reinigt, schwindet die Versuchung, denn wenn eine gewisse unrechtmäßige Begierde aus dem Herzen entfernt wurde, ist die Sache, die früher darauf ansprach, dazu nicht mehr länger in der Lage, sondern wird tot und machtlos, weil im Herzen nichts mehr geblieben ist, was darauf reagieren kann. Der ehrbare Mensch kann nicht zum Stehlen verlockt werden, kann die Gelegenheit auch noch so günstig sein; der Mensch, dessen Appetit gereinigt ist, kann nicht zu Völlerei und Trunkenheit verlockt werden, obwohl die Lebensmittel und Weine äußerst üppig vorhanden sein können; derjenige mit einem erleuchteten Verständnis, dessen Geist ruhig in der Stärke seiner inneren Tugend ist, kann niemals zu Ärger, Gereiztheit oder Rache verlockt werden, und die Listen und Sprüche des Zauberstabs fallen auf das gereinigte Herz als leere, bedeutungslose Schatten.

24. September

Das grosse Gesetz ist gut – der integre Mensch steht über der Furcht, dem Versagen, der Armut, der Schande und der Entehrung.

Verleumdung, Anschuldigung und Bösartigkeit können dem rechtschaffenen Menschen nichts anhaben, noch können sie ihm eine bittere Reaktion entlocken, noch hat er es nötig, sich selbst zu verteidigen und seine Unschuld zu beweisen. Seine Unschuld und Integrität allein sind ausreichende Antwort auf all den Hass, der ihm entgegengebracht wird.

Der Mensch, welcher den Verlust gegenwärtiger Freuden oder materieller Bequemlichkeiten fürchtet, leugnet die Wahrheit in sich, kann verletzt, beraubt und entwürdigt werden, und er lässt auf sich herumtrampeln, weil er zuerst verletzt, beraubt und entwürdigt hat und auf seinem edleren Selbst herumgetrampelt hat; aber der Mensch standhafter Tugend, makelloser Integrität kann nicht Opfer solcher Bedingungen werden, weil er das feige Selbst in sich abgelehnt und Zuflucht bei der Wahrheit gesucht hat. Es sind nicht die Geißeln und die Ketten, die einen Menschen zum Sklaven machen, sondern die Tatsache, dass er ein Sklave *ist*.

25. September

Der integre Mensch wendet alles Böse zum Guten.

Der integre Mensch kann von den Kräften der Dunkelheit niemals niedergedrückt werden, da er all jene Kräfte in sich selbst niedergedrückt hat.

Der integre Mensch soll frohlocken und sich freuen, wenn er ernsthaft versucht wird; er soll dankbar sein, dass ihm eine Gelegenheit geschenkt wurde, seine Loyalität gegenüber den edlen Prinzipien zu zeigen, die er verfochten hat, und er soll denken: »Jetzt ist die Stunde der heiligen Gelegenheit! Jetzt ist der Tag des Triumphs für die Wahrheit! Obwohl ich die ganze Welt verliere, werde ich das Rechte nicht verlassen.« Solchermaßen denkend wird er das Böse mit dem Guten vergelten und voller Mitgefühl an den Übeltäter denken.

Der Verleumder, der Schwätzer und der Übeltäter haben scheinbar eine Zeit lang Erfolg, aber das Gesetz der Gerechtigkeit herrscht; und der integre Mensch scheint eine Zeit lang zu versagen, aber er ist unbesiegbar, und in keiner der Welten, sei sie sichtbar oder unsichtbar, kann eine Waffe geschmiedet werden, die gegen ihn siegen wird.

26. September

Ohne Unterscheidungsvermögen ist ein Mensch geistig blind.

Der Geist entwickelt sich, wie der Muskel, durch den Gebrauch.

Geist und Leben eines Menschen sollten frei von Verwirrung sein. Er sollte darauf vorbereitet sein, sich jeder geistigen, materiellen und spirituellen Schwierigkeit zu stellen und sollte nicht unentwirrbar (wie es viele sind) in den Netzen von Zweifel, Unentschlossenheit und Unsicherheit verstrickt sein, wenn Probleme und sogenanntes Unglück daherkommen. Er sollte gegen jeden Notfall gefestigt sein, der sich ihm entgegenstellt; aber eine solche geistige Bereitschaft und Stärke kann keinesfalls ohne Unterscheidungsvermögen erworben werden, und Unterscheidungsvermögen lässt sich nur dadurch entwickeln, dass man die analytische Fähigkeit ins Spiel bringt und beständig übt.

27. September

Verwirrung, Leid und spirituelle Dunkelheit folgen dem Gedankenlosen.

Harmonie, Glückseligkeit und das Licht der Wahrheit sind Diener des Nachdenklichen.

Der Mensch, welcher Angst davor hat, suchend über seine Meinungen nachzudenken und kritisch seine Position zu hinterfragen, wird moralischen Mut entwickeln müssen, bevor er Unterscheidungsvermögen erlangen kann.

Ein Mensch muss sich selbst gegenüber aufrecht sein, furchtlos vor sich selbst, bevor er die reinen Prinzipien der Wahrheit erkennt, bevor er das alles enthüllende Licht der Wahrheit erlangen kann.

Je mehr die Wahrheit befragt wird, desto heller leuchtet sie; sie kann unter einer Untersuchung und Analyse nicht leiden.

Je mehr der Irrtum befragt wird, desto dunkler wird er; er kann den Eintritt des reinen und suchenden Gedankens nicht überleben.

»Alle Dinge zu beweisen« bedeutet, das Gute zu finden und das Böse zu verwerfen.

Derjenige, welcher begründet und meditiert, lernt zu unterscheiden; derjenige, welcher unterscheidet, entdeckt die ewige Wahrheit.

28. September

Glaube ist eine Haltung des Geistes, welche den ganzen Kurs des eigenen Lebens bestimmt.

Glaube und Lebensführung sind daher untrennbar voneinander, denn der eine bestimmt die andere.

Glaube ist die Grundlage allen Handelns, und da dies so ist, zeigt sich der Glaube, der die Herzen oder den Geist dominiert, im Leben. Jeder Mensch handelt, denkt und lebt in genauer Übereinstimmung mit dem Glauben, der in seinem innersten Wesen verwurzelt ist, und die mathematische Natur der Gesetze, die den Geist regieren, sind derart, dass es für jemanden absolut unmöglich ist, gleichzeitig an zwei entgegengesetzte Zustände zu glauben. So ist es zum Beispiel unmöglich an Gerechtigkeit und Ungerechtigkeit, Hass und Liebe, Frieden und Streit, Selbst und Wahrheit zu glauben. Jeder Mensch glaubt an den einen oder anderen dieser Gegensätze, *niemals an beide,* und die tägliche Lebensführung jedes Menschen ist Hinweis auf die Natur seines Glaubens.

29. September

Gerechtigkeit regiert, und alles, was Ungerechtigkeit genannt wird, ist flüchtig und illusorisch.

Der Mensch, welcher an Gerechtigkeit glaubt, bleibt gelassen und unbesorgt während aller Prüfungen und Schwierigkeiten.

Der Mensch, der sich beständig über die Ungerechtigkeit seiner Mitmenschen aufregt, der davon spricht, selbst schlecht behandelt zu werden, oder über die mangelnde Gerechtigkeit in der Welt um sich herum trauert, zeigt durch seine Lebensführung, seine Geisteshaltung, dass er an Ungerechtigkeit glaubt. Wie er auch protestieren und das Gegenteil behaupten mag, in seinem innersten Herzen glaubt er, dass im Universum Verwirrung und Chaos vorherrschen, und das Ergebnis dessen ist, dass er in Elend und Unruhe verharrt und seine Lebensführung falsch ist.

Wiederum ist es so, dass derjenige, welcher an Liebe, an ihre Stabilität und Macht glaubt, *sie unter allen Umständen ausübt,* niemals von ihr abweicht und sie allen Feinden wie Freunden erweist.

30. September

Jeder Gedanke, jede Handlung, jede Gewohnheit ist das direkte Ergebnis des Glaubens.

Wenn unser Glaube an eine Sache aufhört, können wir uns nicht mehr länger daran klammern oder sie ausüben.

Die Menschen werden vom Irrtum dadurch errettet, dass sie an die Überlegenheit der Wahrheit glauben. Sie werden von der Sünde dadurch errettet, dass sie an Heiligkeit oder Vollkommenheit glauben. Sie werden vom Bösen dadurch errettet, dass sie an das Gute glauben, denn jeder Glaube manifestiert sich im Leben. Es ist nicht nötig, nach dem theologischen Glaubensbekenntnis eines Menschen zu fragen, denn das ist von wenig oder gar keinem Belang. Was kann es einem Menschen schließlich nützen, wenn er daran glaubt, dass Jesus für ihn gestorben ist oder dass Jesus Gott ist oder dass er »durch den Glauben gerechtfertigt« ist, und er weiterhin seine niedere, sündige Natur auslebt? Alles, was nötig ist zu fragen, ist dies: »Wie lebt ein Mensch?«, »Wie verhält er sich unter verführerischen Umständen?«. Die Antwort auf diese Fragen wird zeigen, ob ein Mensch an die Macht des Bösen oder an die Macht des Guten glaubt.

OKTOBER

1. Oktober

Ein Mensch kann sich an nichts klammern, woran er nicht glaubt; Glaube geht stets dem Handeln voraus, daher sind die Taten und das Leben eines Menschen die Früchte seines Glaubens.

Es gibt nur zwei Glaubensrichtungen, die das Leben wesentlich beeinflussen, und dies sind der Glaube an das Gute und der Glaube an das Böse.

Derjenige, welcher an all jene Dinge glaubt, die gut sind, wird sie lieben und in ihnen leben; derjenige, welcher an jene Dinge glaubt, die unrein und selbstsüchtig sind, wird sie lieben und sich an sie klammern. Den Baum erkennt man an seinen Früchten.

Der Glaube eines Menschen an Gott, Jesus und die Bibel ist das eine; sein Leben, wie es sich in seinen Handlungen zeigt, ist das andere; daher hat der theologische Glaube eines Menschen keinerlei Konsequenz; jedoch die Gedanken, die er hegt, seine Geisteshaltung anderen gegenüber und seine Handlungen: Dieses, und nur dieses, bestimmt und zeigt, ob der Glaube im Herzen eines Menschen fest aufs Falsche oder Wahre gerichtet ist.

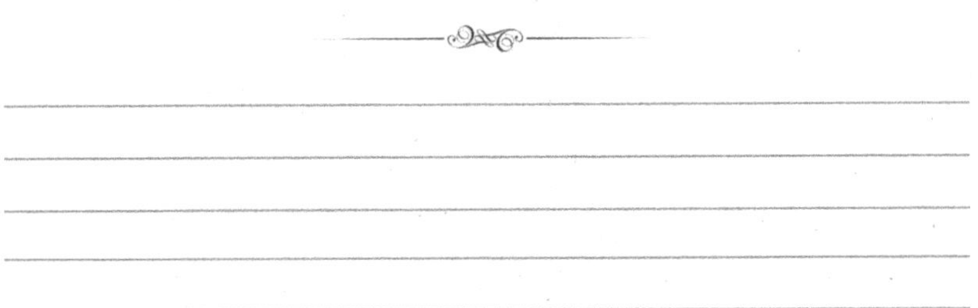

2. Oktober

Wie sich die Frucht zum Baum und das Wasser zur Quelle verhält, so verhält sich die Tat zum Gedanken.

Alle Sünde und Versuchung sind das natürliche Ergebnis der Gedanken des Einzelnen.

Der jähe Fall nach einer mächtigen Versuchung in irgendeine schwere Sünde von jemandem, von dem geglaubt wurde, er stehe fest, und was er von sich selbst wahrscheinlich auch geglaubt hat, ist, bei genauerem Hinsehen, weder eine *jähe* noch eine grundlose Angelegenheit, wenn der verborgene Gedankenvorgang, der dazu geführt hat, aufgedeckt wird. Der *Fall* war bloß das Ende, die Umsetzung, das letztliche Ergebnis dessen, was im Geist wahrscheinlich Jahre zuvor angefangen hatte. Der Mensch hatte zugelassen, dass ein falscher Gedanke seinen Geist betrat; und ein zweites und ein drittes Mal hatte er diesen willkommen geheißen und ihm erlaubt, sich in seinem Herzen einzunisten. Nach und nach gewöhnte er sich daran und hegte, hätschelte und pflegte ihn; und so wuchs er, bis er schließlich solche Kraft und Gewalt angenommen hatte, dass er die Gelegenheit an sich zog, die ihm ermöglichte, auszubrechen, und er reif für die Tat wurde.

3. Oktober

Als gedankliches Wesen wird deine vorherrschende geistige Haltung deinen Zustand im Leben bestimmen.

Die Grenzlinien deiner Gedanken sind selbst errichtete Zäune.

Du bist der Denker deiner Gedanken, und als solcher bist du der Gestalter deines Selbst und deines Zustands. Denken ist kausal und schöpferisch und erscheint in deinem Charakter und Leben in Gestalt von Ergebnissen. In deinem Leben gibt es keine Zufälle. Sowohl seine Harmonien als auch seine Gegensätze sind die reagierenden Echos deiner Gedanken. Ein Mensch denkt, und sein Leben erscheint.

Wenn deine vorherrschende geistige Haltung friedlich und liebevoll ist, werden dir Segen und Glückseligkeit folgen; wenn es widerspenstig und hasserfüllt ist, werden Schwierigkeiten und Qual deinen Weg umwölken. Aus bösem Willen werden Kummer und Katastrophen folgen; aus gutem Willen Heilung und Wiedergutmachung.

4. Oktober

Als ein Wesen des Denkens wird deine vorherrschende geistige Haltung deine Lebensumstände bestimmen.

Die Grenzzäune deiner Gedanken sind selbst errichtete Zäune.

Du bist der Denker deiner Gedanken, und als solcher bist du der Macher deines Selbst und deines Zustands. Der Gedanke ist kausal und schöpferisch und erscheint in deinem Charakter und Leben in Gestalt von Ergebnissen. In deinem Leben gibt es keine Zufälle. Sowohl seine Harmonien als auch seine Widersprüche sind Reaktionen, Echos deiner Gedanken. Ein Mensch denkt, und sein Leben erscheint.

Wenn deine vorherrschende geistige Haltung friedlich und liebenswürdig ist, werden dir Segen und Glückseligkeit folgen; wenn sie widerspenstig und hasserfüllt ist, werden Sorge und Kummer deinen Weg umwölken. Aus Böswilligkeit folgen Leid und Katastrophen; aus Gutwilligkeit Heilung und Wiedergutmachung.

5. Oktober

Schmerz, Trauer, Leid und Elend sind die Früchte, deren Blüte die Leidenschaft ist.

Die höchste Gerechtigkeit und die höchste Liebe sind eins.

Wo die von Leidenschaft gefesselte Seele nur Ungerechtigkeit sieht, erkennt der gute Mensch, derjenige, welcher die Leidenschaft besiegt hat, Ursache und Auswirkung, erkennt die höchste Gerechtigkeit. Für einen solchen Menschen ist es unmöglich, sich selbst als ungerecht behandelt zu sehen, weil er aufgehört hat, Ungerechtigkeit zu sehen. Er weiß, dass niemand ihn verletzen oder täuschen kann, da er aufgehört hat, selbst zu verletzen oder zu täuschen. Wie leidenschaftlich oder unwissend Menschen ihm gegenüber auch handeln, es kann ihm unmöglich Schmerzen bereiten, denn er weiß, dass alles, was ihm zustößt (mag es Verleumdung und Verfolgung sein), nur als Auswirkungen dessen kommen kann, was er selbst zuvor hinausgeschickt hat. Daher betrachtet er alle Dinge als gut, frohlockt in allen Dingen, liebt seine Feinde und segnet diejenigen, welche ihn verfluchen, betrachtet sie als die blinden, jedoch wohlwollenden Instrumente, durch die es ihm ermöglicht wird, seine moralischen Schulden beim großen Gesetz zurückzuzahlen.

6. Oktober

Die Geschichte einer Nation ist das Gebäude ihrer Taten.

Mithilfe von Millionen von Steinen ist eine Stadt aufgebaut; mithilfe von Millionen von Gedanken ist ein Charakter aufgebaut.

Wie ein Leib aus Zellen aufgebaut ist und ein Haus aus Steinen, so ist der Geist des Menschen aus Gedanken aufgebaut. Die verschiedenen Charaktere der Menschen sind nichts weiter als zusammengesetzte Gedanken verschiedener Kombinationen. Hierin erkennen wir die tiefe Wahrheit der Redensart »Wie der Mensch im Herzen denkt, so ist er«. Individuelle Charakteristika sind *feste Gedankenvorgänge;* sie sind nämlich fest in dem Sinne, dass sie ein integraler Teil des Charakters geworden sind und daher nur durch langwierige Bemühungen des Willens und sehr viel Selbstdisziplin geändert werden können. Der Charakter ist auf dieselbe Weise aufgebaut, wie ein Baum oder ein Haus aufgebaut ist – nämlich durch das unablässige Hinzufügen neuen Materials, und dieses Material ist *der Gedanke*.

7. Oktober

Jeder Mensch ist ein Erbauer des Geistes.

Jeder Mensch ist der Erbauer seiner selbst.

Reine Gedanken, weise ausgesucht und gut platziert, sind dauerhafte Steine, die niemals zerbröckeln werden und aus denen sich ein vollendetes und schönes Gebäude und eines, das seinem Besitzer Bequemlichkeit und Schutz bietet, rasch errichten lässt. Kräftigende Gedanken der Stärke, der Zuversicht, der Pflicht; inspirierende Gedanken an ein großes, freies, unbehindertes und selbstloses Leben sind nützliche Steine, mit denen ein bedeutender Tempel des Geistes errichtet werden kann; und der Bau eines solchen Tempels erfordert notwendigerweise den Abriss und die Zerstörung jener alten und nutzlosen Denkgewohnheiten.

Errichte dir stattlichere Häuser, o meine Seele! Während die Jahreszeiten rasch vorüberziehen.

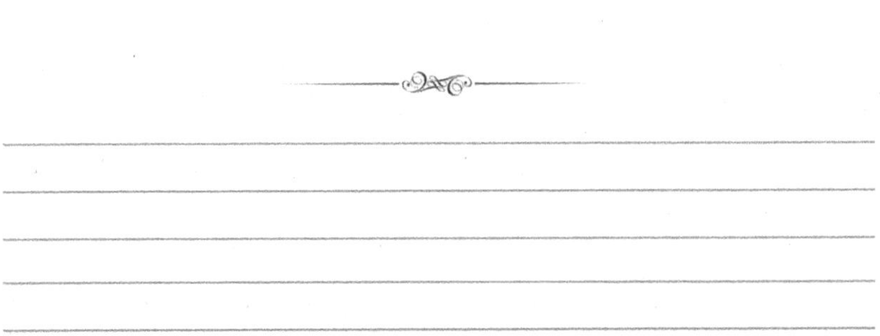

8. Oktober

Baue wie ein wahrer Arbeiter.

Arbeiten im Einklang mit den fundamentalen Gesetzen des Universums.

Wenn ein Mensch ein erfolgreiches, starkes und beispielhaftes Leben errichten will – ein Leben, das tapfer den grimmigsten Stürmen von Widrigkeit und Versuchung widerstehen soll –, dann muss er es anhand weniger einfacher, unabänderlicher moralischer Prinzipien errichten.

Vier dieser Prinzipien sind *Gerechtigkeit, Rechtschaffenheit, Ernsthaftigkeit und Freundlichkeit*. Diese vier ethischen Wahrheiten sind für das Ausbilden eines Lebens das, was die vier Geraden eines Quadrats für den Bau eines Hauses sind. Wenn ein Mensch sie missachtet und glaubt, Erfolg, Glück und Frieden durch Ungerechtigkeit, Trickserei und Selbstsucht zu erlangen, befindet er sich in der Lage eines Baumeisters, der glaubt, er könne eine starke und dauerhafte Wohnstatt errichten, während er die relative Anordnung mathematischer Geraden vernachlässigt, und er wird am Ende bloß enttäuscht werden und versagt haben.

9. Oktober

Ein allgemein verbreiteter Irrtum ist die Annahme, dass kleine Dinge übergangen werden können und dass die grösseren Dinge die wichtigeren sind.

Derjenige, welcher ein sicheres und gesegnetes Leben haben möchte, muss die moralischen Prinzipien in jedem Detail seines Lebens umsetzen.

Derjenige, welcher die vier ethischen Prinzipien als Gesetz und Basis seines Lebens übernimmt, der das Gebäude seines Charakters darauf errichtet, der in seinen Gedanken, Worten und Taten nicht von ihnen abweicht, dessen jede Pflicht und jede vorübergehende Transaktion in deren strikter Beachtung erfüllt wird – ein solcher Mensch, der das verborgene Fundament der Integrität des Herzens sicher und stark gelegt hat, kann unmöglich darin scheitern, ein Gebäude zu errichten, das ihm Ehre einbringt; und er errichtet einen Tempel, in dem er in Frieden und Glückseligkeit ruhen kann – also im starken und wunderschönen Tempel seines Lebens.

10. Oktober

Wenn Strebsamkeit sich mit Konzentration vereinigt, ist das Ergebnis Meditation.

Meditation ist für den spirituellen Erfolg notwendig.

Wenn ein Mensch intensiv wünscht, ein höheres, reineres und strahlenderes Leben zu erreichen und zu verwirklichen als das rein weltliche und vergnügungsliebende Leben, *strebt* er nach etwas; und wenn er seine Gedanken ernsthaft auf die Suche nach diesem Leben konzentriert, übt er Meditation aus.

Ohne intensive Strebsamkeit kann es keine Meditation geben. Lethargie und Gleichgültigkeit sind für das Meditieren fatal. Je intensiver die Natur eines Menschen ist, desto leichter wird ihm die Meditation fallen und desto erfolgreicher wird er sie ausüben. Eine feurige Natur wird rasend schnell die Höhen der Wahrheit in der Meditation erklimmen, wenn ihre Strebsamkeit genügend erweckt worden ist.

11. Oktober

Ist ein Mensch bestrebt, die Wahrheit zu kennen und zu verwirklichen, dann lässt er Aufmerksamkeit wirken, auf das Leben, auf die Selbstreinigung.

Liebe die Wahrheit so völlig und intensiv, als würdest du völlig von ihr absorbiert.

Durch Konzentration kann ein Mensch die höchsten Höhen der Genialität erklimmen, aber er kann nicht die höchsten Höhen der Wahrheit erklimmen: Um dies zu verwirklichen, muss er meditieren. Durch Konzentration kann ein Mensch das wunderbare Verständnisvermögen und die große Macht eines Cäsars erringen; durch Meditation kann er die göttliche Weisheit und den vollkommenen Frieden eines Buddha erringen. Die Vervollkommnung von Konzentration ist *Macht;* die Vervollkommnung von Meditation ist *Weisheit.* Durch Konzentration erwirbt ein Mensch Fähigkeiten in der Ausübung der Dinge des Lebens – in der Wissenschaft, der Kunst, dem Handel usw. –, aber durch Meditation erwirbt er Fähigkeiten im *Leben* selbst; im rechten Leben, in Erleuchtung, Weisheit usw. Heilige, Weise, Erlöser – weise Menschen und göttliche Lehrer – sind die Endergebnisse heiliger Meditation.

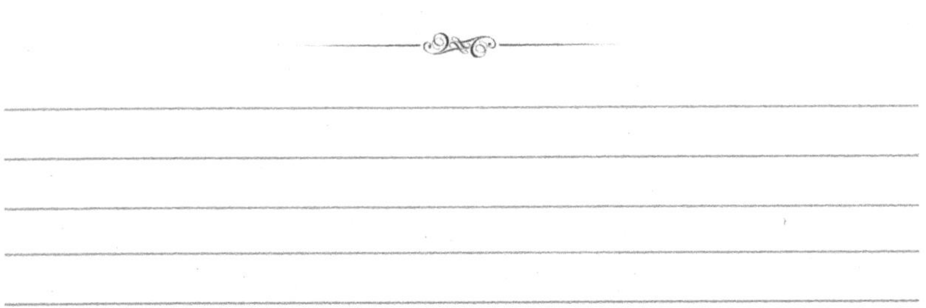

12. Oktober

Das Ziel der Meditation ist göttliche Erleuchtung.

Der Mensch ist ein denkendes Wesen, und sein Leben und sein Charakter werden durch die Gedanken bestimmt, in denen er gewöhnlich verweilt.

Während anfangs die Zeit, die mit echter Meditation verbracht wird, kurz ist – vielleicht eine halbe Stunde am frühen Morgen –, so ist das Wissen, welches in dieser halben Stunde lebhafter Strebsamkeit und konzentrierter Gedanken erworben wurde, in der Praxis während des ganzen Tages verkörpert. An der Meditation ist daher das gesamte Leben eines Menschen beteiligt; und wie er in der Ausübung voranschreitet, wird er immer tauglicher, die Pflichten des Tages unter den Bedingungen zu erfüllen, die ihm auferlegt werden, weil er stärker, heiliger, gelassener und weiser wird.

Das Prinzip der Meditation ist ein zweifaches, nämlich:

1. Reinigung des Herzens durch wiederholtes Denken an reine Dinge.
2. Erwerb göttlichen Wissens durch Verkörperung solcher Reinheit im praktischen Leben.

13. Oktober

Durch Übung, Assoziation und Gewohnheit neigen Gedanken dazu, sich zu wiederholen.

Es ist leicht, Träumerei mit Meditation zu verwechseln.

Durch das tägliche Verweilen in reinen Gedanken bildet der meditierende Mensch die Gewohnheit reinen und erleuchteten Denkens aus, die zu reinen und erleuchteten Handlungen und gut ausgeführten Pflichten führt. Durch die unablässige Wiederholung reiner Gedanken wird er schließlich eins mit diesen Gedanken und ist ein gereinigtes Wesen, das seine Verwirklichung in reinen Handlungen, in einem heiteren und weisen Leben manifestiert.

Die Mehrheit der Menschen lebt in einer Reihe widerstreitender Begierden, Leidenschaften, Emotionen und Spekulationen und dadurch in Rastlosigkeit, Unsicherheit und Leid; wenn jedoch ein Mensch anfängt, seinen Geist in Meditation zu schulen, erwirbt er nach und nach die Beherrschung über diesen inneren Konflikt, indem er seine Gedanken auf ein zentrales Prinzip fokussiert.

14. Oktober

Selbstsucht, die Wurzel des Baums des Bösen und Leidens, zieht ihre Nahrung aus dem dunklen Boden der Unwissenheit.

Jeder Mensch leidet wegen seiner eigenen Selbstsucht.

Die Reichen und die Armen leiden gleichermaßen *unter ihrer eigenen Selbstsucht,* und ihr entkommt niemand. Die Reichen haben ihr eigenes Leid ebenso wie die Armen. Mehr noch, die Reichen verlieren beständig ihre Reichtümer; die Armen erwerben sie beständig. Der arme Mensch von heute ist der reiche Mensch von morgen, und *vice versa.* Es gibt keine Stabilität, keine Sicherheit in der Hölle und nur kurze und gelegentliche Perioden der Ruhe vom Leiden in der einen oder anderen Form. Auch die Furcht folgt den Menschen wie ein großer Schatten, denn der Mensch, der die selbstsüchtige Kraft erwirbt und an ihr festhält, wird immer von einem Gefühl der Unsicherheit verfolgt werden und beständig ihren Verlust befürchten; während der arme Mensch, der selbstsüchtig materielle Reichtümer sucht oder begehrt, von der Furcht vor dem Elend verfolgt wird. Und alle, die in dieser Unterwelt des Streits leben, überschattet eine große Furcht – die Furcht vor dem Tod.

15. Oktober

Der Geist wird durch Meditation über spirituelle Dinge gekräftigt und erneuert.

Die Lampe des Glaubens muss beständig genährt und gewissenhaft geputzt werden.

Ein Mensch muss durch *drei Tore der Unterwerfung* schreiten. Das erste ist *die Unterwerfung der Begierde,* das zweite ist *die Unterwerfung der Meinung;* das dritte ist *die Unterwerfung des Selbst.* Tritt er in die Meditation ein, so wird er anfangen, seine Wünsche zu untersuchen, ihnen in Gedanken nachzuspüren und ihnen hinsichtlich ihrer Auswirkungen auf sein Leben und auf seinen Charakter zu folgen; und er wird rasch wahrnehmen, dass ein Mensch ohne die Abkehr von Begierde ein Sklave sowohl seiner selbst als auch seiner Umgebung und Lebensbedingungen bleibt. Nachdem er dies entdeckt hat, wird er das erste Tor, jenes der *Unterwerfung der Begierde,* betreten. Beim Durchgang durch dieses Tor vollführt er einen Prozess der Selbstdisziplin, die der erste Schritt in der Reinigung der Seele darstellt.

16. Oktober

Für denjenigen, dessen Geist auf den Sieg über das Selbst gerichtet ist, fügt sich der Verlust von heute zum Gewinn von Morgen hinzu.

Lerne zu unterscheiden zwischen dem Wirklichen und dem Unwirklichen, dem Schatten und der Substanz.

Daher soll ein Mensch mutig voranschreiten, weder die Beschimpfung seiner Freunde innen noch den Lärm seiner Feinde außen beachten; streben, suchen; sein Ideal mit Augen heiliger Liebe fest im Blick behalten; Tag um Tag seinen Geist von selbstsüchtigen Motiven befreien, sein Herz von unreinen Begierden; manchmal stolpern, manchmal fallen, aber immerzu weitergehen und höher aufsteigen; und jede Nacht in der Stille seines eigenen Herzens die Reise des Tages aufzeichnen; er soll nicht verzweifeln, sondern jeden Tag, trotz all seiner Fehlschläge und Stürze, eine heilige Schlacht aufzeichnen, die er geschlagen hat, und obwohl verloren, hat er doch einen stillen Sieg versucht, allerdings nicht erreicht.

17. Oktober

Erwirb den unbezahlbaren Besitz spirituellen Unterscheidungsvermögens.

Stelle dich auf die göttlichen Prinzipien von Reinheit, Weisheit, Mitgefühl und Liebe.

Er, der seine Seele in die farblosen Gewänder der Demut gekleidet hat, setzt all seine Energien daran, jene Meinungen an der Wurzel auszureißen, die er bislang geliebt und gehätschelt hat. Er lernt jetzt, zwischen der Wahrheit, welche die eine und unveränderliche ist, und seinen eigenen Meinungen und denen der anderen über die Wahrheit zu unterscheiden, deren es viele und veränderliche gibt. Er sieht, dass seine *Meinungen* über das Gute, Reine, das Mitgefühl und die Liebe sich sehr von diesen Eigenschaften selbst unterscheiden und dass er auf diesen göttlichen Prinzipien stehen muss und nicht auf seinen Meinungen. Bisher hat er seine eigenen Meinungen als von großem Wert erachtet und die Meinungen der anderen als wertlos, aber jetzt hört er damit auf, seine eigenen Meinungen zu erhöhen und sie gegen jene der anderen zu verteidigen, und gelangt dahin, sie als völlig wertlos zu erachten.

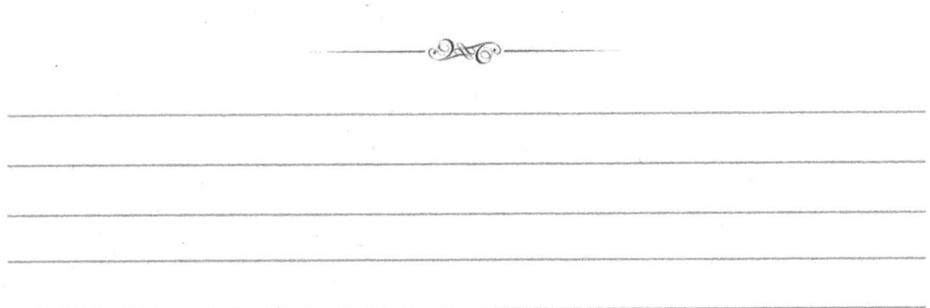

18. Oktober

Finde das göttliche Zentrum in dir.

Das nicht zu kennen, was in dir liegt und unveränderlich ist und Zeit und Tod trotzt, bedeutet, nichts zu kennen, sondern vergebens mit den substanzlosen Reflektionen des Spiegels der Zeit zu spielen.

Derjenige, welcher sich dazu entschließt, dass er sich mit äußeren Erscheinungen, Schatten, Trugbildern nicht zufriedengeben will, soll mit dem durchdringenden Licht dieses Entschlusses jede flüchtige Fantasie zerstreuen und in die Substanz und die Wirklichkeit des Lebens eintreten. Er soll lernen, wie man lebt, und er soll leben. Er soll Sklave keiner Leidenschaft sein, Diener keiner Meinung, Verehrer keines törichten Irrtums. Findet er die göttliche Mitte im eigenen Herzen, so wird er rein, ruhig, stark und weise sein, und er wird unablässig das himmlische Leben ausstrahlen, in dem er lebt – *das er selbst ist.*

19. Oktober

Nachdem er sich ins göttliche Refugium in sich selbst begeben hat und dort bleibt, ist ein Mensch frei von Sünde. Kein Zweifel soll sein Vertrauen erschüttern, noch eine Unsicherheit ihn seiner Ruhe berauben.

Wo das Selbst nicht ist, dort ist der Garten des himmlischen Lebens.

Menschen lieben ihre Begierden, denn deren Erfüllung erscheint ihnen süß, aber ihr Ende ist Schmerz und Leere; sie lieben die Argumentationen des Intellekts, denn Selbstsucht erscheint ihnen begehrenswerter, aber ihre Früchte sind Demütigung und Trauer. Wenn die Seele das Ende der Erfüllung und die bitteren Früchte der Selbstsucht geerntet hat, ist sie bereit, die göttliche Weisheit zu empfangen und in das göttliche Leben einzutreten. Nur die Gekreuzigten können verklärt werden; nur durch den Tod selbst kann der Herr des Herzens wieder zum unsterblichen Leben auferstehen und strahlend auf dem Ölberg der Weisheit stehen.

20. Oktober

Das Leben ist mehr als Bewegung, es ist Musik; mehr als Ruhe, es ist Frieden; mehr als Arbeit, es ist Pflicht; mehr als Mühe, es ist Liebe.

Das Leben ist mehr als Vergnügen, es ist Glückseligkeit.

Lass die Unreinen sich der Reinheit zuwenden, und sie sollen rein sein; lass die Schwachen bei der Stärke Zuflucht nehmen, und sie sollen stark sein; lass die Unwissenden zum Wissen fliehen, und sie sollen weise sein. Alle Dinge sind des Menschen, und er wählt das, was er haben möchte. Heute wählt er in Unwissenheit, morgen soll er in Weisheit wählen. Er soll »seine eigene Erlösung ausarbeiten«, ob er es glaubt oder nicht, denn er kann sich selbst nicht entrinnen, noch kann er einem anderen die Verantwortung für die eigene Seele übertragen. Durch keine theologische Ausflucht kann er das Gesetz seines Seins hinters Licht führen, das alle seine selbstsüchtigen Notlösungen und Ausreden zerschmettert, warum er nicht recht denken und recht handeln kann. Auch wird Gott nicht das für ihn tun, was seiner Seele bestimmt ist, selbst zu vollbringen.

21. Oktober

Derjenige, welcher Glückseligkeit finden möchte, soll sie selbst finden.

Das spirituelle Herz eines Menschen ist das Herz des Universums.

Menschen fliegen von Glaube zu Glaube und finden – Unrast; sie reisen in viele Länder und entdecken – Enttäuschung; sie bauen sich selbst schöne Häuser und legen liebliche Gärten an und ernten – Langeweile und Unbehagen. Erst wenn ein Mensch auf die Wahrheit in sich selbst zurückfällt, findet er Ruhe und Zufriedenheit; erst wenn er das innere Haus einer makellosen Lebensführung errichtet, findet er die endlose und unverderbliche Freude, und wenn er das erworben hat, wird er es in alle seine äußeren Taten und Besitztümer einfließen lassen.

Wenn ein Mensch die Last seiner vielen Sünden nicht länger tragen kann, soll er zu dem Christus flüchten, dessen Thron in der Mitte seines eigenen Herzens steht, und er soll ein leichteres Herz bekommen und in die Freude eintreten, in die Gesellschaft der Unsterblichen.

22. Oktober

Alle Macht, alle Möglichkeit, alle Handlung ist jetzt.

Reue ablegen, Erwartung verankern, jetzt handeln und tun, dies ist Weisheit.

Wenn ein Mensch in der Vergangenheit oder Zukunft lebt, entgeht ihm die Gegenwart; er vergisst, jetzt zu leben. Alle Dinge sind jetzt möglich, und *nur jetzt*. Ohne Weisheit, die ihn führt, und das Unwirkliche für das Wirkliche haltend, sagt jemand: »Wenn ich letzte Woche, letzten Monat oder letztes Jahr so oder so gehandelt hätte, würde es mir heute besser gehen.« Oder: »Ich weiß, was am besten zu tun ist, und ich werde es morgen tun.« Der Selbstsüchtige kann nicht die bedeutende Wichtigkeit und den bedeutenden Wert der Gegenwart begreifen, und er sieht sie nicht als die substanzielle Wirklichkeit, von welcher Vergangenheit und Zukunft nur die leeren Spiegelbilder sind. Wahrlich lässt sich sagen, dass Vergangenheit und Zukunft nur als negative Schatten existieren, und darin zu leben – soll heißen, im reuevollen und selbstsüchtigen Betrachten derselben – bedeutet, dass einem die Wirklichkeit im Leben entgeht.

23. Oktober

Tugend besteht darin, die Sünde Tag um Tag zu bekämpfen.

Heiligkeit besteht darin, die Sünde aufzugeben, unbemerkt, auf dass sie am Wegesrand stirbt.

Höre auf, jeden Seitenweg der Abhängigkeit zu nehmen, jeden gewundenen Seitenweg, der deine Seele ins Schattenland der Vergangenheit und der Zukunft lockt, und manifestiere deine angeborene und göttliche Stärke jetzt. Komm heraus auf die »offene Straße«.

Das, was du sein wirst und hoffst zu sein, kannst du jetzt sein. Was du nicht vollbracht hast, verbleibt in deinem ewigen Hinausschieben, und da du die Macht hast hinauszuschieben, hast du auch die Macht zu vollbringen – ewig zu vollbringen; die Wahrheit zu verwirklichen, und du sollst heute und jeden Tag der ideale Mensch sein, von dem du geträumt hast.

Handle jetzt, und siehe da!, alles ist getan; lebe jetzt, und siehe da!, du bist inmitten der Fülle; *sei* jetzt, und *wisse,* dass du vollkommen bist.

24. Oktober

Sage deiner Seele nicht: »Du sollst morgen reiner sein«, sondern sage vielmehr: »Du sollst jetzt rein sein.«

Du wirst dich nicht dadurch erheben, dass du über die unwiderrufliche Vergangenheit weinst, sondern dadurch, dass du die Gegenwart berichtigst.

Morgen ist zu spät für alles, und derjenige, welcher seine Hilfe und seine Erlösung im Morgen sieht, wird beständig im Heute fallen.

Du bist gestern gefallen? Du hast schwer gesündigt? Hast du dies begriffen, so lass es augenblicklich und auf immer zurück und achte darauf, dass du jetzt nicht sündigst. In der Zeit, die du mit dem Beweinen der Vergangenheit zubringst, bleiben die Tore deiner Seele unbewacht gegen das Eintreten der Sünde jetzt. Du wirst dich nicht dadurch erheben, dass du über die unwiderrufliche Vergangenheit weinst, sondern dadurch, dass du die Gegenwart berichtigst.

Der törichte Mensch, der den morastigen Seitenweg des Aufschubs liebt statt die feste Hauptstraße des gegenwärtigen Bemühens, sagt: »Ich werde morgen früh aufstehen; ich werde morgen aus den Schulden herauskommen; ich werde meine Absichten morgen verwirklichen.« Aber der weise Mensch, der den Schwung des ewigen Jetzt verstanden hat, steht am heutigen Tag früh auf; kommt heute aus seinen Schulden heraus, verwirklicht seine Absichten heute und verlässt so nie die Kraft, den Frieden und reifes Gelingen.

25. Oktober

Von der Rückschau auf einen glücklichen Beginn und von der Vorausschau auf ein trauriges Ende werden die Augen eines Menschen geblendet, sodass er nicht seine eigene Unsterblichkeit erkennt.

Das Universum und alles, was es enthält, ist jetzt.

Es zeugt von Weisheit, das sein zu lassen, was nicht eingetroffen ist, und sich um das zu kümmern, was ist; und sich ihm mit einer solchen Hingabe der Seele und konzentrierter Anstrengung zu widmen, dass für Reue kein Schlupfloch bleibt, wo sie hineinkriechen kann.

Das spirituelle Verständnis eines Menschen ist von den Illusionen des Selbst umwölkt, wenn er sagt: »Ich bin an einem solchen Tag vor so vielen Jahren geboren worden und werde zu meiner gegebenen Zeit sterben.« Aber er wurde nicht geboren, auch wird er nicht sterben, denn wie kann das, was unsterblich, was ewig *ist,* Objekt von Geburt und Tod sein? Lass einen Menschen seine Illusionen abwerfen, und dann wird er sehen, dass die Geburt und der Tod des *Leibes* lediglich Vorfälle auf einer Reise sind und nicht Anfang und Ende.

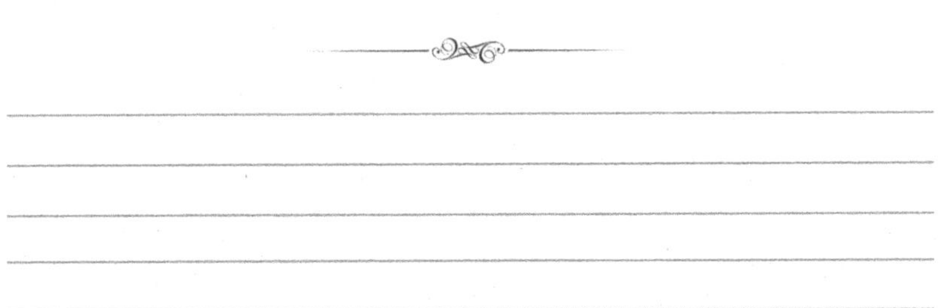

26. Oktober

Lass einen Menschen den Egoismus beiseitelegen, und er wird das Universum in all der Schönheit seiner makellosen Einfachheit erkennen.

Ist ein Mensch erfolgreich darin, sein persönliches Selbst völlig zu vergessen (auszulöschen), so wird er zum Spiegel, in dem die universelle Wirklichkeit makellos reflektiert wird. Er ist erweckt und lebt daher im Weiteren nicht in Träumen, sondern in Wirklichkeiten.

Führe das Leben nicht mehr als etwas Fragmentarisches, sondern führe es als ein vollkommenes Ganzes; die Einfachheit des Vollkommenen wird dann offenbart. Wie soll das Fragment das Ganze verstehen? Wie einfach ist es dennoch, dass das Ganze das Fragment verstehen sollte. Wie soll Sünde Heiligkeit wahrnehmen? Derjenige, welcher der Größere werden will, soll das Geringere aufgeben. In keiner Form ist der Kreis enthalten, aber im Kreis sind alle Formen enthalten. In keiner Farbe ist das strahlende Licht eingesperrt, aber im strahlenden Licht sind alle Farben verkörpert. Lass einen Menschen alle Formen des Selbst zerstören, und er wird den Kreis der Vollkommenheit verstehen.

27. Oktober

Im vollkommenen Akkord der Musik ist die einzelne Note, obwohl vergessen, unentbehrlich enthalten, und der Wassertropfen wird von äusserster Nützlichkeit, wenn er sich selbst im Ozean verliert.

Höre auf, über Gott zu spekulieren, und finde das allumfassende Gute in dir.

Versenke dich selbst leidenschaftlich ins Herz der Menschlichkeit, und du wirst die Harmonien des Himmels abbilden; verliere dich in der grenzenlosen Liebe zu allem, und du wirst dauernde Werke erschaffen und wirst eins mit dem ewigen Ozean des Segens werden.

Der Mensch entwickelt sich nach außen um den Rand der Komplexität und dann nach innen zurück zur zentralen Einfachheit. Wenn ein Mensch entdeckt, dass es für ihn mathematisch unmöglich ist, das Universum zu kennen, bevor er sich selbst kennt, dann macht er sich auf den Weg, der zur ursprünglichen Einfachheit führt. Er entfaltet sich von innen, und während er sich entfaltet, entfaltet er das Universum.

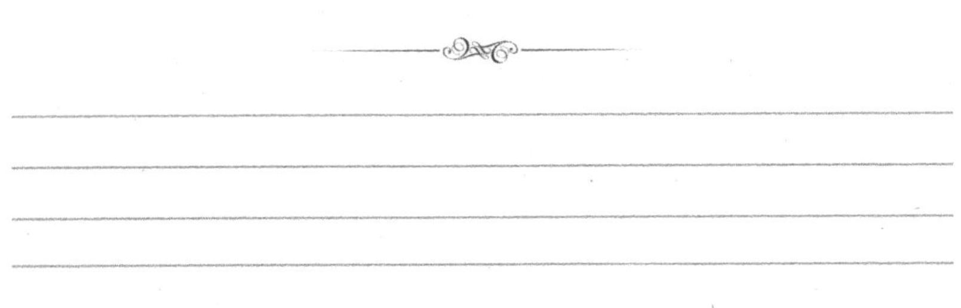

28. Oktober

Der reine Mensch kennt sich als reines Wesen.

Reinheit ist äusserst einfach und benötigt kein Argument, das sie stützen soll.

Derjenige, welcher seine geheime Lust nicht aufgeben will, seine Habsucht, seine Wut, seine Meinungen zu diesem oder jenem, kann kein Wissen erkennen; er wird ein Dummkopf in der Schule der Weisheit bleiben, obwohl er in den Kollegs als gebildet gilt.

Wenn ein Mensch den Schlüssel zum Wissen finden will, lass ihn sich selbst finden. Deine Sünden sind nicht du selbst, sie sind überhaupt kein Teil deiner selbst; sie sind eine Krankheit, die du gelernt hast zu lieben. Höre auf, dich an sie zu klammern, und sie werden nicht länger an dir haften. Lass sie von dir abfallen, und dein Selbst wird enthüllt dastehen. Dann sollst du dich als umfassende Vision, unbesiegbares Prinzip, unsterbliches Leben und ewigen Gott kennen.

29. Oktober

Wahrheit lebt sich selbst.

Ein makelloses Leben ist der einzige Zeuge der Wahrheit.

Demut, Geduld, Liebe, Mitgefühl und Weisheit – dies sind die vorherrschenden Eigenschaften der ursprünglichen Einfachheit; daher kann der Unvollkommene sie nicht verstehen. Weisheit kann nur Weisheit verstehen, daher sagt der Narr: »Kein Mensch ist weise.« Der unvollkommene Mensch sagt: »Kein Mensch kann vollkommen sein«, und daher bleibt er, wo er ist. Obwohl er das ganze Leben lang mit einem vollkommenen Menschen lebt, wird er seine Vollkommenheit nicht erkennen. Demut wird er Feigheit nennen; in Geduld, Liebe und Mitgefühl wird er Schwäche sehen; und Weisheit wird ihm als Narrheit erscheinen. Unfehlbare Kritik gehört dem vollkommenen Ganzen und wohnt in keinem Teil; daher soll der Mensch sich mit dem Urteil zurückhalten, bis er sich selbst als vollkommenes Leben manifestiert hat.

30. Oktober

Derjenige, welcher die ihm innewohnende Wirklichkeit seines eigenen Seins gefunden hat, hat den Ursprung und die universelle Wirklichkeit gefunden.

So extrem einfach ist die ursprüngliche Einfachheit, dass ein Mensch alles loslassen muss, bevor er sie wahrnehmen kann.

Kennt der Mensch das göttliche Herz in sich selbst, so kennt er alle Herzen, und die Gedanken aller Menschen werden demjenigen gehören, welcher Herr seiner eigenen Gedanken geworden ist; daher verteidigt sich der Gute nicht selbst, sondern formt den Geist der anderen nach seinem Ebenbild.

Wie das Problematische die Rohheit transzendiert, so transzendiert reine Güte das Problematische. Alle Probleme verschwinden, wenn reine Güte erreicht ist; daher wird der gute Mensch »Töter von Illusionen« genannt. Welches Problem kann verärgern, wenn es keine Sünde gibt? O du, der du laut strebst und nicht ruhst! Ziehe dich ins heilige Schweigen deines eigenen Wesens zurück und lebe von dort aus. So sollst du, findest du reine Güte, den Schleier des Tempels der Illusion entzweireißen und in die Geduld und den Frieden eintreten und die Pracht des Vollkommenen transzendieren, denn reine Güte und ursprüngliche Einfachheit sind eins.

31. Oktober

Gross werden Unruhe und Schmerz desjenigen sein, der seinen festen Halt auf der Anerkennung durch andere sucht.

Lieben, wo man selbst nicht geliebt wird; hierin liegt die Kraft, an der es einem Menschen niemals mangeln wird.

Sich von allen äußeren Dingen zu lösen und sicher auf der inneren Tugend zu ruhen ist unfehlbare Weisheit. Im Besitz dieser Weisheit wird ein Mensch derselbe sein, ob mit Reichtümern oder in Armut. Die einen können seiner Stärke nichts hinzufügen, noch können die anderen ihn seiner Heiterkeit berauben. Auch können Reichtümer denjenigen nicht beschmutzen, der sämtliche innere Beschmutzung abgewaschen hat, auch kann das Fehlen denjenigen nicht entwürdigen, der damit aufgehört hat, den Tempel seiner Seele zu entwürdigen.

Die Weigerung, sich von irgendeinem äußerlichen Ding oder Geschehen versklaven zu lassen und alle solchen Dinge und Ereignisse als für sich nützlich zu erachten, für die eigene Erziehung, das ist Weisheit. Für den Weisen sind sämtliche Ereignisse *gut,* und da die Weisen kein Auge für das Böse haben, werden sie einen jeden Tag weiser. Sie nutzen alle Dinge und bringen daher alle Dinge unter ihre Herrschaft. Sie erkennen alle ihre Fehler, sobald sie diese begangen haben, und akzeptieren sie als Lektionen intrinsischen Werts, weil sie wissen, dass es keine Fehler in der göttlichen Ordnung gibt.

NOVEMBER

1. November

Der weise Mensch ist stets darauf erpicht zu lernen, aber nie erpicht darauf zu lehren.

Der wahre Lehrer sitzt im Herzen eines jeden Menschen.

Alle Kraft, Weisheit, Macht und alles Wissen eines Menschen wird in ihm selbst zu finden sein, aber er wird es nicht in Selbstsucht finden; er wird es nur in Gehorsam, Unterwerfung und Lernwilligkeit finden. Er muss dem Höheren gehorchen und nicht sich selbst im Niedrigeren verherrlichen. Derjenige, welcher auf Selbstsucht beruht, die Belehrung, die Anweisung und die Lehren aus der Erfahrung zurückweist, wird gewisslich fallen; ja, er ist bereits gefallen. So sprach ein großer Lehrer zu seinen Jüngern: »Jene, die sich selbst eine Leuchte sein werden, sich nur auf sich selbst verlassen und auf keinerlei Hilfe von außen, sondern festhalten an der Wahrheit als ihre Leuchte und, wenn sie ihre Erlösung allein in der Wahrheit suchen, bei niemandem außer sich selbst Hilfe suchen werden, sie sind es unter meinen Schülern, welche die allerhöchste Höhe erreichen! *Aber sie müssen willens sein zu lernen!*« (Buddha).

2. November

Zerstreuung ist Schwäche; Konzentration ist Macht.

Alle erfolgreichen Menschen sind zielstrebige Menschen.

Dinge sind nützlich, und Gedanken sind mächtig in dem Ausmaß, wie ihre Teile stark und intelligent konzentriert sind. Entschlossenheit ist ein hoch konzentrierter Gedanke. Sämtliche geistigen Energien sind auf das Erreichen eines Zieles gerichtet, und Hindernisse, die sich zwischen den Denkenden und das Ziel stellen, werden eines nach dem anderen niedergerissen und überwunden. Das Ziel ist der Scheitelstein im Tempel des Erreichten. In einem abgeschlossenen Ganzen bindet es und hält das zusammen, was ansonsten verstreut und nutzlos herumliegen würde. Leere Launen, kurzlebige Fantasien, vage Begierden und halbherzige Entschlüsse haben keinen Platz in Entschlossenheit. In der beständigen Entschlossenheit, etwas zu vollbringen, liegt eine unüberwindliche Macht, die alle untergeordneten Überlegungen verschlingt und direkt zum Sieg marschiert.

3. November

Wisse dies: Du machst dich und du machst dich zunichte.

Du bist ein Sklave, wenn es dir lieber ist; du bist ein Herr, wenn du dich zu einem machst.

Zweifel, Angst und Sorge sind substanzlose Schatten in der Unterwelt des Selbst und sollen dem nicht mehr Sorgen bereiten, der die lichten Höhen seiner Seele ersteigen will. Auch Kummer wird von demjenigen auf immer verbannt, der das Gesetz seines Wesens versteht. Derjenige, welcher dies versteht, wird das höchste Gesetz des Lebens verstehen, und er wird herausfinden, dass es Liebe ist, dass es unvergängliche Liebe ist. Er wird eins mit dieser Liebe werden, und er liebt alles mit einem Bewusstsein, das von allem Hass und aller Torheit befreit ist; er sucht kein Vergnügen und wird keinen Kummer finden; und dadurch, dass er alle seine Kräfte als Instrumente des Dienens einsetzt, wird er auf immer und ewig im höchsten Zustand der Glückseligkeit und des Segens leben.

4. November

Derjenige, welcher Demut gefunden hat, hat Göttlichkeit gefunden.

Der Demütige hat den göttlichen Geist verwirklicht und weiss sich selbst als göttlich.

Der Berg beugt sich nicht unter dem wildesten Sturm, aber er beschirmt das Küken und das Lamm; und obwohl alle Menschen auf ihn treten, beschützt er sie dennoch und birgt sie an seinem unsterblichen Busen. Ebenso ist es mit dem Demütigen, der, obwohl von niemandem erschüttert und gestört, dennoch sich mitfühlend herabbeugt, um die niedrigste Kreatur zu beschirmen, und, obwohl vielleicht verachtet, alle Menschen aufhebt und sie liebevoll beschützt.

Ebenso prächtig wie der Berg in seiner schweigenden Macht ist der Göttliche in seiner schweigenden Demut; wie dessen Gestalt ist sein liebevolles Mitgefühl umfassend und außergewöhnlich. Es stimmt, sein Leib ist, wie des Berges Basis, im Tal und in den Nebeln verhaftet, aber sein Gipfel ist immerzu gebadet in wolkenlosem Ruhm und lebt mit dem Schweigen.

5. November

Derjenige, welcher in Demut lebt, ist ohne Furcht, da er das Höchste kennt und das Niedrigste bezwungen hat.

Der Demütige zeigt sich in Zeiten der Versuchung; wenn andere Menschen fallen, bleibt er stehen.

Der Demütige leuchtet in der Dunkelheit und blüht im Verborgenen. Demut kann sich nicht brüsten, auch nicht für sich werben, auch nicht durch Beliebtheit blühen. Sie wird *praktiziert* und wird erkannt oder nicht erkannt; als spirituelle Qualität wird sie nur vom Auge des Geistes wahrgenommen. Jene, die nicht spirituell erweckt sind, sehen sie nicht, auch lieben sie sie nicht, da sie von ihr entwaffnet und durch weltliche Darbietungen und Erscheinungsbilder geblendet werden. Auch nimmt die Geschichte keine Notiz vom Demütigen. Deren Ruhm beruht auf Hader und Selbsterhöhung; sein ist der Ruhm des Friedens und der Sanftmut. Die Geschichte verzeichnet die irdischen, nicht die himmlischen Taten. Doch obwohl der Demütige im Verborgenen lebt, kann er nicht versteckt werden (wie kann Licht versteckt werden?); er leuchtet weiterhin, nachdem er sich aus der Welt zurückgezogen hat, und wird von der Welt verehrt, die ihn nicht kannte.

6. November

Der Demütige wehrt sich gegen niemanden und besiegt daher alle.

Nimm alles Böse aus deinem eigenen Herzen, dann wirst du die Dummheit in anderen erkennen, sich gegen so etwas zu wehren.

Derjenige, welcher sich einbildet, von anderen verletzt zu werden, und der sich gegen sie zu rechtfertigen und zu wehren sucht, versteht Demut nicht, versteht nicht das Wesen und die Bedeutung des Lebens. »Er war wütend auf mich, er griff mich an, er besiegte mich, er beraubte mich – jene, die bei solchen Gedanken verweilen, werden nie frei sein von Hass … Denn Hass kann nie dem Hass ein Ende setzen; Liebe allein vermag es« (Buddha). Was sagst du – dein Nachbar habe falsch von dir gesprochen? Nun, was soll's? Kann Falschheit dich verletzen? Was falsch ist, ist falsch, und damit ist es gut. Es ist ohne Leben und ohne Macht, irgendwen zu verletzen, außer dem, der unbedingt dadurch verletzt sein will. Für dich bedeutet es nichts, dass dein Nachbar falsch von dir sprechen sollte, aber es bedeutet viel für dich, wenn du dich gegen ihn wehren willst und dich zu rechtfertigen suchst, denn dadurch verleihst du der Falschheit deines Nachbarn Leben und Lebenskraft, sodass du verletzt und gequält bist.

7. November

Gross ist die Macht der Zielstrebigkeit.

Träge Masse weicht einer lebendigen Kraft, und Umstände ergeben sich der Macht der Zielstrebigkeit.

Zielstrebigkeit ist Begleiterin von Intelligenz. Es gibt kleinere und größere Zielstrebigkeit, entsprechend den Graden an Intelligenz. Ein größerer Geist wird immer große Zielstrebigkeit haben. Eine geringere Intelligenz wird ohne Zielstrebigkeit sein. Ein abschweifender Geist spricht für ein gewisses Ausmaß an Unterentwicklung.

Die Menschen, welche die Schicksale der Menschheit gestalteten, waren Menschen mit einem mächtigen Ziel. Wie der Römer, der seine Straße baut, sind sie einem gut angelegten Pfad gefolgt und wollten nicht davon abweichen, selbst wenn ihnen Folter und Tod begegneten. Die großen Anführer der Menschen sind geistige Straßenbauer, und die Menschheit folgt auf den intellektuellen und spirituellen Pfaden, die sie ausgeschnitten und ausgehauen haben.

8. November

Alle Dinge geben schliesslich der stillen, unwiderstehlichen, alles erobernden Energie der Zielstrebigkeit nach.

Die Intensität der Zielstrebigkeit steigert sich mit der wachsenden Grösse der Hindernisse, die ihr begegnen.

Der schwache Mensch, der jammert, weil man ihn missversteht, wird nichts Großes erreichen; der eitle Mensch, der von seinem Entschluss ablässt, um anderen zu gefallen und ihre Anerkennung zu erringen, wird nichts Hohes erreichen; der betrügerische Mensch, der daran denkt, sein Ziel zu kompromittieren, wird versagen.

Der Mensch mit festem Entschluss, der, obwohl Missverständnisse, falsche Anschuldigungen oder Schmeicheleien und schöne Versprechen auf ihn herabregnen, nicht einen Bruchteil von seinem Entschluss abweicht, ist ein ausgezeichneter Mensch, der etwas erreicht; ein Mensch des Erfolges, der Größe, der Macht.

Hindernisse stimulieren den Menschen mit Zielstrebigkeit; Schwierigkeiten regen ihn zu erneuter Anstrengung an; Fehler, Verluste, Schmerzen überwältigen ihn nicht; und Fehlschläge sind Sprossen der Leiter zum Erfolg, denn er ist sich seines letztlichen Erfolges stets bewusst.

9. November

Freude begleitet stets eine erfolgreich beendete Aufgabe.

Ein vollendetes Unternehmen oder ein Stück Arbeit, das erledigt wurde, bringt stets Ruhe und Befriedigung.

Von allen erbärmlichen Menschen ist der Drückeberger der erbärmlichste. Im Glauben, Lockerheit und Glück in der Vermeidung schwieriger Pflichten und notwendiger Aufgaben zu finden, welche einen Aufwand an Mühe und Anstrengung erfordern, empfindet sein Geist ständig Unbehagen und Beunruhigung, ihn belastet ein inneres Gefühl von Beschämung, und er büßt Tapferkeit und Selbstachtung ein. »Wer nicht seinen Fähigkeiten gemäß arbeitet, soll seinem Bedürfnis gemäß zugrunde gehen«, sagt Carlyle (aus: *Chartism*); und es ist ein moralisches Gesetz, dass derjenige, welcher der Pflicht aus dem Wege geht und nicht im vollen Ausmaß seiner Fähigkeit arbeitet, tatsächlich zugrunde geht, zunächst im Charakter und zuletzt an Körper und Lebensumständen. Leben und Tun sind Synonyme, und wenn ein Mensch Anstrengung, sowohl körperlich als auch geistig, vermeiden will, hat er seinen Verfall eingeläutet.

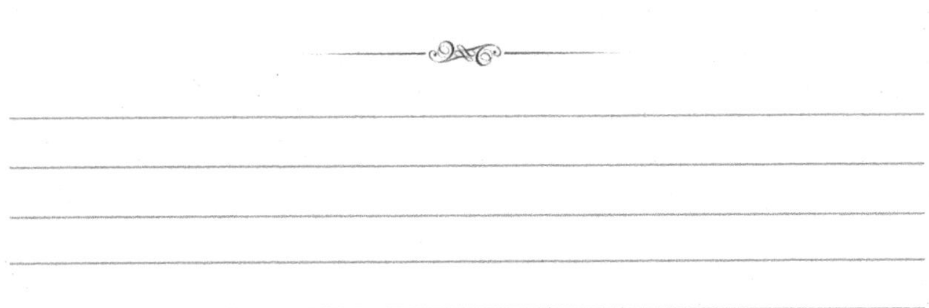

10. November

Der Preis des Lebens ist Anstrengung.

Die Belohnung für Vollendung ist Freude.

Jede erfolgreiche Errungenschaft, selbst in weltlichen Dingen, zahlt sich im eigenen Ausmaß an Freude aus; und in spirituellen Dingen ist die Freude, die zum erreichten Ziel hinzukommt, sicher, tief und dauernd. Groß ist die vom Herzen kommende Freude (obwohl unaussprechlich), wenn nach zahllosen und scheinbar erfolglosen Versuchen irgendein tief sitzender Charakterfehler endlich hinausgeworfen worden ist, sodass er das ehemalige Opfer und die Welt nicht mehr beunruhigt. Der nach Tugend Strebende – derjenige, welcher mit der heiligen Aufgabe beschäftigt ist, einen edlen Charakter aufzubauen – kostet bei jedem Schritt des Sieges über sich selbst eine Freude, die ihn nie wieder verlässt, sondern die ein integraler Teil seiner spirituellen Natur wird.

11. November

Alles, was geschieht, ist gerecht.

Nichts ist schicksalshaft, alles ist gestaltet.

Wenn du denkst, reist du; wenn du liebst, ziehst du an. Du bist heute dort, wohin dich deine Gedanken gebracht haben; du wirst morgen dort sein, wohin dich deine Gedanken bringen. Du kannst den Ergebnissen deiner Gedanken nicht entkommen, aber du kannst sie ertragen und lernen, kannst sie akzeptieren und froh sein.

Du wirst immer an den Ort kommen, wo deine *Liebe* (dein dauerhaftester und intensivster Gedanke) ihr Maß an Befriedigung erhalten wird. Wenn deine Liebe gemein ist, wirst du an einen gemeinen Ort gelangen; wenn sie wunderschön ist, wirst du an einen wunderschönen Ort gelangen.

Du kannst deine Gedanken verändern und so deinen Zustand verändern. Du bist mächtig, nicht machtlos.

12. November

Der Mensch, dessen Gedanken, Worte und Handlungen ernsthaft sind, ist umgeben von ernsthaften Freunden; der unernste Mensch ist umgeben von unernsten Freunden.

Wenn du dich selbst kennst, wirst du merken, dass jedes Ereignis in deinem Leben auf die Waage der Gleichheit gelegt wurde.

Jede Tatsache und jeder Vorgang in der Natur enthält eine moralische Lektion für den Weisen. Es lässt sich kein Gesetz in der Welt der Natur um uns her finden, das nicht mit derselben mathematischen Gewissheit im Geiste des Menschen oder im menschlichen Leben wirkt. Alle Gleichnisse Jesu sind Illustrationen dieser Wahrheit und aus den einfachen Tatsachen der Natur hergeleitet. Es gibt einen Vorgang des Säens von Samen im Geiste und Leben, ein spirituelles Säen, das zu einer Ernte führt, die von der Art ist wie der ausgesäte Samen. Gedanken, Worte und Handlungen sind ausgesäte Samen, und sie produzieren aufgrund des unverletzlichen Gesetzes der Dinge etwas nach ihrer Art.

Der Mensch, welcher hasserfüllte Gedanken denkt, bringt Hass auf sich selbst. Der Mensch, der liebevolle Gedanken denkt, wird geliebt.

13. November

Derjenige, welcher gesegnet sein möchte, soll Segen austeilen.

Derjenige, welche glücklich sein möchte, soll das Glück der anderen berücksichtigen.

Der Bauer muss all seinen Samen über das Land verstreuen und es den Elementen überlassen. Wollte er lüstern seinen Samen horten, würde er sowohl ihn als auch sein Produkt verlieren, denn sein Samen würde verderben. Er verdirbt, wenn er ihn aussät, aber durch das Verderben bringt er große Fülle hervor. So ist es im Leben – wir erhalten, indem wir geben; wir werden reich, indem wir austeilen. Der Mensch, welcher sagt, er sei im Besitz des Wissens, das er nicht herausgeben kann, weil die Welt unfähig sei, es zu empfangen, besitzt entweder solches Wissen nicht, oder er wird es andernfalls bald verlieren – wenn er es nicht bereits verloren hat. Zu horten bedeutet zu verlieren; etwas exklusiv zurückzubehalten bedeutet, enteignet zu werden.

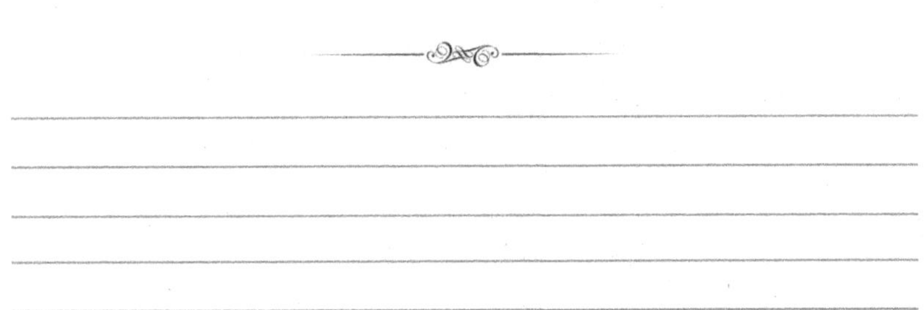

14. November

Die Menschen ernten, was sie säen.

Der Weg, Frieden und Glückseligkeit zu erlangen, besteht darin, friedvolle und gesegnete Gedanken, Worte und Taten auszustreuen.

Wenn ein Mensch in Sorge, verwirrt, traurig oder unglücklich ist, soll er fragen:
»Welche geistigen Samen habe ich gesät?«
»Was habe ich für andere getan?«
»Welche Haltung habe ich anderen gegenüber?«
»Welche Samen der Sorge, Trauer und des Unglücklichseins habe ich gesät, dass ich dieses bittere Getreide ernten soll?«
Soll er in sich suchen und finden, und hat er gefunden, so soll er all die Samen des Selbst wegwerfen und von nun an nur die Samen der Wahrheit säen.
Er soll von den Bauern die einfachen Wahrheiten der Weisheit lernen.

15. November

Indem wir die Götzen des Selbst zerstören, nähern wir uns dem grossen, stillen Herzen der Liebe.

Gehe den Weg des Gehorsams gegenüber dem Gesetz.

Wir haben eine jener Epochen im Voranschreiten der Welt erreicht, die Zeuge des Vergehens der falschen Götter wird; die Götter der menschlichen Selbstsucht und Illusion. Die neu-alte Offenbarung der einen universellen, unpersönlichen Wahrheit ist wieder in die Welt gekommen, und ihr suchendes Licht hat Bestürzung über die vergänglichen Götter gebracht, die Schutz unter dem Schatten des Selbst suchen.

Die Menschen haben den Glauben an einen Gott verloren, der sich beschwatzen lässt, der willkürlich und launenhaft herrscht, der die ganze Ordnung der Dinge unterwandert, um seinen Anbetern ihre Wünsche zu gewähren, und sie wenden sich mit einem neuen Licht in den Augen und einer neuen Freude im Herzen dem *Gott des Gesetzes* zu. Und sie wenden sich ihm zu nicht um des persönlichen Glücks und der persönlichen Befriedigung willen, sondern wegen der Befreiung von den Banden des Selbst.

16. November

Vollkommenheit, die Kenntnis vom vollkommenen Gesetz ist, steht für alle bereit, die sie ernsthaft suchen.

Nimm das Leben der Selbstauslöschung an.

Nachdem die Menschen jenen Pfad betreten haben – den Pfad des höchsten Gesetzes –, klagen sie nicht länger an, zweifeln sie nicht länger, ärgern sie sich und verzagen nicht länger, denn sie wissen jetzt, dass Gott recht hat, das universelle Gesetz recht hat, der Kosmos recht hat, und dass sie *selbst* unrecht haben, wenn Unrecht besteht, und dass ihre Erlösung von ihnen selbst abhängt, von ihren eigenen Bemühungen, von ihrer persönlichen Anerkennung dessen, was gut ist, und der bewussten Abweisung dessen, was böse ist. Nicht länger bloß Hörer, werden sie *Tätige* des Wortes, und sie erwerben Wissen, sie erwerben Verständnis, sie wachsen an Weisheit, und sie treten in das wunderbare Leben der Befreiung von den Fesseln des Selbst ein.

17. November

Gott ändert sich nicht für den Menschen, denn dies würde bedeuten, dass das Vollkommene unvollkommen werden muss; die Menschen müssen sich für Gott ändern.

Das Gesetz kann nicht für den Menschen gebrochen werden, ansonsten wäre ein Durcheinander die Folge; der Mensch muss dem Gesetz gehorchen; dies steht in Übereinstimmung mit Harmonie, Ordnung, Gerechtigkeit.

Die Kinder der Wahrheit sind heute in der Welt, sie denken, handeln, schreiben, sprechen; ja, selbst Propheten sind unter uns, und ihr Einfluss durchdringt die ganze Erde. Eine Unterströmung heiliger Freude sammelt Kräfte in der Welt, sodass Männer und Frauen durch neues Streben und neue Hoffnungen bewegt werden, und selbst jene, die weder sehen noch hören, spüren in sich ein seltsames Verlangen nach einem besseren und erfüllteren Leben.

Das Gesetz herrscht, und es herrscht im Herzen und Leben der Menschen; und diejenigen sind zum Verständnis gelangt, dass das Gesetz herrscht, welche das Tabernakel des wahren Gottes über den lichten Weg der Selbstlosigkeit gesucht haben.

18. November

Es gibt keine schmerzhaftere Fessel, als der Gnade der eigenen Neigungen unterworfen zu sein.

Es gibt keine grössere Freiheit als absoluten Gehorsam gegenüber dem Gesetz des Seins.

Das Gesetz heißt, dass das Herz gereinigt, der Geist wiederhergestellt und das ganze Sein der Liebe unterworfen werden soll, bis das Selbst tot und Liebe in uns allen ist, denn die Herrschaft des Gesetzes ist die Herrschaft der Liebe. Und Liebe wartet auf alle, weist niemanden zurück. Die Liebe kann jetzt beansprucht und betreten werden, denn sie ist das Erbe aller.

Ah, wunderschöne Wahrheit! Das Wissen, dass der Mensch jetzt sein göttliches Erbe antreten und in das Königreich des Himmels eintreten kann!

Oh, erbärmlicher Irrtum! Das Wissen, dass der Mensch es aus Liebe zu sich selbst zurückweist!

Den eigenen selbstsüchtigen Neigungen zu gehorchen bedeutet, Wolken des Schmerzes und des Leids über die eigene Seele zu ziehen, welche das Licht der Wahrheit verdunkeln; sich selbst von aller echter Glückseligkeit ausschließen; denn »alles, was ein Mensch sät, das soll er auch ernten« (vgl. Galater 6,7).

19. November

Das moralische Universum wird durch das vollkommene Gleichgewicht seiner Entsprechungen aufrechterhalten und geschützt.

Wie in der physikalischen Welt die Natur ein Vakuum scheut, so wird in der spirituellen Welt eine Unstimmigkeit annulliert.

Gibt es dann keine Ungerechtigkeit im Universum? Es gibt Ungerechtigkeit, und es gibt sie nicht. Das hängt von der Art des Lebens und dem Zustand des Bewusstseins ab, mit welchem ein Mensch die Welt betrachtet und beurteilt. Der Mensch, der in seinen Leidenschaften lebt, sieht überall Ungerechtigkeit; der Mensch, der seine Leidenschaften überwunden hat, sieht das Wirken der Gerechtigkeit in jedem Teil des menschlichen Lebens.

Ungerechtigkeit ist der verwirrte Fiebertraum der Leidenschaft, wirklich genug für diejenigen, welche in ihm träumen; Gerechtigkeit ist die dauernde Wirklichkeit im Leben, prächtig anzuschauen für diejenigen, welche aus dem schmerzhaften Albtraum des Selbst erwacht sind.

20. November

Die göttliche Ordnung kann erst dann wahrgenommen werden, wenn Leidenschaft und Selbst transzendiert sind.

Gerechtigkeit wird von jenen nicht wahrgenommen – kann nicht wahrgenommen werden –, die in einen Konflikt verwoben sind.

Der Mensch, welcher denkt: »Ich bin entwürdigt, ich bin verletzt, ich bin beleidigt, ich bin ungerecht behandelt worden«, kann nicht wissen, was Gerechtigkeit ist; geblendet vom Selbst kann er die reinen Prinzipien der Wahrheit nicht erkennen, und grübelnd über seine Untaten lebt er in beständigem Elend.

In den Regionen der Leidenschaft besteht ein unablässiger Konflikt von Kräften, die all denen Leiden verursachen, die darin verstrickt sind. Es gibt Aktion und Reaktion, Tat und Konsequenz, Ursache und Auswirkung, und innerhalb und über allem steht die göttliche Gerechtigkeit, welche das Spiel der Kräfte mit äußerster mathematischer Präzision reguliert, Ursache und Auswirkung mit der feinsten Präzision ausbalanciert.

21. November

Da der Mensch keine Kenntnis von Ursache und Auswirkung in der moralischen Sphäre hat, sieht er den ausübenden und ausgleichenden Vorgang nicht, der im Augenblick voranschreitet.

Unwissenheit hält Hass und Zank am Leben.

Die Menschen bringen blindlings Leid über sich selbst, da sie in Leidenschaft und Groll leben und nicht den wahren Weg im Leben finden. Hass wird mit Hass begegnet, Leidenschaft mit Leidenschaft, Streit mit Streit. Der Mensch, der tötet, wird selbst getötet; der Dieb, der lebt, weil er andere beraubt, wird selbst beraubt; das wilde Tier, das andere jagt, wird selbst gejagt und getötet; der Ankläger wird angeklagt; derjenige, welcher verurteilt, wird verurteilt; der Denunziant wird bestraft.

So sticht des Mörders Messer diesen selbst,
Der ungerechte Richter verlor den eigenen Verteidiger,
Die falsche Zunge verdammt ihre Lüge, der schleichende Dieb
Und Verderber raubt und gibt.
So ist das Gesetz.

22. November

Ursache und Auswirkung lassen sich nicht vermeiden; Konsequenzen lassen sich nicht entkommen.

Unfehlbare Gerechtigkeit residiert über allem.

Der gute Mensch, der allen Groll, alle Vergeltung, alle Selbstsucht und allen Egoismus abgelegt hat, ist in einem Zustand des Gleichgewichts angekommen und daher mit dem ewigen und universellen Gleichgewicht identisch geworden. Er hat sich über die blinden Kräfte der Leidenschaft erhoben und versteht daher jene Kräfte, sinnt darüber mit einer gelassenen, durchdringenden Einsicht, wie der einsame Bewohner auf einem Berg, der auf den Streit der Stürme zu seinen Füßen hinabblickt. Für ihn hat Ungerechtigkeit aufgehört, und er sieht Unwissenheit und Leid auf der einen Seite und Erleuchtung und Segen auf der anderen. Er sieht, dass nicht bloß der Narr und der Sklave seines Mitgefühls bedürfen, sondern dass der Betrüger und der Unterdrücker gleichermaßen dessen bedürfen, und so erstreckt sich sein Mitgefühl über alle.

23. November

Jene, welche sich weigern, die Lampe der Vernunft zu putzen, werden niemals das Licht der Wahrheit erkennen.

Diejenigen, welche das Licht der Vernunft verachten, verachten auch das Licht der Wahrheit.

Derjenige, welcher das Licht der Vernunft als Fackel für die Suche nach der Wahrheit verwenden will, wird am Ende nicht in trostloser Dunkelheit zurückgelassen werden.

»Kommt, lasst uns miteinander vor Gericht ziehen«, spricht der Herr. »Auch wenn eure Sünden scharlachrot sind, können sie weiß werden wie Schnee« (Jesaja 1,18).

Viele Männer und Frauen machen unbeschreibliches Leid durch und sterben letztlich in ihren Sünden, *weil sie sich weigern, Vernunft anzunehmen;* weil sie sich an jene dunklen Illusionen klammern, die selbst ein nur schwacher Schimmer des Lichtes der Vernunft zerstreuen würde; und alle diejenigen müssen frei, völlig und getreulich Gebrauch von ihrer Vernunft machen, welche das scharlachrote Gewand der Sünde und des Leids gegen das weiße Gewand der Schuldlosigkeit und des Friedens eintauschen wollen.

24. November

Ein Mensch lebt erst, wenn er anfängt, sich selbst zu disziplinieren; sonst existiert er bloss.

Mit der Ausübung der Selbstdisziplin beginnt ein Mensch zu leben.

Bevor ein Mensch etwas von bleibender Natur in der Welt erreicht, muss er zuallererst ein gewisses Ausmaß an Erfolg in der Handhabung seines eigenen Geistes erreichen. Dies ist ebenso sehr eine mathematische Binsenweisheit wie die, dass zwei und zwei vier ist, denn »aus dem Herzen stammen die Probleme des Lebens« (vgl. Sprichwörter 4,23). Wenn ein Mensch die Kräfte in sich selbst nicht beherrschen kann, kann er seine äußeren Aktivitäten nicht fest im Griff haben, die sein sichtbares Leben ausmachen. Wenn ein Mensch andererseits sich selbst erfolgreich beherrscht, steigt er zu immer höheren Ebenen der Macht, Nützlichkeit und des Erfolges in der Welt auf. Bislang war sein Leben ohne Sinn oder Bedeutung gewesen, aber jetzt beginnt er, sein eigenes Schicksal bewusst zu formen; er ist »angezogen und ganz vernünftig« (Lukas 8,35).

25. November

Im Prozess der Selbstdisziplin gibt es drei Stadien, nämlich: Kontrolle, Reinigung, Verzicht.

Im Herzen eines jeden Mannes und einer jeden Frau gibt es ein selbstloses Zentrum.

Ein Mensch beginnt, sich zu disziplinieren, wenn er jene Leidenschaften beherrscht, die bisher ihn beherrscht haben; er widersteht der Versuchung und schützt sich gegen all jene Neigungen zur selbstsüchtigen Befriedigung, die so leicht und natürlich sind und die ihn bisher dominiert haben. Er unterwirft sich seinen Appetit und beginnt, als vernünftiges und verantwortungsvolles Wesen zu essen, wählt bescheiden und überlegt seine Nahrung aus, und zwar mit dem Ziel, seinen Leib zu einem reinen Instrument zu machen, durch das er leben und handeln kann, wie es einem Menschen geziemt, und er entwürdigt diesen Leib nicht länger dadurch, dass er geschmackliches Vergnügen befriedigt. Er hütet seine Zunge, seine Launen und tatsächlich jede animalische Begierde und Neigung.

26. November

Der Fels der Zeitalter, der innere Christus, das Göttliche und Unsterbliche in allen Menschen!

Durch die Reinigung seiner niederen Natur wird ein Mensch stark und gottgleich.

Wenn ein Mensch Selbstbeherrschung ausübt, nähert er sich immer mehr dieser inneren Wirklichkeit und wird immer weniger von Leidenschaft und Kummer, Lust und Schmerz ins Schwanken gebracht und führt ein standhaftes und tugendhaftes Leben, manifestiert Stärke und Kraft. Das Zügeln von Leidenschaften ist jedoch bloß das erste Stadium der Selbstdisziplin, und ihm folgt sogleich der Vorgang der Reinigung. Dabei reinigt sich ein Mensch selbst so, dass er die Leidenschaft völlig aus dem Herzen und Geist herausholt; sie nicht bloß zügelt, wenn sie in ihm aufsteigt, sondern sie insgesamt daran hindert aufzusteigen. Durch bloßes Zügeln seiner Leidenschaften kann ein Mensch niemals den Frieden erreichen, kann niemals sein Ideal verwirklichen; er muss sich von diesen Leidenschaften reinigen.

27. November

Reinigung kommt durch achtsame Sorgfalt, ernste Meditation und heiliges Streben zustande.

Mit zunehmender Reinheit entwickeln sich alle Elemente, die eine starke und tugendhafte Entschlossenheit ausmachen.

Wahre Stärke, Macht und Nützlichkeit werden aus Selbstreinigung geboren, denn die niederen animalischen Kräfte sind nicht verloren, sondern überführt in intellektuelle und spirituelle Energie. Das reine Leben (rein in Gedanken und Tat) ist ein Leben der Bewahrung von Energie; das unreine Leben (selbst wenn sich die Unreinheit nicht über die Gedanken hinaus erstreckt) ist ein Leben der Zerstreuung von Energie. Der reine Mensch ist fähiger und daher tauglicher, seine Pläne erfolgreich umzusetzen und seine Ziele zu erreichen, als der unreine. Wo der unreine Mensch versagt, wird der reine Mensch einschreiten und siegreich sein, weil er seine Energie mit einem gelasseneren Geist und in größerer Bestimmtheit und Stärke der Zielstrebigkeit lenkt.

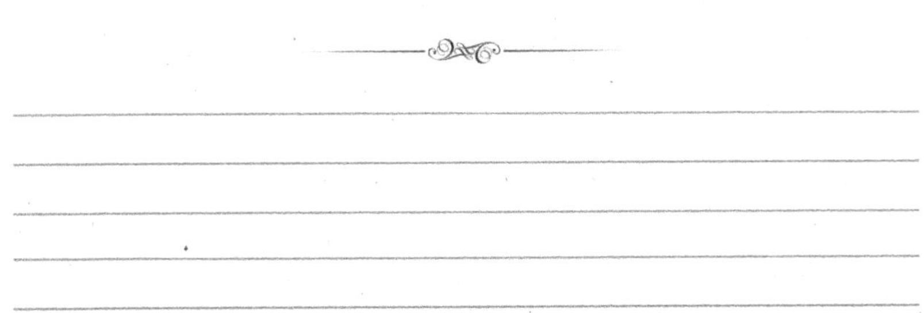

28. November

Durch Selbstdisziplin steigt ein Mensch immer höher, nähert sich immer mehr dem Göttlichen.

Durch Selbstdisziplin gewinnt ein Mensch jeden Grad an Tugend und Heiligkeit und wird schliesslich ein gereinigtes Kind Gottes und verwirklicht sein Einssein mit dem Herzen aller Dinge.

Wenn ein Mensch reiner wird, erkennt er, dass alles Böse machtlos ist, außer wenn er es ermutigt, also ignoriert er es und lässt es aus seinem Leben verschwinden. Durch die Verfolgung dieses Aspekts der Selbstdisziplin betritt ein Mensch das göttliche Leben und verwirklicht es, zudem manifestiert er jene Eigenschaften, die eindeutig göttlich sind, wie Weisheit, Geduld, Widerstandslosigkeit, Mitgefühl und Liebe. Auch hierbei wird ein Mensch bewusst unsterblich, erhebt sich über alle Wechsel und Ungewissheiten des Lebens und lebt in einem intelligenten und unveränderlichen Frieden.

29. November

Ein Leben ohne Entschlossenheit ist ein Leben ohne Ziele, und ein Leben ohne Ziele ist eine umhertreibende und instabile Sache.

Entschlusskraft – Begleiterin edler Ziele und hoher Ideale.

Wenn ein Mensch einen Entschluss fasst, so bedeutet dies, dass er unzufrieden mit seinen Lebensbedingungen ist und anfängt, sich selbst in die Hand zu nehmen, und zwar mit dem Ausblick, ein besseres Werkstück aus den geistigen Materialien anzufertigen, aus denen sein Charakter und sein Leben zusammengesetzt sind, und wenn er wirklich seinem Entschluss treu bleibt, so wird er erfolgreich sein Ziel erreichen.

Die Schwüre der Heiligen sind heilige Entschlüsse, die hinsichtlich irgendeines Sieges über das Selbst geleistet wurden, und die wunderschönen Errungenschaften heiliger Menschen und die ruhmreichen Siege der göttlichen Lehrer wurden dadurch ermöglicht und verwirklicht, dass sie ihrem Entschluss unbeirrbar gefolgt sind.

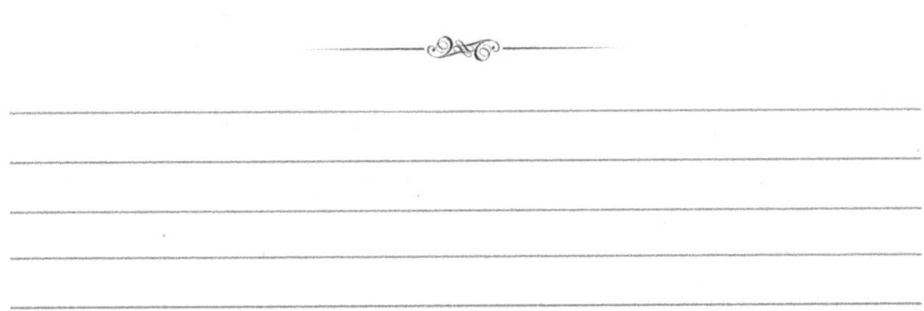

30. November

Der wahre Entschluss ist die Krise langer Überlegung.

Eilige Entschlüsse sind vergebens.

Halbherziger und unreifer Entschluss ist überhaupt kein Entschluss und wird durch die erste Schwierigkeit zerschmettert.

Ein Mensch sollte einen Entschluss nicht übereilt fassen. Er sollte seine Position gründlich untersuchen und jeden Umstand, jede Schwierigkeit in Betracht ziehen, die mit einer Entscheidung verbunden ist, und er sollte völlig darauf vorbereitet sein, ihr zu begegnen. Er sollte sich sicher sein, dass er die Natur seines Entschlusses völlig versteht, dass sein Geist sich schließlich entschieden hat und dass er in dieser Sache ohne Furcht und Zweifel ist. Ist der Geist solchermaßen vorbereitet, wird ihn der Entschluss, den er gefasst hat, nicht verlassen, und mit seiner Hilfe wird ein Mensch rechtzeitig seinen Zweck erreichen.

DEZEMBER

1. Dezember

Trägheit ist die Zwillingsschwester der Gleichgültigkeit, aber freudiges Tun und Handlungsbereitschaft sind Freunde der Zufriedenheit.

Wahre Zufriedenheit ist das Ergebnis ehrlicher Anstrengung und wahren Lebens.

Zufriedenheit ist eine Tugend, die in ihrer späteren Entwicklung hoch und spirituell wird, wenn der Geist darin geschult ist, in allen Dingen die Führung durch ein gnädiges Gesetz zu erkennen, und das Herz darin geschult ist, es zu empfangen.

Zufrieden zu sein bedeutet nicht, Anstrengung zu meiden; es bedeutet, *Anstrengung von Angst zu befreien;* es bedeutet nicht, zufrieden mit Sünde, Unwissenheit und Dummheit zu sein, sondern glücklich nach erledigter Pflicht, getaner Arbeit auszuruhen.

Von einem Menschen lässt sich sagen, er sei damit zufrieden, ein kriecherisches Leben zu führen, in Sünde und Schuld zu verbleiben, aber der wahre Zustand eines solchen Menschen ist einer der Gleichgültigkeit gegenüber seiner Pflicht, seinen Verbindlichkeiten und den gerechten Forderungen seiner Mitmenschen. Es lässt sich wirklich nicht sagen, dass er die Tugend der Zufriedenheit besäße; er erfährt nicht die reine und dauerhafte Freude, welche aktive Zufriedenheit begleitet.

2. Dezember

Der wahrhaft zufriedene Mensch arbeitet energisch und getreulich und akzeptiert alle Ergebnisse mit ungetrübtem Geist.

Ergebnisse entsprechen genau den Anstrengungen.

Drei Dinge gibt es, mit denen ein Mensch zufrieden sein sollte: mit allem, was geschieht; mit seinen Freundschaften und Besitztümern; mit seinen reinen Gedanken. Zufrieden mit allem, was gerade geschieht, wird er dem Kummer entrinnen; zufrieden mit seinen Freunden und Besitztümern wird er Angst und Elend meiden; und zufrieden mit seinen reinen Gedanken wird er niemals dorthin zurückkehren, wo er vor Leid und Unreinheiten kriecht.

Drei Dinge gibt es, mit denen ein Mensch nicht zufrieden sein sollte: mit seinen Meinungen; mit seinem Charakter; mit seinem spirituellen Zustand. Nicht zufrieden mit seinen Meinungen wird er beständig an Intelligenz zunehmen; nicht zufrieden mit seinem Charakter wird er unablässig an Stärke und Tugend wachsen; und nicht zufrieden mit seinem spirituellen Zustand wird er einen jeden Tag in größere Weisheit und vollere Glückseligkeit eintreten.

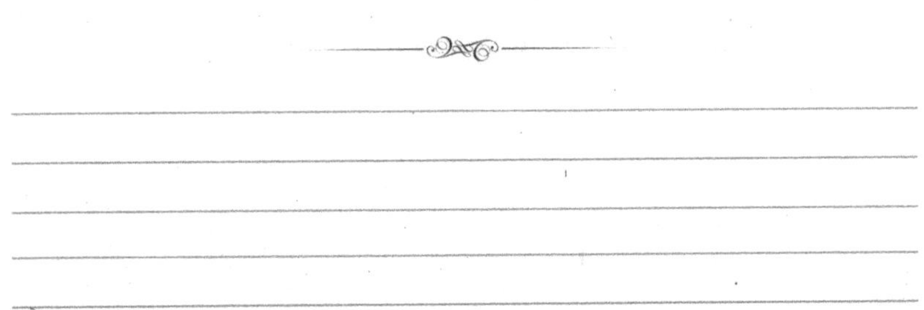

3. Dezember

Universelle Brüderschaft ist das höchste Ideal der Menschheit, und auf dieses Ideal bewegt sich die Welt langsam, aber sicher zu.

In wessen Herzen Missklang herrscht, dort ist Brüderschaft nicht verwirklicht.

Brüderschaft als eine menschliche Organisation kann so lange nicht existieren, wie irgendein Grad an Selbstsucht in den Herzen von Männern und Frauen herrscht, die sich für irgendeinen Zweck verbünden, da eine solche Selbstsucht schließlich das saumlose Gewand der liebenden Einheit zerreißen muss. Doch obwohl organisierte Brüderschaft bislang größtenteils gescheitert ist, könnte jeder Mensch die Brüderschaft in ihrer Vollkommenheit verwirklichen und sie in all ihrer Schönheit und Vollendung kennen, wenn er sich selbst weise, rein und liebevoll im Geist machen und aus seinem Geist jedes Element von Streit entfernen und lernen würde, jene göttlichen Eigenschaften auszuüben, ohne die Brüderschaft nur eine bloße Theorie, Meinung oder ein täuschender Traum ist.

4. Dezember

Denn Brüderschaft ist zuallererst spirituell, und ihre äussere Manifestation in der Welt muss eine natürliche Abfolge haben.

Wo Stolz, Eigenliebe, Hass und Verdammung sind, da kann keine Brüderschaft sein.

Aus dem Geist der *Bescheidenheit* gehen Demut und Friedfertigkeit hervor; aus der *Selbstaufgabe* kommen Geduld, Weisheit und wahres Urteil; aus *Liebe* entspringen Freundlichkeit, Frohsinn und Harmonie; und aus *Mitgefühl* kommen Sanftmut und Vergebung.

Derjenige, welcher sich selbst in Einklang mit diesen vier Eigenschaften gebracht hat, ist göttlich erleuchtet; er sieht, woraus die Handlungen der Menschen kommen und wohin sie gehen, und kann daher nicht länger in der Ausübung dunkler Neigungen leben. Er hat Brüderschaft vollständig als Freiheit von Bösartigkeit verwirklicht; Freiheit von Neid, von Bitterkeit, von Streit, von Verurteilung. Alle Menschen sind seine Brüder, jene, die dunklen Neigungen nachgehen, ebenso wie jene, die in erleuchteten Eigenschaften leben, denn er weiß, dass, wenn sie den Glanz und die Schönheit des Lichtes der Wahrheit erkannt haben, die dunklen Neigungen aus ihrem Geist zerstreut werden. Er hat nur eine Geisteshaltung allen gegenüber, die des guten Willens.

5. Dezember

Brüderschaft besteht vor allem in der Aufgabe des Selbst durch das Individuum.

Brüderschaft wird nur von dem ausgeübt und gekannt, dessen Herz im Frieden mit der ganzen Welt ist.

Theorien und Pläne für die Propagierung der Brüderschaft sind zahlreich, aber Brüderschaft selbst gibt es nur eine, und sie ist unveränderlich und besteht aus der völligen Aufgabe von Egoismus und Streit und in der Ausübung des guten Willens und Friedens; denn Brüderschaft ist eine Praxis und keine Theorie. Selbstaufgabe und Gutwilligkeit sind ihre Schutzengel, und Friede ist ihre Wohnstatt.

Wo zwei entschlossen sind, eine entgegengesetzte Meinung beizubehalten, klammern sie sich ans Selbst und an Böswilligkeit, und Brüderschaft ist abwesend.

Wo zwei bereit sind, miteinander mitzufühlen, im jeweils anderen nichts Böses zu sehen, einander zu dienen und nicht anzugreifen, wird die Liebe zur Wahrheit und Gutwilligkeit sein, und die Brüderschaft ist da.

6. Dezember

Vorurteil und Grausamkeit sind untrennbar voneinander.

Wenn ein Mensch zu hartem Urteil und zur Verdammung anderer neigt, sollte er sich fragen, wie weit er seine Ziele verfehlt.

Mitgefühl ist jenen gegenüber nicht erforderlich, die reiner und erleuchteter sind als man selbst, da der Reinere über der Notwendigkeit hierfür lebt. In einem solchen Fall sollte Verehrung angebracht sein, dazu ein Bestreben, das eigene Selbst zu der reineren Ebene anzuheben und so in den Besitz des größeren Lebens zu kommen. Auch kann ein Mensch niemanden völlig verstehen, der weiser als er selbst ist, und bevor er diesen verdammt, sollte er sich ernsthaft fragen, ob er am Ende besser ist als der Mensch, den er sich als das Ziel seiner Bitterkeit ausgesucht hat. In diesem Fall soll er Mitgefühl erweisen. Andernfalls soll er Verehrung üben.

7. Dezember

Abscheu, Groll und Verurteilung sind alles Formen des Hasses, und das Böse hört nicht eher auf, bis diese Dinge aus dem Herzen herausgeholt worden sind.

Derjenige, welcher besorgt und verstört angesichts der Sünden anderer ist, ist weit entfernt von Wahrheit.

Die Tilgung von Verletzungen aus dem Geist ist nur einer der Anfänge der Weisheit. Es gibt einen noch höheren und besseren Weg. Und dieser Weg besteht darin, das Herz zu reinigen und den Geist zu erleuchten, sodass es, weit davon entfernt, Verletzungen vergessen zu müssen, keine mehr gibt, an die es sich erinnert. Denn nur Stolz und Selbst können durch die Handlungen und Haltungen anderer verletzt und verwundet werden; und derjenige, welcher Stolz und Selbst aus seinem Herzen entfernt, kann nie den Gedanken fassen: »Ich bin von einem anderen verletzt worden«, oder: »Mir hat ein anderer übel getan.«

Aus einem gereinigten Herzen steigt das rechte Verständnis der Dinge; und aus dem rechten Verständnis der Dinge steigt das Leben, das, befreit von Bitterkeit und Leid, friedvoll, gelassen und weise ist.

8. Dezember

Derjenige, welcher besorgt und verstört angesichts der eigenen Sünden ist, ist dem Tor zur Weisheit sehr nahe.

Sollen diejenigen, deren Ziel das rechte Leben ist, gelassen und weise verstehen.

Derjenige, in dessen Herzen die Flammen des Grolls lodern, kann den Frieden nicht kennen noch die Wahrheit verstehen; derjenige, welcher Groll aus seinem Herzen verbannt, wird beides kennen und verstehen.

Derjenige, welcher das Böse aus dem eigenen Herzen geholt hat, kann ihm in anderen nicht grollen oder Widerstand leisten, denn er ist über seinen Ursprung und seine Natur aufgeklärt und weiß, dass er eine Manifestation des Fehlers der Unwissenheit ist. Mit zunehmender Erleuchtung wird Sünde unmöglich. Derjenige, welcher sündigt, versteht nicht; derjenige, welcher versteht, sündigt nicht.

Der reine Mensch behält die Zärtlichkeit seines Herzen gegenüber denjenigen bei, die unwissend der Ansicht sind, sie könnten ihm Schaden zufügen. Die falsche Haltung anderer ihm gegenüber beunruhigt ihn nicht; sein Herz ist ruhig in Mitgefühl und Liebe.

9. Dezember

Ein reines Herz und ein rechtschaffenes Leben sind die grossen und wichtigsten Dinge.

Die Wahrheit lässt sich nicht aus einem Buch heraussuchen; sie kann allein durch Ausübung erlernt und gewusst werden.

Die Taten und Gedanken, die zum Leiden führen, sind diejenigen, welche dem Selbstinteresse und der Selbstsucht entspringen; die Gedanken und Taten, die Glückseligkeit hervorrufen, sind diejenigen, welche der Wahrheit entspringen. Der Vorgang, durch den der Geist solchermaßen verändert und umgewandelt wird, ist ein zweifacher; er besteht aus *Meditation* und *Ausübung*. Durch Meditation werden der Boden und der Grund für rechte Lebensführung gesucht, und durch Ausübung wird rechtes Tun im täglichen Leben erreicht.

Denn Wahrheit ist keine Sache des Lernens aus Büchern oder untergründiger Gedankengänge oder Dispute oder kontroversen Könnens; sie besteht im rechten Handeln.

10. Dezember

Nur derjenige hat die Wahrheit, der sie durch Ausübung erworben hat.

Nur derjenige hat die Wahrheit, dessen Leben sie in reiner und makelloser Lebensführung zeigt.

Derjenige, welcher die Wahrheit erlangen will, muss sie ausüben. Er muss mit der allersten Lektion in Selbstbeherrschung anfangen, sie gründlich meistern und dann zur nächsten und erneut zur nächsten weitergehen, bis er die moralische Vollkommenheit erlangt, die sein Ziel ist. Unter den Menschen ist es weit verbreitet, dass Wahrheit darin besteht, gewisse Ideen oder Meinungen zu hegen. Sie lesen eine Anzahl Traktate und bilden sich dann eine Meinung, welche sie »die Wahrheit« nennen, und dann machen sie sich daran, mit ihren Mitmenschen zu streiten, weil sie versuchen wollen zu beweisen, dass ihre Meinung die Wahrheit ist. In weltlichen Dingen sind Menschen weise, denn sie *tun* Dinge, um ihre Ziele zu erreichen, aber in spirituellen Dingen sind sie töricht, denn sie lesen bloß und tun keine Dinge, und sie bilden sich daraufhin ein, die Wahrheit erworben zu haben.

11. Dezember

Liebe, die alles umfasst.

Hass ist Abwesenheit von Liebe und daher Abwesenheit von allem, was von Liebe umfasst wird.

Aufgrund ihrer ureigensten Natur kann Liebe niemals der exklusive Besitz einer Religion, Sekte, Schule oder Brüderschaft sein. Daher ist die weit verbreitete Behauptung solcher Teile der Gemeinschaft, im exklusiven Besitz der Wahrheit bei ihrer jeweiligen religiösen Doktrin zu sein, ein Leugnen der Liebe. Wahrheit ist ein Geist und ein Leben, und obwohl sie sich durch mannigfaltige Doktrinen manifestiert, lässt sie sich niemals auf eine bestimmte Form von Doktrin begrenzen. Liebe steht über allem, außerhalb und größer als all die Meinungen, Doktrinen und Philosophien des Menschen; dennoch umfasst Liebe alle – die Gerechten und die Ungerechten, die Fairen und die Verdorbenen, die Reinen und die Unreinen. Derjenige, dessen Liebe so tief und weit ist, dass sie alle Menschen jeglichen Glaubens umfasst, ist derjenige, der das meiste an Religion hat und das meiste an Weisheit und auch das meiste an Einsicht, denn er kennt und sieht die Menschen, wie sie sind.

12. Dezember

Liebe erweitert und vergrössert den Geist eines Menschen, bis sie in ihrem freundlichen Schoss die ganze Menschheit ohne Unterschied umarmt.

Derjenige, welcher Liebe hat – ob mit irgendeinem Glaubensbekenntnis oder ohne –, ist vom Licht der Wahrheit erleuchtet.

Der Weg der Liebe ist der Weg des Lebens – des unsterblichen Lebens –, und der Anfang dieses Weges besteht darin, unsere Nörgelei, Streiterei, Fehlersuche und unser Misstrauen loszuwerden. Wenn diese kleinlichen Laster uns besitzen, sollen wir uns nicht täuschen, sondern uns eingestehen, dass wir keine Liebe haben. Solchermaßen ehrlich mit uns selbst zu sein bedeutet, darauf vorbereitet zu sein, Liebe zu finden; aber sich selbst zu täuschen bedeutet, von Liebe ausgeschlossen zu sein. Wenn wir in Liebe hineinwachsen wollen, müssen wir am Anfang beginnen und aus unserem Geist alle gemeinen und argwöhnischen Gedanken über unsere Mitarbeiter und Mitmenschen entfernen. Wir müssen lernen, sie mit großherziger Freiheit zu behandeln und den rechten Grund für ihre Handlungen wahrzunehmen, sie aufgrund des persönlichen Rechts und der persönlichen Freiheit zu entschuldigen, wenn ihre Ansichten, Methoden oder Handlungen den unseren entgegenstehen; so kommen wir schließlich dazu, sie mit jener Liebe zu lieben, von welcher der Heilige Paulus spricht, einer Liebe, die ein ewiges Prinzip ist.

13. Dezember

Das Leben der Wahrheit ist eines, in welchem falsches Denken und falsches Handeln zurückgelassen und rechtes Denken und rechtes Handeln ergriffen werden.

Wandele mit demütigen Schritten den heiligen Pfad der Wahrheit.

Es sind die falschen Taten der Menschen, die das ganze Unglück über die Welt bringen. Es werden die rechten Taten sein, die alles Unglück in Glück umwandeln werden. Durch falsche Taten erreichen wir das Leid; durch rechte Taten erreichen wir den Segen.

Aber ein Mensch darf den Gedanken nicht hegen: »Es sind die falschen Taten anderer, die mich unglücklich gemacht haben«, denn ein solcher Gedanke erzeugt Bitterkeit anderen gegenüber und zunehmenden Hass. Er muss verstehen, dass sein Unglück aus etwas Falschem in ihm selbst herrührt; er muss es als Anzeichen dafür sehen, dass er noch unvollkommen ist, dass es eine Schwachstelle in ihm gibt, die gestärkt werden muss. Er darf niemals anderen die Schuld an seiner falschen Lebensführung oder an seinen Problemen geben, sondern muss mehr Standhaftigkeit des Herzens gewinnen, muss sich fester in der Wahrheit etablieren.

14. Dezember

Die Prinzipien der Wahrheit sind fest und ewig und können von niemandem gemacht oder aufgehoben werden.

Religionen verändern sich von einer Zeit zur nächsten, aber die Prinzipien der göttlichen Tugend sind auf ewig dieselben.

Die Prinzipien der Wahrheit wurden durch Suchen und Ausübung entdeckt und sind so festgelegt und arrangiert, dass der Pfad für andere Füße ebener und leichter zu begehen wird; und es ist der Pfad, über den jedes Wesen gegangen ist, welches von Sünde zu Sündenfreiheit, vom Irrtum zur Wahrheit gelangte. Es ist der uralte Pfad, über den jeder Heilige, jeder Buddha, jeder Christus zur göttlichen Vollkommenheit gegangen ist und über den jedes unvollkommene Wesen in der Zukunft gehen wird, um dieses wunderbare Ziel zu erreichen. Es spielt keine Rolle, zu welcher Religion sich ein Mensch bekennt; wenn er täglich mit seinen Sünden kämpft und sein Herz reinigt, wandelt er diesen Pfad; denn während Meinungen, Theologien und Religionen sich unterscheiden, unterscheidet sich die Sünde nicht, unterscheidet sich die Überwindung der Sünde nicht, und die Wahrheit unterscheidet sich nicht.

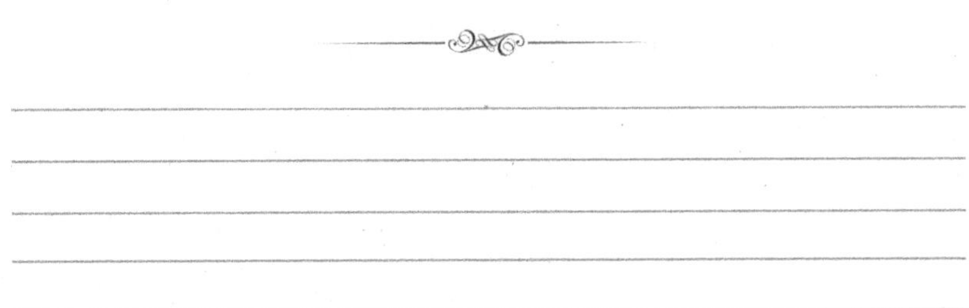

15. Dezember

Die Wahrheit ist eine, obwohl sie eine Vielzahl von Aspekten hat und sich den Menschen in verschiedenen Stadien des Wachstums anpassen kann.

Grosse Lehrer sind vervollkommnete Blumen der Menschheit, von einer Art, wie sie eines Tages alle Menschen sein werden.

Wir saßen zu Füßen aller großen Lehrer und haben von ihnen gelernt. Unsagbar war unsere Freude, im Leben und in den Geboten der liebenswerten indischen und chinesischen Lehrer dieselben göttlichen Eigenschaften und dieselben belehrenden Wahrheiten gefunden zu haben, die den Charakter von Jesus Christus zieren. Für uns sind sie alle wundervoll und bewundernswert und so groß und gut und weise, dass wir nicht anders können, als sie zu verehren und von ihnen zu lernen. Sie hatten auch für immer denselben bewundernswerten Einfluss auf die verschiedenen Völker, unter denen sie erschienen, und haben alle gleichermaßen die unsterbliche Verehrung von Millionen von Menschen hervorgerufen.

16. Dezember

Vollkommene Reinheit des Herzens ist ein Zustand der Emanzipation von allen Begierden und Schwelgereien des Selbst.

Ein Liebhaber der Wahrheit muss ein Liebhaber aller Menschen sein. Er muss seine Liebe ohne Einschränkung oder Vorbehalt hinausgehen lassen.

Es besteht ein Unterschied zwischen einem weltlichen Leben und einem religiösen Leben. Derjenige, welcher täglich seinen unreinen Neigungen folgt, der keinen Wunsch verspürt, diese aufzugeben, ist unreligiös; während derjenige, welcher täglich seine unreinen Neigungen kontrolliert und auslöscht, religiös ist.

Der religiöse Mensch sollte seine Leidenschaften und das Schwelgen in seinen Begierden zügeln, denn dies macht Religion aus. Er muss lernen, Menschen und Dinge so zu sehen, *wie sie sind,* und muss erkennen, dass sie in Übereinstimmung mit ihrer Natur leben, und ihr Recht anerkennen, dass sie ihren Weg als intelligente Menschen wählen können. Er darf ihnen niemals seine Lebensregeln aufdrängen und niemals so tun, als befände er sich auf einer »höheren Ebene« als sie, oder dies auch nur von sich annehmen. Er muss lernen, sich an ihre Stelle zu versetzen und die Dinge von ihrem Standpunkt aus zu betrachten.

17. Dezember

Der Grund der Gewissheit, auf der wir sicher inmitten all der Ereignisse des Lebens ruhen können, ist die mathematische Exaktheit des Moralgesetzes.

Liegt dieselbe Ursache vor, so gibt es immer dieselbe Auswirkung.

Der unablässige Wandel, die Unsicherheit und das Rätsel des Lebens machen es nötig, eine Grundlage der Sicherheit zu finden, auf der sich ruhen lässt, wenn Glück und Friede des Geistes beibehalten werden sollen. Dieses grundlegende Prinzip, ein Wissen, das die ganze Menschheit schließlich erwerben wird, wird am besten durch den Ausdruck *göttliche Gerechtigkeit* dargestellt. Menschliche Gerechtigkeit ist bei jedem Menschen entsprechend seines eigenen Lichtes oder seiner eigenen Dunkelheit verschieden, aber es kann keine Unterschiede bei jener göttlichen Gerechtigkeit geben, durch welche das Universum letztlich erhalten wird. Göttliche Gerechtigkeit ist spirituelle Mathematik. Wie mit Zahlen und Dingen, so ist es mit den Gedanken und Taten der Menschen: Zwei und zwei ergeben gleichermaßen vier.

18. Dezember

Alle spirituellen Gesetze, die den Menschen bekannt sind, haben dieselbe Unfehlbarkeit in ihrer Wirkungsweise und müssen sie auch haben.

Die moralische Ordnung des Universums ist nicht disproportioniert und kann es nicht sein, weil das Universum andernfalls in Stücke zerfallen würde.

Liegt derselbe Gedanke oder dieselbe Tat unter gleichen Umständen vor, so wird das Ergebnis stets dasselbe sein. Ohne diese fundamentale ethische Gerechtigkeit könnte es keine menschliche Gesellschaft geben, denn es sind die gerechten Reaktionen auf die Taten von Einzelnen, welche verhindern, dass die Gesellschaft auf ihren Sturz zuwankt.

Daraus folgt, dass die Ungleichheiten im Leben, hinsichtlich der Verteilung von Glück und Leid, das Ergebnis moralischer Kräfte sind, die entlang der Grenzen makelloser Genauigkeit operieren. Diese makellose Genauigkeit, dieses perfekte Gesetz, ist eine der großen fundamentalen Gewissheiten im Leben, und wenn ein Mensch sie findet, stellt dies seine Vollkommenheit sicher, macht ihn weise und erleuchtet und erfüllt ihn mit Freude und Frieden.

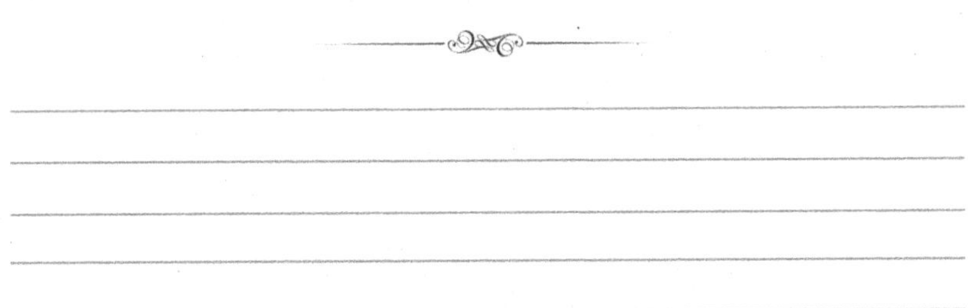

19. Dezember

Nichts kann das Recht transzendieren.

Der Mensch kann nicht für etwas leiden, was er niemals getan hat oder niemals ungetan gelassen hat, denn dies wäre eine Auswirkung ohne eine Ursache.

Nimm eines Menschen Bewusstsein den Glauben an diese Gewissheit ab, und er treibt auf einem selbst geschaffenen Ozean des Zufalls dahin, ohne Ruder, Karte oder Kompass. Er hat keinen Boden, auf dem er einen Charakter oder ein Leben aufbauen kann, keinen Ansporn für edle Taten, kein Zentrum für moralisches Handeln; er hat keine Insel des Friedens und keinen Hafen oder keine Zuflucht. Selbst die gröbste Vorstellung von Gott als eines großen Mannes, dessen Geist vollkommen ist, der sich nicht irren kann und bei dem es »keinen Wandel und keinen Wechsel« gibt (Jakobus 1,17), ist ein beliebter Ausdruck eines Glaubens an dieses grundlegende Prinzip göttlicher Gerechtigkeit.

Diesem Prinzip zufolge gibt es weder Begünstigung noch Zufall, sondern unfehlbares und unveränderliches Recht. Daher ist alles Leid der Menschen *als Auswirkung* gerecht, da seine Ursache der Irrtum des Unwissens ist, aber als Auswirkung wird es vergehen.

20. Dezember

Talent, Genie, Güte, Grösse kommen nicht fertig auf die Welt. Sie sind das Ergebnis einer langen Reihe von Ursachen und Auswirkungen.

Nichts erscheint vollkommen fertig. Es gibt immer eine Veränderung, ein Wachstum, ein Werden.

Der Prozess des Wachstums lässt sich bei der Blume erkennen, doch obwohl er im geistigen Wachstum nicht zu sehen ist, ist er trotzdem da.

Ich sagte, der Prozess des geistigen Wachstums sei nicht zu sehen; dies trifft jedoch nur in einem allgemeinen Sinne zu. Der wahre Denker und Weise sieht mit seinem spirituellen Auge den Prozess des geistigen Wachstums. Ebenso wie der Naturwissenschaftler sich mit natürlichen Ursachen und Auswirkungen vertraut gemacht hat – wie auch in der Tat dem gewöhnlichen Beobachter entsprechend vertraut ist –, hat er sich mit geistigen Ursachen und Auswirkungen vertraut gemacht. Er sieht den Prozess, durch welchen Charaktere, wie Pflanzen, ins Dasein kommen; und wenn er die Blumen des Genies und der Tugend erscheinen sieht, weiß er, welchen mentalen Samen sie entsprossen und wie sie nach und nach durch lange Perioden des lautlosen Wachstums zur Vollkommenheit gelangt sind.

21. Dezember

Ein erwachter Weitblick ruft uns
zu einem edleren Leben.

Wir müssen den Schlamm des Tales von unseren
Füssen schütteln, wenn wir mit dem Schweigen
des Berges kommunizieren wollen.

Ebenso, wie ein Mensch nicht gleichzeitig in zwei Ländern leben kann, sondern das eine verlassen muss, bevor er sich im anderen niederlassen kann, so kann ein Mensch nicht zwei spirituelle Länder gleichzeitig bewohnen, sondern muss das Land der Sünde verlassen, bevor er in Frieden im Land der Wahrheit leben kann. Wenn man sein Geburtsland verlässt, damit man neu in einem angenommenen Land beginnen kann, lässt man alle lieben Freunde und Verwandte zurück, ja, von allen, an dem sein Herz bislang gehangen hat, muss er sich trennen und sie zurücklassen. So müssen, wenn man beschließt, in der neuen Welt der Wahrheit zu leben, die Irrtümer der alten Welt, mit ihren geliebten Vergnügungen, gehätschelten Sünden und eitlen Verbindungen, aufgegeben werden. Durch eine solche Aufgabe gewinnt der Einzelne, und das Universum wird ein hellerer und schönerer Wohnort.

22. Dezember

Rechte Gedanken spriessen aus einer rechten geistigen Haltung und führen zu rechten Handlungen.

Alle erfolgreichen Menschen zu allen Zeiten haben ihren jeweiligen Erfolg dadurch erreicht, dass sie dafür gearbeitet haben.

Dies ist die rechte geistige Haltung, die das Gute in allen Geschehnissen des Lebens sieht und Stärke, Wissen und Weisheit daraus zieht. Rechte Gedanken sind Gedanken des Frohsinns, der Freude, der Hoffnung, der Zuversicht, des Mutes, der beständigen Liebe, der Großzügigkeit, des reichlichen Glaubens und Vertrauens. Sie sind die Bestätigung, die starke Charaktere und ein nützliches und edles Leben bilden und jene persönlichen Erfolge aufbauen, die den Fortschritt der Welt bedeuten. Solchen Gedanken folgen unausweichlich rechte Handlungen, indem Energie und Mühen in das Werk gesteckt werden, im Vollenden eines legitimen Objekts; und wie der Bergsteiger schließlich den Gipfel erreicht, so erreicht der ernsthafte, fröhliche und unermüdliche Arbeiter schließlich sein Ziel.

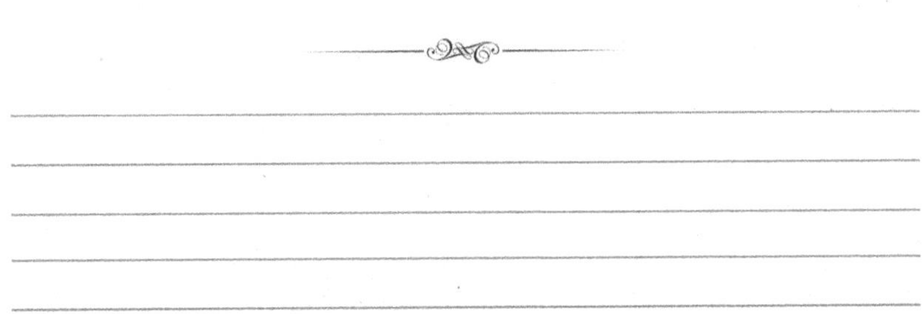

23. Dezember

Leiden bedeutet einen reinigenden und vervollkommnenden Prozess. »Wir werden durch die Dinge gehorsam, die wir erleiden.«

Dass der Mensch mit dem Leid bekannt wird, ermöglicht ihm, das Leid bei anderen zu empfinden.

Anderen Leid zuzufügen bedeutet, tiefer in Unwissenheit verstrickt zu werden; aber selbst zu leiden bedeutet, der Erleuchtung näher zu kommen. Schmerz lehrt die Menschen, wie man freundlich und mitfühlend wird. Am Ende stimmt er sie milde und rücksichtsvoll für das Leid anderer. Wenn ein Mensch eine grausame Tat begeht, glaubt er in seiner Unwissenheit, dass dies das Ende ist, aber es ist bloß der Anfang. Anhängend an die Tat ist eine Folge von Konsequenzen, die ihn in eine qualvolle Hölle des Schmerzes werfen werden. Für jeden falschen Gedanken, den wir denken, oder jede unfreundliche Tat, die wir begehen, müssen wir in irgendeiner Form geistigen oder körperlichen Schmerz leiden; und die Art des Schmerzes wird dem Ausgangsgedanken oder der Ausgangstat entsprechen.

24. Dezember

Jede Ressource ist bereits bei und in dir.

Es gibt keinen anderen Weg zu Stärke und Weisheit als den, im gegenwärtigen Augenblick stark und weise zu handeln.

Ebenso, wie das starke Erledigen kleiner Aufgaben zu größerer Stärke führt, führt das schwache Erledigen dieser Aufgaben zu größerer Schwäche. Was ein Mensch im Bruchteil seiner Pflichten ist, das ist er in der Gesamtheit seines Charakters. Schwäche ist eine ebenso große Quelle des Leidens wie Sünde, und es kann erst eine wahre Glückseligkeit geben, wenn sich ein gewisses Maß an Stärke des Charakters entwickelt hat. Der schwache Mensch wird dadurch stark, dass er den kleinen Dingen Wert beimisst und sie entsprechend erledigt. Der starke Mensch wird schwach, wenn er in Lockerheit und Vernachlässigung hinsichtlich kleiner Dinge zurückfällt und daher seine schlichte Weisheit verwirkt und seine Energie verschwendet.

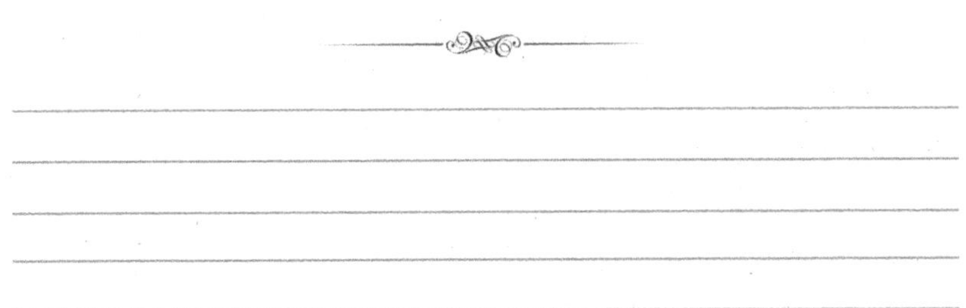

25. Dezember

Das Jahr geht vorüber, und gesegnet sind diejenigen, welche ihre Fehler, ihre Verletzungen und ihre falschen Wege für immer vergehen lassen können, auf dass man sich ihrer nicht mehr erinnert.

Gesegnet ist derjenige, welcher sich an keine Irrtümer erinnern muss, welcher keine Verletzungen vergessen muss; in dessen reinem Herzen kein hasserfüllter Gedanke einem anderen gegenüber Wurzel schlagen und gedeihen kann.

Die Vergangenheit ist tot und unveränderbar; lasse sie in Vergessenheit sinken, ziehe jedoch ihre göttlichen Lehren daraus und bewahre sie; lasse diese Lehren Stärke für dich sein und mache sie zum Startpunkt eines edleren, reineren, vollkommeneren Lebens in den kommenden Jahren. Lasse alle Gedanken des Hasses, der Missgunst, des Streits und der Böswilligkeit zusammen mit den vergehenden Jahren sterben; lösche auf der Tafel deines Herzens alle boshaften Erinnerungen, allen unheiligen Groll. Lasse den Ruf: »Friede auf Erden allen Menschen, die guten Willens sind!«, der zu dieser Jahreszeit aus einer Unzahl von Mündern durch die Welt schallt, etwas mehr für dich sein als eine oftmals wiederholte Plattitüde. Übe die Wahrheit durch dich aus; lasse sie in deinem Herzen wohnen; und beflecke ihre Harmonie und ihren Frieden nicht durch böswillige Gedanken.

26. Dezember

Kein Mensch kann mit einer Schwierigkeit konfrontiert werden, der er nicht durch seine Kraft begegnen und die er nicht bändigen könnte.

Es gibt keinen Frieden in der Sünde, kein Ausruhen im Irrtum, keine letzte Zuflucht ausser in Weisheit.

Betrachte deine Schwierigkeiten und Verwirrungen nicht als Vorboten des Bösen; dadurch wirst du sie zum Bösen machen; sondern betrachte sie als Propheten des Guten, was sie tatsächlich auch sind. Rede dir nicht ein, dass du ihnen ausweichen kannst; das kannst du nicht. Versuche nicht, vor ihnen davonzulaufen; dies ist unmöglich, denn wohin du auch gehst, sie werden dort bei dir sein – aber begegne ihnen ruhig und tapfer; stelle dich ihnen mit aller Leidenschaftslosigkeit und Würde, die du aufbringen kannst; wäge ihre Ausmaße ab, analysiere sie; erfasse ihre Details, miss ihre Stärke; verstehe sie; pack sie an und bezwinge sie schließlich. So wirst du Stärke und Intelligenz entwickeln; so wirst du einen dieser Seitenwege der Glückseligkeit betreten, die dem oberflächlichen Blick verborgen sind.

27. Dezember

Gehe mit Liebe im Herzen an deine Aufgabe, und du wirst mit leichtem Herzen und fröhlich darangehen.

Die Pflicht, der du dich entziehen willst, ist dein rügender Engel; das Vergnügen, dem du nachjagst, ist dein schmeichelnder Feind.

Welche schwere Bürde, mit der ein Mensch belastet ist, wird nicht schwerer und unerträglicher durch Gedanken der Schwäche oder selbstsüchtige Begierden? Wenn deine Lebensumstände »schwierig« sind, dann deshalb, weil du sie benötigst und die Stärke entwickeln kannst, ihnen zu begegnen. Sie sind schwierig, weil es eine schwache Stelle in dir gibt, und sie werden weiterhin schwierig sein, bis diese Stelle entfernt ist. Sei froh, dass du die Gelegenheit erhältst, stärker und weiser zu werden. Keine Umstände können für die Weisheit schwierig sein; nichts kann Liebe schwächen. Höre auf, über deine eigenen schwierigen Lebensumstände zu grübeln, und denke über das Leben einiger derer nach, die um dich sind.

28. Dezember

Animalisches Schwelgen ist der Wahrnehmung der Wahrheit fremd.

Erhebe dich über das Verlangen nach Sinneskitzel, und du wirst weder vergebens noch unsicher leben.

Dann gibt es die kleinen selbstsüchtigen Schwächen, von denen einige harmlos erscheinen und allgemein gepflegt werden; aber keine selbstsüchtige Schwäche kann harmlos sein, und Männer wie Frauen wissen nicht, was sie verlieren, wenn sie wiederholt und gewohnheitsmäßig sich den verweichlichenden und selbstsüchtigen Befriedigungen hingeben. Wenn der Gott im Menschen stark und triumphierend auferstehen soll, muss das Tier im Menschen verschwinden. Das Begünstigen der animalischen Natur, selbst wenn sie unschuldig und süß erscheint, führt weg von Wahrheit und Glückseligkeit. Jedes Mal, wenn du dem Tier in dir nachgibst und es nährst und ihm zu Willen bist, wird es stärker und rebellischer und nimmt deinen Geist, der eigentlich die Wahrheit bewahren sollte, stärker in Besitz.

29. Dezember

Opfere allen Hass, schlachte ihn auf dem heiligen Altar der Hingabe – der Hingabe an andere.

Öffne die Fluttore deines Herzens der hereinströmenden lieblichen, grossartigen, wunderschönen Liebe, die alles mit starken, jedoch zärtlichen Gedanken des Beschützens und Friedens in die Arme nimmt.

Was andere auch immer von dir sagen mögen, was andere dir auch immer antun mögen, *nimm es nie als Beleidigung*. Erwidere Hass nicht mit Hass. Wenn dich ein anderer hasst, hast du vielleicht bewusst oder unbewusst irgendwo falsch gehandelt, oder es gab vielleicht ein Missverständnis, das etwas Freundlichkeit und Vernunft beseitigen könnten; aber unter allen Umständen ist »Vater, vergib ihnen« unendlich viel besser, liebenswerter und edler als »Ich möchte nichts mehr mit ihnen zu tun haben«. Hass ist so klein und armselig, so blind und erbärmlich. Liebe ist so großartig und reich, so umsichtig und herrlich.

30. Dezember

Hinter dem Tor zur Selbstlosigkeit liegt das Elysium der ewigen Freude.

Suche das höchste Gute, und du wirst die tiefste, süsseste Freude kosten.

Und mit dieser Kenntnis: dass Selbstsucht zu Elend führt und Selbstlosigkeit zu Freude, nicht bloß allein für das eigene Selbst – denn wenn dies so wäre, wie unwürdig wären unsere Bemühungen! –, sondern für die ganze Welt, und weil alle, mit denen wir leben und in Berührung kommen, aufgrund unserer Selbstlosigkeit glücklicher und wahrer werden; weil die Menschheit eins ist und die Freude des einen die Freude aller ist – mit dieser Kenntnis lasst uns im alltäglichen Leben Blumen streuen und nicht Dornen – ja, lasst uns sogar über die breiten Straßen unserer Feinde die Blüten selbstloser Liebe streuen –, dann kann jeder ihrer Schritte die Luft mit dem Wohlgeruch von Heiligkeit erfüllen und die Welt mit dem Duft der Freude froh machen.

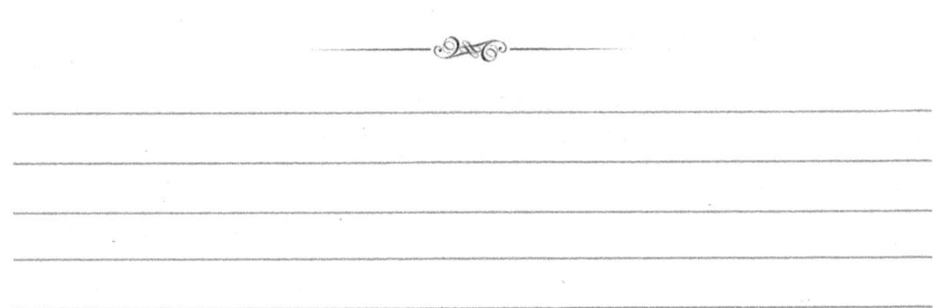

31. Dezember

Das Universum hat keine Lieblinge; es ist von allerhöchster Gerechtigkeit und gibt jedem Menschen das, was er gerechterweise verdient.

Der Mensch kann den richtigen Weg im Leben finden und, nachdem er ihn gefunden hat, jubeln und froh sein.

Glücklich in der ewigen Glückseligkeit ist derjenige, welcher zu jenem Leben gelangt ist, in dem der Gedanke ans Selbst abgeschafft ist. Sogar jetzt und in diesem Leben hat er bereits das Königreich des Himmels betreten, das Nirwana, das Paradies, das neue Jerusalem, den Olymp des Jupiter, das Walhalla der Götter. Er weiß um die letztliche Einheit des Lebens, die große Wirklichkeit, von welcher diese flüchtigen und wechselnden Bezeichnungen lediglich schwache Äußerungen sind. Er ruht am Busen des Unendlichen.

Süß ist die Ruhe und tief die Glückseligkeit dessen, der sein Herz von seinen Gelüsten, vom Hass und von dunklen Begierden befreit hat; und derjenige, welcher ohne Schatten von Bitterkeit oder Selbstsucht ist, die auf ihm ruhen, welcher auf die Welt mit grenzenlosem Mitgefühl und grenzenloser Liebe schaut, kann in seinem innersten Herzen den Segen atmen.

Friede allen lebenden Dingen, keine Ausnahmen oder Unterscheidungen machen – ein solcher Mensch hat jenes glückliche Ende erreicht, das ihm nie weggenommen werden kann, denn dies ist die Vollkommenheit des Lebens, die Fülle des Friedens, der Endpunkt der vollkommenen Glückseligkeit.

Mind is the Master

James Allen

Er gilt als Prophet des inspirierenden Denkens und beeinflusste selbst die Millionenbestseller-Autoren Napoleon Hill und Dale Carnegie: James Allen. Mit seinen 17 wichtigsten Werken, darunter *As a Man Thinketh*, *Eight Pillars of Prosperity*, *The Mastery of Destiny* und *From Poverty to Power*, ist dies die erste umfassende Sammlung der Bücher des Selbsthilfepioniers.
Mind is the Master bietet einen lebenslangen Schatz an Weisheit und Anleitung von einem der führenden Vertreter der selbstbestätigenden und motivierenden Philosophie. Es versammelt Allens berühmteste Bücher, aber auch wenig bekannte Perlen und posthume Werke – wie *Foundation Stones to Happiness and Success* und *Light on Life's Difficulties* –, die darauf warten, von einer neuen Generation von Lesern entdeckt zu werden.

736 Seiten | Softcover | 35,00 € (D) | 36,00 € (A) | ISBN 978-3-95972-582-8

The Greatest Salesman in the World

Og Mandino

Ob Sie nun beabsichtigen, Verkäufer des Monats zu werden, einen Roman zu schreiben oder 10 Kilo abzunehmen – wir alle haben Ziele, die wir erreichen wollen. Aber der Weg dorthin kann entmutigend sein. Der Klassiker *The Greatest Salesman in the World* ist eines der meistgelesenen Inspirations- und Selbsthilfebücher aller Zeiten. Og Mandino zeigt darin Wege auf, wie wir uns täglich Gewohnheiten aneignen können, um unsere Entschlossenheit und unseren Charakter zu stärken und mit diesem Rüstzeug unsere Ziele zu erreichen.

Die zehn Grundsätze dieses Buchs werden anhand des Gleichnisses eines armen Kameljungen in biblischer Zeit vermittelt. Hafid möchte die Kunst des Verkaufens erlernen, um ein reicher Kaufmann zu werden. Hafids Mentor erkennt, dass der Junge sowohl ehrgeizig als auch großzügig ist, und belohnt ihn mit zehn Schriftrollen, auf denen die Geheimnisse des Verkaufens stehen.

128 Seiten | Hardover | 15,00 € (D) | 15,50 € (A) | ISBN 978-3-95972-474-6